A Lei de
Direitos Autorais
COMENTÁRIOS

Plínio Cabral

A Lei de Direitos Autorais
Comentários

Plínio Cabral

5ª edição

EDITORA RIDEEL

EXPEDIENTE

PRESIDENTE E EDITOR	Italo Amadio
DIRETORA EDITORIAL	Katia F. Amadio
ASSISTENTE EDITORIAL JURÍDICO	Ana Paula Alexandre
PREPARAÇÃO	Equipe Rideel
REVISÃO	Equipe Rideel
PROJETO GRÁFICO	Sergio A. Pereira
DIAGRAMAÇÃO	Microart
PRODUÇÃO GRÁFICA	Hélio Ramos

Dados Internacionais de Catalogação na Publicação (CIP)
(Câmara Brasileira do Livro, SP, Brasil)

Cabral, Plínio
  A lei de direitos autorais : comentários / Plínio Cabral. – 5. ed. – São Paulo : Rideel, 2009.

ISBN 978-85-339-1145-1

1. Direito de autor 2. Direito de autor – Brasil – Leis e legislação I. Título.

08-11947   CDU-347.78(81)(094.56)

Índices para catálogo sistemático:

1. Brasil : Leis : Comentários : Direitos autorais 347.78(81)(094.56)

© Copyright - Todos os direitos reservados à

EDITORA RIDEEL

Av. Casa Verde, 455 – Casa Verde
CEP 02519-000 – São Paulo – SP
e-mail: sac@rideel.com.br
www.rideel.com.br

Proibida qualquer reprodução, seja mecânica ou eletrônica, total ou parcial, sem prévia permissão por escrito do editor.

1 3 5 7 9 8 6 4 2
0 2 0 9

Para Fernando, Regis e Ethel Jane.

O Caminho é sempre longo.
O horizonte sempre distante.
Andar é preciso...
Sem desânimo
 e com entusiasmo da vida,
porque destino nobre é combater sempre...
... até que o ponto final da existência encerre a interminável jornada.

Nota explicativa

Este livro foi lançado logo após a edição da Lei 9.610, de 19-2-1998, o que justificava seu título como Comentários à Nova Lei de Direitos Autorais. Decorridos 10 anos, as apreciações não perderam a oportunidade, embora o conceito da *nova lei*, pelo decurso do tempo, já não se justifique.

Os comentários, entretanto, são ainda oportunos, servindo como roteiro para aqueles que, em função de suas atividades, aplicam esta lei como norma para defender os direitos de autor.

Nota à 5ª edição

Esta 5ª edição coloca o presente livro como referência para o direito autoral brasileiro. É um livro que vem sendo utilizado, de forma útil e prática, não só pelos operadores do direito, mas também por profissionais que se dedicam a atividades relacionadas com autores em editoras, empresas de rádio e televisão, gráficas e promotores de livros e eventos culturais. É um roteiro para aquelas atividades que envolvem, de uma forma ou de outra, o comércio de produtos culturais em geral.

O estilo simples e objetivo da obra não esconde – mas ressalta – a forma profunda e séria com que os problemas relacionados com os direitos autorais são tratados.

Nesta quinta edição foi incluído um capítulo sobre o livro eletrônico, o que está em pauta neste momento, especialmente no que diz respeito a imunidade fiscal do livro editado nesta base, e o texto da Lei nº 10.753, de 30-10-2003, que institui a Política Nacional do Livro.

Os editores

Sumário

Nota explicativa 7

Nota à 5ª edição 9

I – Introdução 11
   1. A obra de criação e o autor 15
   2. A Convenção de Berna 20
   3. Os direitos autorais no Brasil 23
   4. O livro eletrônico 27

II – A Lei Brasileira de Direitos Autorais. Comentários 33
   A interpretação do diploma legal 36
   A proteção aos programas de computador 59

III – Legislação 211
   Lei nº 9.609, de 19 de fevereiro de 1998 213
   Lei nº 9.610, de 19 de fevereiro de 1998 221
   Lei nº 10.753, de 30 de outubro de 2003 ... 254

Referências bibliográficas 261
Índice alfabético-remissivo 263
Sobre o autor 291
Obras 293

1
Introdução

Introdução

1
A obra de criação e o autor

O homem recria a realidade. Registra os fatos segundo seu ponto de vista.

É espantoso que o homem pré-histórico, certamente mais preocupado com a sobrevivência, fosse capaz de retratar, em pinturas, fatos ocorridos no dia-a-dia. Eis um exemplo de abstração da realidade e sua reprodução sobre uma base disponível, as paredes da caverna.

Esse artista primitivo tinha uma visão do mundo. Era um poeta. Um criador. Possuía o poder de registrar a realidade da sua vida, seus combates, suas caçadas, as feras que o ameaçavam. Ver o fato e pensá-lo, abstrair e, novamente, materializá-lo numa pintura – eis algo extraordinário.

O instrumento rudimentar do artista primitivo transformou-se. E transformou-se o homem, senhor de tecnologia invejável e altamente sofisticada. Mas o mistério da criação persiste. Por isso mesmo, *a obra de arte é manifestação única*. Ela reproduz a realidade. Mas – e aqui está o seu mistério notável – trata-se de uma realidade que brota do interior do artista e a transforma, dando-lhe toque especial. Esse "toque especial" é que caracteriza a obra de arte e distingue o artista como ente original e criador.

Há desta forma, dois momentos, dois fatores: a vida exterior e a sensibilidade interior do artista. Ele realiza um trabalho marcante e marcado. Fala à sensibilidade. Transmite sensações. E materializa essa visão – exterior e interior – de forma a transmiti-la aos outros. É algo seu, pessoal, particular e que ele oferece ao mundo, seja este grande ou pequeno, próximo ou distante.

Dessa peculiaridade pessoal do ato criativo nasce um tipo também peculiar de propriedade: a propriedade sobre o produto da criação artística que a lei e as convenções reconhecem como um bem móvel. É o que diz a nossa Lei nº 9.610/1998, em seu art. 3º:

> "Os direitos autorais reputam-se, para efeitos legais, bens móveis".

É algo material, tangível ou intangível, feito pela mão do homem, um ato individual e único que justifica plenamente a posse do objeto criado. Seria, no caso, a propriedade por excelência, indiscutível e única, nascida do espírito criador.

O conceito geral de propriedade sofreu modificações ao longo do tempo, até transformar-se em algo universal, especialmente após a Revolução Francesa e o advento da burguesia e do capitalismo.

A industrialização mudou a face do mundo. E mudou, também, o caráter da propriedade, tornando-a individual e única.

A criação, entretanto, continuou sendo algo peculiar, produto da visão e da sensibilidade do artista, valendo mais o seu espírito do que a matéria utilizada: tem mais valor o que está pintado na tela do que a tela propriamente dita.

Na Roma antiga e escravagista, o autor tinha o privilégio do reconhecimento público, mesmo que ele fosse escravo e, portanto, apenas um instrumento de trabalho. A obra, então, pertencia ao senhor. Mas a autoria e, consequentemente, as glórias do feito eram do artista e, como tal, reconhecido e festejado.

Essa característica levou, em Roma, à condenação pública dos plagiários, que eram execrados. A própria palavra já é, em si, uma condenação. *Plagiarius* significa sequestrador, aquele que rouba algo muito pessoal, como se fora um ser humano raptado.

Mas a antiguidade clássica, embora cultuasse o direito, lançando suas bases para um futuro tão distante que chegou até nossos dias, não considerou a criação da obra de arte como uma propriedade que pudesse integrar o ordenamento jurídico da época.

Mesmo até bem pouco tempo os juristas divergiam sobre o caráter da propriedade intelectual. Alguns estudiosos entendiam que a obra de criação é um bem público, patrimônio da humanidade. Outros afirmavam que o autor tem apenas um privilégio temporário, uma propriedade limitada no tempo. E, finalmente, havia aqueles que conferiam ao autor um direito absoluto sobre sua obra, dela podendo dispor em qualquer tempo, embora aceitando as exceções, entre elas o próprio domínio público.

É compreensível a controvérsia. A obra de arte, o produto da criação, é peculiar. Gera um interesse universal e, sem dúvida alguma, um direito também especial: o direito que tem o cidadão – em qualquer tempo e em qualquer lugar – de apreciar uma obra de arte.

Há, dessa forma, dois pontos:

1. O autor, como proprietário da obra que cria, dela pode dispor;

2. Mas essa obra é, também, feita para o público. Sem ele, perde-se a finalidade maior da criação artística.

Essa contradição acentua-se na medida em que a obra artística adquire um caráter de produto de massa, por meio de uma distribuição ampla e universal, como está ocorrendo nos dias de hoje.

Na antiguidade esse problema não existia e nem tinha importância. A pirâmide e seu vasto mundo de acessórios eram propriedade do Faraó, e não de seus autores. Certamente, os criadores recebiam benesses pela beleza e qualidade do trabalho. Mas a propriedade material, e mesmo imaterial, da obra era do senhor.

Não é necessário ir tão longe. O Renascimento, historicamente recente, foi o apogeu do mecenato. Mas foi também o ponto alto daquilo que, muito mais tarde, iríamos chamar de direitos morais do autor.

O artista do Renascimento era pago. Um agregado da corte. Era honrado e dignificado. Mas sua obra pertencia ao encomendante. O nome do artista, porém, ali ficava. E, como sabemos, ficou para sempre. A paternidade da obra dos renascentistas – um ponto alto nos direitos morais do autor – chegou até nós. Seus patronos e pagantes desapareceram.

O direito do autor, nessa época, sempre foi reconhecido. O que não se reconhecia era a sua propriedade material sobre as criações que elaborava, porque o produto material era entregue ao cliente. Tratava-se, geralmente, de peça única.

A obra de arte apresentava uma face curiosa, que persiste em alguns casos: é a dificuldade em multiplicá-la para o uso comum. Se isso era válido para as obras de artes plásticas em geral, também o era para o livro, até o advento do tipo móvel e do papel. O livro era imenso, copiado em peles de carneiro ou tábuas de madeira, enormes e de transporte difícil. O papiro facilitou muito esse trabalho. Mas ele continuava sendo uma cópia manual, demorada e, não raro, pouco confiável. O copista confundia-se com o autor. Mesmo assim, o livro copiado foi feito durante cerca de vinte séculos. Mas continuava sendo peça única.

O desenvolvimento da técnica facilitou a difusão das obras de arte, especialmente as manifestações escritas. Os tipos móveis de Gutenberg, que apareceram em 1455, tornaram possível a composição de livros e sua difusão em maior escala. Foi uma revolução. E nasceu uma nova indústria que veio ressaltar a posição do autor como proprietário da obra.

Era natural que, num mundo ainda sob o impacto das corporações, esse processo dependesse da licença dos reis e poderosos da época. Como o próprio termo indica, a *licença* para impressão de obras era um privilégio peculiar e particular. A história registra essas concessões e mostra que elas representavam, inegavelmente, uma forma de controle sobre os autores e um protecionismo desmedido. Autores menos rebeldes e mais acomodados dedicavam suas obras a bispos, reis, príncipes, duques – enfim, aos poderosos do dia, buscando o beneplácito e, sobretudo, licença para impressão do material criado.

As licenças para imprimir eram dadas às tipografias, impressores e livreiros – os editores da época. A eles era concedido o privilégio real para a impressão e venda de qualquer obra, desde que aprovada pelos governantes. Um dos primeiros privilégios que se conhece foi concedido pela República Veneziana a Giovani da Spira, que deteve o monopólio da edição de obras clássicas.

O autor, no caso, não tinha qualquer vantagem econômica. O sistema beneficiava exclusivamente impressores e vendedores, chamados *stationers*. O autor era figura secundária nesse pacto comercial.

Délia Lipszyc (1993), referindo-se à história dos direitos autorais, diz:

> "Desde fins do século XVII foi tomando corpo um forte movimento de opinião favorável à liberdade de imprensa e aos direitos dos autores – os quais consideravam-se protegidos pela common law – e contrários à Stationers Company, de Londres, poderosa corporação empenhada em defender os interesses dos impressores e livreiros que haviam recebido o privilégio de censurar as obras que publicavam" (Derechos de Autor e Derechos Conexos – Ediciones Unesco, p. 31).

Esse privilégio real datava de 1557, tendo como pontos nevrálgicos a censura e o controle das obras escritas.

A luta dos autores pelo direito de dispor de suas obras contra um privilégio real assinala o surgimento das modernas concepções sobre direitos autorais. Não foi um processo fácil, pois confundia-se com a própria busca pela liberdade de expressão.

Com efeito, em 1710 surgiu na Inglaterra, oriunda do Parlamento, a lei que veio a ser conhecida como "Estatuto da Rainha Ana". Com essa lei mudava a situação: agora os *stationers* – impressores e livreiros – poderiam continuar imprimindo suas obras, mas deveriam adquiri-las de seus autores através de um contrato de cessão.

A partir desse momento, o autor assume seu lugar como proprietário do trabalho criativo que realiza e detentor de um direito exclusivo: o direito autoral que mais tarde se consolidaria em várias leis e tratados internacionais, sendo o principal deles – e basilar para todo o sistema – a Convenção de Berna.

2
A Convenção de Berna

A partir do Estatuto da Rainha Ana vários países editaram leis protegendo os direitos de autor. Pode parecer estranho, à primeira vista, esse afã governamental em proteger o autor, geralmente um rebelde. Acontece que a cultura e o conhecimento constituem patrimônio nacional a ser estimulado e protegido, o que provocou a ação legal de quase todos os países da Europa, preocupados em defender seus interesses na consolidação e hegemonia dos Estados nacionais.

Mas, por outro lado, é preciso considerar que a arte não reconhece fronteiras. Sua tendência é rompê-las. Sempre foi assim. A arte está voltada para a humanidade; portanto, situa-se acima das nações.

É claro que essa característica viria, fatalmente, a criar problemas no momento de reivindicar direitos e aplicar a lei. Para resolvê-los firmaram-se vários tratados e convênios, os quais se multiplicaram de forma espantosa, tornando difícil sua própria operacionalidade. A França, para citar apenas um caso, chegou a ter 24 tratados bilaterais sobre direitos de autor.

Eles eram centenas, reclamando solução que o governo da Suíça chamou de civilizada, num apelo às nações do mundo em prol de um acordo geral sobre matéria tão ampla e controvertida.

Além dessa necessidade objetiva, a própria Revolução Industrial trazia, em seu bojo, ideias de internacionalização, tanto para o mercado como para as reivindicações dos trabalhadores. É curioso como o aspecto global do mundo sempre esteve presente. Cada grande potência aspira à globalização, desde que ela seja o centro do universo, gerindo periferia imensa. De Roma dos Césares até nossos dias, nesse aspecto, o mundo nada mudou.

O pensamento filosófico proclama-se universal. Auguste Conte colocava, em primeiro lugar e acima das nações, a humanidade.

Em 1848 aparecia o Manifesto Comunista, de Marx e Engels, que se dirigia aos proletários de todo o mundo. Os chamados socialistas utópicos – Fourier e Saint Simon – pensavam em termos universais. Nada mais natural que os artistas da época também encarassem a literatura e as artes acima das fronteiras nacionais.

Em 1858 realizou-se em Bruxelas um Congresso Internacional sobre Propriedade Intelectual. Foi uma reunião ampla, com a participação oficial e não oficial de muitos países, além de escritores, professores, cientistas e jornalistas. Este evento teve o mérito de lançar as sementes e as bases para uma apreciação internacional dos direitos de autor. Mas não teve continuidade e nem consequências imediatas.

Em 1878 Victor Hugo presidiu um congresso literário mundial. Surge a Associação Literária Internacional que passa a trabalhar em prol de um documento em defesa dos direitos universais do autor.

Em setembro de 1886 realizou-se em Berna a terceira conferência diplomática sobre direitos autorais. A ata dessa conferência é que constituiu, finalmente, a Convenção de Berna para a Proteção das Obras Literárias e Artísticas.

Trata-se de um documento notável. Ele é objetivo, preciso e, ao mesmo tempo, flexível. É o mais antigo tratado internacional em vigor e aplicado. Sofreu várias revisões que tiveram por finalidade atualizá-lo em face de novas realidades sem, contudo, alterar sua espinha dorsal que é a defesa e proteção dos direitos patrimoniais e morais do autor. Sua última revisão data de 24 de julho de 1971, com emendas de 28 de setembro de 1979, que é o documento hoje em vigor.

A Convenção, basicamente:

- estabelece o que é obra literária e artística: todas as produções no campo literário, científico e artístico, qualquer que seja o modo ou forma de expressão;

- apresenta os critérios para proteção autoral: protege-se a manifestação concreta do espírito criador, ou seja, aquilo que se materializa;
- define o que é obra publicada:" aquelas que foram editadas com o consentimento do autor, qualquer que seja o modo de fabricação dos exemplares, sempre que a quantidade posta à disposição do público satisfaça razoavelmente suas necessidades";
- declara que o "gozo e exercício desses direitos não estarão subordinados a nenhuma formalidade"; o autor é identificado perante os tribunais pelo seu nome aposto à obra, mesmo que seja um pseudônimo; ele está livre do controle governamental;
- fixa e define o país de origem:"aquele em que a obra foi publicada pela primeira vez";
- assegura o direito de adaptação, tradução autorizada, os direitos sobre obras dramáticas e dramático-musicais;
- fixa o prazo de vigência dos direitos do autor após sua morte: 50 anos. Mas garante aos países signatários da Convenção o direito de aumentar esse prazo;
- divide, claramente, os direitos de autor em patrimoniais e morais, estes irrenunciáveis e inalienáveis, mesmo quando o autor cede definitivamente sua obra para exploração por terceiros;
- garante o direito à paternidade da obra e o de impedir modificações de qualquer natureza;
- fixa as limitações aos direitos do autor: cópias sem fins de lucros, citações, notícias de imprensa, divulgação dos fatos e informações gerais são livres;
- assegura o chamado "direito de suíte", ou seja, a participação do autor nos lucros da eventual revenda de sua obra, qualquer que seja ela.

Esse documento possui, ainda, um anexo especial sobre os países subdesenvolvidos, aos quais é concedido tratamento especial, desde que assim o requeiram.

A Convenção de Berna, pela sua amplitude e constante atualidade, é modelo que tem servido de base para as legislações sobre direitos autorais em vários países do mundo, inclusive no Brasil.

3
Os direitos autorais no Brasil

Em 19 de fevereiro de 1998 foi sancionada uma nova Lei de Direitos Autorais, que recebeu o número 9.610/1998. Como todo diploma que consagra direitos, ela é fruto de um longo processo de discussões, procurando refletir interesses nem sempre convergentes.

A história dos direitos autorais no Brasil vem de longa data. Pode-se, mesmo, dizer que o nosso problema não reside na falta de diplomas legais, mas no cumprimento deles. Para Montesquieu "a lei, em geral, é a razão humana, tanto que ela governa todos os povos da terra".

Esse conceito, entretanto, nem sempre se aplica em nosso país, onde os próprios poderes públicos colocam-se acima das leis, incluindo-se naquela condenação histórica feita por Maquiável, quando disse:

> "Com efeito, o exemplo mais funesto que pode haver, a meu juízo, é o de criar uma lei e não cumpri-la, sobretudo quando sua não observância se deve àqueles que a promulgaram".

O Brasil criou, em 1827, pouco depois de sua independência, os cursos jurídicos. E neles assegurava, aos professores, o direito sobre suas obras. O art. 7º dessa lei estipulava o seguinte:

> "Os lentes farão a escolha dos compêndios da sua profissão, ou os arranjarão, não existindo já feito, contanto que as doutrinas estejam de acordo com o sistema jurado pela nação. Esses compêndios, depois de aprovados pela Congregação,

servirão interinamente, submetendo-se porém à aprovação da Assembléia Geral, e o governo fará imprimir e fornecer às escolas, competindo aos seus autores o privilégio exclusivo da obra por dez anos".

Dois pontos básicos e importantes surgem desse artigo: o primeiro diz respeito à preocupação do governo em "imprimir e fornecer às escolas" os livros necessários. O segundo diz respeito aos direitos autorais," competindo aos seus autores o privilégio da obra por dez anos".

Mais tarde, em 1830, o Código Criminal do Império estabeleceu penas para quem "imprimir, gravar, litografar ou introduzir quaisquer escritos ou estampas, que tiverem sido feitos, compostos ou traduzidos por cidadãos brasileiros, enquanto estes viverem, e dez anos depois de sua morte se deixarem herdeiros".

A pena era a perda dos exemplares ou pesada multa.

Ao longo do tempo – através de leis e decretos – o Estado brasileiro procurou sempre proporcionar ao autor o amparo legal para a defesa de suas obras. O Código Civil, promulgado em janeiro de 1916, dedicou todo um capítulo à propriedade literária, científica e artística, assegurando, de forma clara, os direitos do autor. Para a época, o Código Civil foi avançado e precursor, ao fixar os direitos de autor e seus limites.

Após o advento do Código Civil, extensa legislação foi editada para abordar diferentes setores, onde autores e intérpretes reclamavam proteção. Em 1973, finalmente, surgiu a Lei 5.988/1973 para regulamentar os direitos autorais. Foi um grande passo, pois consolidou a legislação existente.

Ao lado do diploma civil, o Código Penal vigente, em seu art. 184, trata dos crimes contra a propriedade intelectual, estabelecendo penas bastante severas para os transgressores. Edita esse artigo:

"Art. 184. Violar direitos de autor e os que lhe são conexos:
Pena – detenção, de três meses a um ano, ou multa.

§ 1º Se a violação consistir em reprodução total ou parcial, com intuito de lucro direto ou indireto, por qualquer meio ou processo, de obra intelectual, interpretação, execução ou fonograma, sem autorização expressa do autor, do artista intérprete ou executante, do produtor, conforme o caso, ou de quem os represente:

Pena – reclusão, de dois a quatro anos, e multa.

§ 2º Na mesma pena do § 1º incorre quem, com o intuito de lucro direto ou indireto, distribui, vende, expõe à venda, aluga, introduz no País, adquire, oculta, tem em depósito, original ou cópia de obra intelectual ou fonograma reproduzido com violação do direito de autor, do direito de artista intérprete ou executante ou do direito do produtor de fonograma, ou, ainda, aluga original ou cópia de obra intelectual ou fonograma, sem a expressa autorização dos titulares dos direitos ou de quem os represente.

§ 3º Se a violação consistir no oferecimento ao público, mediante cabo, fibra ótica, satélite, ondas ou qualquer outro sistema que permita ao usuário realizar a seleção da obra ou produção para recebê-la em um tempo e lugar previamente determinados por quem formula a demanda, com intuito de lucro, direto ou indireto, sem autorização expressa, conforme o caso, do autor, do artista intérprete ou executante, do produtor de fonograma, ou de quem os represente.

Pena – reclusão, de dois a quatro anos, e multa.

§ 4º O disposto nos §§ 1º, 2º e 3º não se aplica quando se tratar de exceção ou limitação ao direito de autor ou os que lhe são conexos, em conformidade com o previsto na Lei nº 9.610, de 19 de fevereiro de 1998, nem a cópia de obra intelectual ou fonograma, em um só exemplar, para uso privado do copista, sem intuito de lucro direto ou indireto".

Deve-se considerar, também, que a Constituição Federal é taxativa ao garantir os direitos do autor a sua obra.

Com efeito, o art. 5º, que trata dos direitos e garantias do cidadão, diz em seu item XXVII:

> *"aos autores pertence o direito exclusivo de utilização, publicação ou reprodução de suas obras, transmissível aos herdeiros pelo tempo que a lei fixar".*

E o item seguinte não apenas confirma esses direitos, estendendo-os aos participantes de obras coletivas, como garante às associações dos autores o direito de fiscalizar o aproveitamento econômico de suas obras. Textualmente:

> *"XXVIII – são assegurados, nos termos da lei:*
>
> *a) a proteção às participações individuais em obras coletivas e à reprodução da imagem e voz humanas, inclusive nas atividades desportivas;*
>
> *b) o direito de fiscalização do aproveitamento econômico das obras que criarem ou de que participarem aos criadores, aos intérpretes e às respectivas representações sindicais e associativas".*

Neste item, voz e imagem, pelo que constituem, elevam-se à categoria de direitos constitucionais. Mais ainda: no que diz respeito ao aproveitamento econômico da obra de criação, o autor pode fiscalizá-la através de suas associações, o que confere a elas um enorme poder e força objetiva para evitar abusos.

A legislação brasileira, tanto no aspecto civil como penal, sempre procurou instituir mecanismos para proteger os direitos de autor. Entretanto, o problema nacional não é – e nunca foi – a lei, mas a aplicação da lei.

O mundo autoral brasileiro vinha se regendo desde 1973, portanto há um quarto de século, pela Lei nº 5.988/1973. Cabe examinar o que mudou com o advento de um novo diploma legal, tanto à luz dos problemas relacionados com a revolução tecnológica, como à luz da Convenção de Berna que, assinada e promulgada pelo Brasil, é lei interna em plena vigência e validade.

O exame da Lei nº 9.610/1998 é oportuno e necessário para sua observância e boa aplicação.

4
O livro eletrônico

A obra de arte, enquanto ideia, não tem significado maior. A Lei nº 9.610/1998, em seu art. 7º estabelece que "são obras intelectuais protegidas as criações de espírito, expressas por qualquer meio ou fixadas em qualquer suporte, tangível ou intangível, conhecido ou que se invente no futuro (...)".

O legislador foi previdente.

A obra de arte deve fixar-se em uma base para que possa transmitir seu conteúdo.

Aliás, a base principal do produto de arte é sua transmissão. A Lei nº 9.610/1998 trata, basicamente, da transmissão da obra de criação. Sem isso, ela tem existência, mas não tem expressão e valor monetário.

Essa transmissão – e sua forma – não é estática. Ela se transforma ao longo do tempo, beneficiando os meios de comunicação, através das conquistas tecnológicas.

Os tipos e a máquina de imprimir que deram origem ao livro atual, foram, nos tempos de Gutenberg, uma revolução espetacular. O livro tornou-se portátil. Deixou de ser uma reunião de folhas imensas, cuja leitura exigia o concurso de várias pessoas. Transformou-se em volume de pequeno porte, cuja manipulação depende, unicamente, do próprio leitor.

Certamente, quando nos referimos aos livros de Platão, Aristóteles, Cícero e outros autores da antiguidade clássica, não estamos nos referindo a volumes iguais aos que hoje são vendidos em nossas livrarias.

O livro é, portanto, um conceito que se refere ao conteúdo e não a forma. Angela Maria da Mota Pacheco, a esse respeito, diz o seguinte:

> *"O que conceitua o livro não é o material do qual é feito e sim o seu conteúdo e a função que tem na preservação da cultura da humanidade em todas as formas de conhecimento: filosofia, lógica, estética, metafísica, epistemologia, ética, ciência, artes, literatura, pintura, música, escultura, cinema, dança, livros didáticos escolares e toda uma infinidade de matérias com que lida o ser humano no seu quotidiano"* (*Imunidade Tributária do Livro*, p. 17, São Paulo, Atlas).

Da pedra ao papel, o formato do livro variou constantemente, o que não importa. O que se considera é a função do conteúdo. Essa função é transmitir o pensamento. Para garantir o exercício dessa liberdade é que o legislador constitucional garantiu a imunidade do livro. Temos várias decisões em nossos tribunais, garantindo a imunidade fiscal para o livro eletrônico.

De outra parte, a Lei nº 10.753/2003, chamada "Lei do Livro", em seu art. 2º, define o livro e logo no § 2º, diz o seguinte:

São equiparados ao livro:

"(...)

VI – os textos derivados de livros ou originais, produzidos por editores, mediante contrato de edição celebrado com o autor, com a utilização de qualquer suporte".

Embora o assunto estivesse no âmbito de cogitações teóricas, essa lei veio encerrar as discussões. Sem nenhuma dúvida: é livro o texto fixado em qualquer suporte. O livro eletrônico, portanto, é livro, agora na definição taxativa de uma lei federal.

O livro eletrônico, por isso mesmo, está amparado pelo art. 150, inciso VI, da Constituição.

Com razão pronunciou-se o Tribunal Regional Federal da Segunda Região, decidindo que "impressos em papel, ou em CD-Rom, são alcançados pela imunidade da alínea *d* do inciso VI do art. 150 da Constituição Federal".

O Tribunal de Justiça de São Paulo é, nesse caso, enfático no pronunciamento de sua 8ª Câmara:

> *"A expressão 'livros' do art. 150, inciso VI, da Constituição Federal deve ser entendida como gênero, que tem por espécie tanto o livro convencional impresso em papel, como o livro chamado eletrônico"* (Rel. Des. Paulo Travain – 28.579-5 *DJ SP* 22-9-1990).

O livro eletrônico é livro, seja na palavra de grandes comentaristas, seja no pronunciamento de nossos tribunais.

O problema encerra questão importante para o direito autoral, pois diz respeito à transmissão da obra de arte ao público. Essa transmissão é que vai dar a dimensão de sua importância e, consequentemente, seu próprio valor como propriedade.

A imaterialidade da criação gera problemas para seu comércio. O legislador, entretanto, apresentou soluções que permitem resolver controvérsias. Começa por afirmar, no art. 3º da Lei nº 9.610/1998, que "os direitos autorais reputam-se, para os efeitos legais, bens móveis".

Materializa-se, com esse dispositivo, o imaterial, o que ocorreu com o rádio e, agora, de forma universal, com a Internet e a comunicação eletrônica, atingindo bilhões de pessoas.

O suporte, especialmente no caso do livro, é irrelevante. Busca-se o mais rápido e eficiente como instrumento para levar a arte e o conhecimento a um número cada vez maior de pessoas. Afinal, o ser humano é o destinatário da mensagem artística e cultural.

Não importa o suporte que sustenta e garante a leitura do livro.

O fato é que não voltaremos – seria ridículo pensar nisso – aos grandes volumes em pele de carneiro, ou seja, ao livro dos autores do passado...

Agora, além do impresso em papel, organizado em pequenos volumes, temos o texto num *pen-drive*, pequeno tubinho de 5 centímetros, contendo muitos volumes. Perderão esses textos sua condição de livros?

Evidentemente não.

Os instrumentos de comunicação são vitais para que a obra de arte cumpra a finalidade para a qual foi criada. O artista tem em vista o público, o receptor de sua mensagem, especialmente porque a arte transmite sensações e fala, portanto, a sensibilidade do receptor, que é, em última análise, o grande público. Uma obra de arte plástica não perde sua qualidade – e até mesmo sua genialidade – em virtude do suporte que garante sua expressão.

O mundo eletrônico não altera a obra do artista, seja ela qual for.

No caso do livro, não importa o suporte que torna decodificável o que ali está escrito – seja a pedra, a argila, o couro de carneiro, o papel ou o meio eletrônico.

O livro é imune aos tributos por força da Constituição, cujo art. 150, no item VI, diz o seguinte:

(... é vedado ...)

"*VI – instituir impostos sobre:*

a) *patrimônio, rendas ou serviços, um dos outros;*

b) *templos de qualquer culto;*

c) *patrimônio, renda ou serviço dos partidos políticos, inclusive suas fundações, das entidades sindicais dos trabalhadores, das instituições de educação e de assistência social, sem fins lucrativos, atendidos os requisitos das leis;*

d) *livros, jornais, periódicos e o papel destinado a sua impressão;"*

O poder público está proibido de instituir impostos sobre o livro.

Ora, no Brasil vive-se, ainda, na era dos coletores de tributos. Sua missão é arrancar, a qualquer custo, o tributo, quando, na verdade, a obrigação seria outra: defender a imunidade em função da cultura.

Inverte-se a posição. O problema é arrancar dinheiro para o Estado e não para o povo. Não temos educação, não temos segurança, o povo morre nos corredores dos hospitais. Mas aumenta-se a arrecadação e agora, em função de novos instrumentos de fixação do pensamento escrito, pretende-se negar a imunidade fiscal do livro.

Diz Roque Antonio Carrazza, citado por Pedro Guilherme Acocorsi Lunardelli, em seu trabalho sobre Imunidade do Livro Eletrônico:

"Segundo estamos convencidos, a palavra livro está empregada no texto constitucional não no sentido restrito de folhas de papel impressas, encadernadas e com capa, mas sim, o de veículos do pensamento, isto é, de meios de difusão de cultura. Já não estamos na Idade Média, quando a cultura só podia ser difundida por intermédio de livros. Nem nos albores do Renascimento, na chamada era de Gutemberg, quando os livros eram impressos tendo por base material o papel. Hoje temos os sucedâneos dos livros que, mais dia, menos dias, acabarão por substituí-los totalmente. Tal é o caso dos CD-ROMs e dos demais artigos da espécie, que contêm, em seu interior, os textos dos livros, em sua forma tradicional" (Imunidade do Livro Eletrônico, p. 211. São Paulo, Atlas).

A forma do meio não importa, o que importa é o conteúdo.

A imunidade do livro é um instrumento constitucional para assegurar a livre circulação do pensamento. É autoaplicável. Não pode, pois, o agente do governo arvorar-se em intérprete da lei, quando de sua aplicação, para negar suas finalidades e objetivo.

Se alguém resolvesse editar livros em lâminas de argila, esta operação estaria imune como acontece com o livro eletrônico. A modernização dos meios e bases de expressão da arte, no caso, do livro, goza, constitucionalmente, de imunidade tributária.

É interessante lembrar aqui as palavras do genial Carlos Maximiliano, pronunciadas em 1946:

> *"A palavra impressa, no sentido constitucional, compreende todo processo para reproduzir, mecanicamente, em número considerável de exemplares idênticos, textos escritos, desenhos, imagens, composições ou quaisquer sinais representativos de idéias".*

A imunidade constitucional do livro é um fato; negá-lo é negar a própria Constituição da República.

II
A Lei Brasileira de Direitos Autorais.
Comentários

A Lei de Direitos Autorais foi promulgada a 19 de fevereiro de 1998, depois de uma longa gestação, e tomou o número 9.610/1998.

Foram muitas as discussões e emendas ao projeto inicial. O tempo em que ele permaneceu no Parlamento tirou-lhe bastante a atualidade esperada, especialmente em função de novas técnicas de fixação do texto criativo e de sua distribuição ao público em geral. A Internet é um fenômeno que avança sem limites e sem fronteiras, permitindo uma interação entre o criador e o público.

O Brasil tem participado de várias conferências diplomáticas para discutir problemas que a revolução tecnológica trouxe para o campo do direto autoral em todo o mundo, não raro colocando em dúvida o próprio conceito de autoralidade. Teria sido oportuno que o novo diploma legal contemplasse, mais acuradamente, questões cruciais que estão na ordem do dia no mundo jurídico e que têm sido objeto de discussões e conclusões bastante avançadas. Isto foi feito apenas parcialmente. Perdeu-se uma boa oportunidade de um avanço maior no campo das novas tecnologias que afetam o direito autoral.

Além disso, como sempre, o desejo político de atender a diferentes setores terminou fragmentando a lei, prejudicando sua unidade e, sobretudo, a abordagem sistemática e consequente de vários problemas. Entretanto, a nova lei tem virtudes e, embora de forma genérica, contempla algumas questões de palpitante atualidade. É um avanço apreciável que permite sua aplicação aos novos campos tecnológicos.

Embora no texto as modificações sejam pequenas quantitativamente, elas são em muitos casos decisivas e significativas, dando base legal para novas relações jurídicas entre as partes interessadas, tornando imprescindível a análise de seus diferentes artigos, o que se fará a seguir.

É necessário considerar que nenhuma lei pode contemplar todos os fenômenos sociais, especialmente num período de constantes mutações. A interpretação do diploma legal frente à realidade é que lhe vai dar vida, transformando letra e papel em força atuante.

A interpretação do diploma legal

Título I

Disposições preliminares

Art. 1º Esta Lei regula os direitos autorais, entendendo-se sob esta denominação os direitos de autor e os que lhes são conexos.

Art. 2º Os estrangeiros domiciliados no exterior gozarão da proteção assegurada nos acordos, convenções e tratados em vigor no Brasil.

Parágrafo único. Aplica-se o disposto nesta lei aos nacionais ou domiciliados em país que assegure aos brasileiros ou pessoas domiciliadas no Brasil a reciprocidade na proteção aos direitos autorais ou equivalentes.

Art. 3º Os direitos autorais reputam-se, para os efeitos legais, bens móveis.

Art. 4º Interpretam-se restritivamente os negócios jurídicos sobre os direitos autorais.

Estes quatro artigos são preambulares.

O texto anterior, a Lei nº 5.988/1973, garantia os mesmos direitos aos apátridas, ou seja, aqueles que, em função de acidentes e incidentes internacionais, não tinham pátria. Este foi um fenômeno comum após a segunda guerra mundial, generosamente contemplado pelo legislador brasileiro. A lei atual deixou de lado esse aspecto, mas considera o problema das obras de estrangeiros, cujos interesses autorais são protegidos no Brasil. Para estes a lei aplicável é a brasileira, seguindo nossa melhor tradição jurídica.

O conceito de tratados e convenções aplicáveis no Brasil é modificado. Antes a lei exigia que estes fossem apenas "ratificados pelo Brasil". Agora o conceito torna-se mais específico: é necessário que as convenções e tratados estejam em vigor no Brasil. A diferença, pequena no texto, tem maior alcance na prática. Uma lei em vigor significa sua aplicabilidade constante. Os costumes, os precedentes, a jurisprudência, o trabalho dos jurisconsultos podem fazer com que uma lei, embora existente, não vigore mais. Neste sentido, tanto o Código Civil como o Código Penal apresentam exemplos incontáveis de dispositivos que existem, são letra de lei, mas não vigoram. Além disso, tratados e convenções podem ser ratificados e ter sua vigência adiada, às vezes indefinidamente, por razões técnicas ou burocráticas. A nova lei, nesse sentido, foi mais precisa e, historicamente, mais objetiva.

Os dois textos consideram, com as mesmas palavras, os direitos autorais como "bens móveis". Este conceito é o resultado de grandes discussões e debates que, no século passado, ocuparam juristas de renome. Com efeito, na medida em que se pretendia garantir um direito, oponível *erga homnes*, era necessário conceituá-lo materialmente e incluí-lo numa categoria já determinada no universo jurídico. Como pode existir uma propriedade sem que a lei a defina como tal?

O saudoso Carlos Alberto Bittar disse:

"Na antiguidade não se conhecia o direito de autor. Nem em Roma e nem na Grécia se cogitou desse direito, inobstante o monumento jurídico legado pêlos romanos e a força do pensamento e a expressão da arte dos gregos. Os romanos, que se alicerçaram em sua clássica divisão do direito – em direitos pessoais, reais e obrigacionais – não se aperceberam do direito de autor, no sentido em que se o concebe nos dias atuais" (Bittar, 1994, p. 5-6; *Direito de Autor na obra feita sob encomenda* – Editora Revista dos Tribunais)

Mas o próprio pensamento romano terminou por influenciar o moderno direito de autor e, sobretudo, sua concepção como bem móvel.

Piola Caselli (*apud* Chaves, 1995, p. 16) diz:

> "Denominar ou não 'propriedade' o direito de autor não significa somente atribuir-lhe uma designação que valha para distingui-lo de outros direitos, mas tem o sentido de conferir este instituto, antes de mais nada, à grande categoria dos direitos patrimoniais – de maneira particular, a subclasse de tal categoria que tem o nome de direitos reais – e, mais particularmente ainda, importa a sua assimilação ao principal instituto jurídico da classe dos direitos reais, o domínio ou propriedade: instituto que tem uma sua especial justificação moral, econômica e social, um próprio princípio informador que determina as suas finalidades e tendências e que, elaborado por séculos de doutrina e de prática judiciária, traz consigo um acervo enorme de regras, princípios, noções, definições e institutos jurídicos derivados".

Sendo a obra do autor uma propriedade, ela insere-se na categoria dos direitos patrimoniais. E neste sentido é que o pensamento romano torna-se importante, contribuindo para que os estudiosos chegassem à conclusão de que os direitos autorais "reputam-se, para efeitos legais, bens móveis", do que resulta outro fator importante: não é a ideia em si, a abstração, que se protege, mas sim essa ideia quando toma forma concreta, inserida num *corpus mechanicum*, o que a transforma, precisamente, num bem móvel.

Delia Lipszyc diz:

> "O direito de autor destina-se a proteger a forma representativa, a exteriorização e seu desenvolvimento em obras concretas aptas para serem reproduzidas, representadas, executadas, exibidas, radiofonizadas etc., segundo o gênero a que pertençam". (Lipszyc, 1993, obra citada, p. 62)

No Brasil, desde cedo, firmou-se o conceito de que o direito autoral é uma propriedade e, portanto, uma categoria a que se confere a condição de negociabilidade em todos os aspectos: compra, venda, concessão, cessão e sucessão *mortis causa*.

Tanto a lei anterior como a atual informam que se interpretam "restritivamente os negócios jurídicos sobre direitos autorais". A interpretação da lei e dos negócios jurídicos sempre foi a pedra de toque em qualquer ordenamento legal. A lei serve a uma realidade. Mas a realidade muda constantemente. Por sua vez, o poder quer a aplicação literal da lei, sem qualquer modificação interpretativa.

Essa exigência quanto à aplicação literal da lei vem de longa data. O Imperador Justiniano chegou mesmo a proibir a interpretação da lei, determinando:

> *"Quem ousar tecer comentários à nossa compilação de leis cometerá crime de falso, e as obras que compuser serão apreendidas e destruídas".*

Essa ideia imperial, em que pese o monumento que foi a compilação de Justiniano, não prosperou, nem poderia prosperar. O próprio direito romano tinha sua base na interpretação das leis, mesmo quando elas eram rígidas, como o foram no caso das Doze Tábuas.

Ulpiano, no Digesto, livro 25, declara de forma taxativa:

> *"Embora claríssimo o édito do pretor, não cabe descuidar de sua interpretação".*

Eis uma das razões da longevidade do direito romano.

A interpretação da lei é a busca de seu sentido absoluto em relação aos fatos. A lei é a mesma, mas os fatos não seguem uma linha reta e única. Eles têm nuanças, circunstâncias, enfim, um pano de fundo e um quadro social que se modifica, não apenas em relação às transformações sócio-econômicas, mas, sobretudo, em face de cada caso concreto.

A sociedade modifica-se. Mas o ordenamento legal não pode flutuar ao sabor dos acontecimentos, sob pena de romper a estabilidade social e permitir o caos. A lei se aplica a um complexo de fatos e interesses eventualmente em conflito. Ela é o fator permanente e estável numa situação transitória e instável.

Se o legislador entende que a lei deve ser interpretada restritivamente, isto não significa que a interpretação esteja vedada, no melhor estilo imperial. Restringir, do latim *restrictu*, indica apenas que essa interpretação deve manter-se dentro de certos limites, especialmente no que tange a seus resultados.

Não se pode ir além do que foi fixado, mas isso não significa que, na aplicação da lei, o juiz não se atenha aos fatos e a suas diferenciações.

A lei, portanto, entende que os negócios jurídicos têm limites nos termos de seus próprios objetivos, não se ampliam e não se confundem. O direito autoral é um bem móvel em si e como tal deve ser interpretado quando for objeto de negócios jurídicos.

Afirma Bittar, a esse respeito:

"(...) o princípio de interpretação restrita é de ordem pública" (Bittar, 1992, p. 49).

E acentua:

"Assim, com a aplicação do princípio geral, a consequência última será a ineficiência pura e simples do contrato que dispuser em contrário. Com efeito, as partes não podem alterar as citadas regras de interpretação, de conformidade com o princípio da predominância da ordem pública" (*Contornos Atuais de Direitos de Autor*, p. 49).

Em direito autoral os negócios jurídicos interpretaram-se restritivamente. Quando alguém compra um livro, assiste a uma ópera, vê um filme, adquiriu apenas um direito limitado de fruir, gozar e apreciar o trabalho do artista contido nos instrumentos de materialização do pensamento criador. No caso, o direito de propriedade ou posse não lhe autoriza a reproduzir e comercializar a obra de arte que adquiriu para seu lazer pessoal. A propriedade, que é um direito constitucional absoluto, nesse caso sofre as limitações impostas pela legislação autoral. É apenas um exemplo.

Art. 5º Para os efeitos desta lei, considera-se:

I – publicação – o oferecimento de obra literária, artística ou científica ao conhecimento do público, com o consentimento do autor, ou de qualquer outro titular de direito de autor, por qualquer forma ou processo;

II – transmissão ou emissão: a difusão de sons ou de sons e imagens, por meio de ondas radioelétricas; sinais de satélite; fio, cabo ou outro condutor; meios óticos ou qualquer outro processo eletromagnético;

III – retransmissão: a emissão simultânea da transmissão de uma empresa por outra;

IV – distribuição: a colocação à disposição do público de original ou cópia de obras literárias, artísticas ou científicas, interpretações ou execuções fixadas e fonogramas, mediante a venda, locação ou qualquer outra forma de transferência de propriedade ou posse;

V – comunicação ao público: ato mediante o qual a obra é colocada ao alcance do público, por qualquer meio ou procedimento e que não consista na distribuição de exemplares;

VI – reprodução: a cópia de um ou vários exemplares de uma obra literária, artística ou científica ou de fonograma, de qualquer forma tangível, incluindo qualquer armazenamento permanente ou temporário por meios eletrônicos ou qualquer outro meio de fixação que venha a ser desenvolvido;

VII – contrafação: a reprodução não autorizada;

VIII – obra:

a) em co-autoria – quando é criada em comum, por dois ou mais autores;

b) anônima – quando não se indica o nome do autor, por sua vontade ou por ser desconhecido;

c) pseudônima – quando o autor se oculta sob nome suposto;

d) inédita – a que não haja sido objeto de publicação;

e) póstuma – a que se publique após a morte do autor;

f) originária – a criação primígena;

g) derivada – a que, constituindo criação intelectual nova, resulta da transformação de obra originária;

h) coletiva – a criada por iniciativa, organização e responsabilidade de uma pessoa física ou jurídica, que a publica sob seu nome ou marca e que é constituída pela participação de diferentes autores, cujas contribuições se fundem numa criação autônoma;

i) audiovisual – a que resulta da fixação de imagens com ou sem som, que tenha a finalidade de criar, por meio de sua reprodução, a impressão de movimento, independentemente dos processos de sua captação, do suporte usado inicial ou posteriormente para fixá-lo, bem como dos meios utilizados para sua veiculação;

IX – fonograma: toda fixação de sons de uma execução ou interpretação ou de outros sons, ou de uma representação de sons que não seja uma fixação incluída em uma obra audiovisual;

X – editor: a pessoa física ou jurídica à qual se atribui o direito exclusivo de reprodução da obra e o dever de divulgá-la, nos limites previstos no contrato de edição;

XI – produtor: a pessoa física ou jurídica que toma a iniciativa e tem a responsabilidade econômica da primeira fixação do fonograma ou da obra audiovisual, qualquer que seja a natureza do suporte utilizado;

XII – radiodifusão: a transmissão sem fio, inclusive por satélites, de sons ou imagens e sons ou das representações desses, para recepção ao público e a retransmissão de sinais codificados, quando os meios de decodificação sejam oferecidos ao público pelo organismo de radiodifusão ou com seu consentimento;

XIII – artistas intérpretes ou executantes: todos os atores, cantores, músicos, bailarinos ou outras pessoas que representem um papel, cantem, recitem, declamem, interpretem ou executem em qualquer forma obras literárias ou artísticas ou expressões do folclore;

Art. 6º Não serão de domínio da União, dos Estados, do Distrito Federal ou dos municípios as obras por eles simplesmente subvencionadas.

O art. 5º é extenso e corresponde ao art. 4º da lei anterior. Ao definir publicação, ele é mais explícito e abrangente, pois fala em "oferecimento de obra literária, artística ou científica ao conhecimento do público, com o consentimento do autor, ou de qualquer outro titular de direito de autor, por qualquer forma ou processo". Esse primeiro item corresponde ao que estabelece a Convenção de Berna. Com efeito, o item três do art. 3º dessa Convenção diz o seguinte:

> "Entende-se por 'obras publicadas', as que tenham sido editadas com o consentimento de seus autores, qualquer que seja o modo de fabricação dos exemplares, sempre que a quantidade posta à disposição do público satisfaça razoavelmente suas necessidades, estimadas de acordo com a índole da obra".

Esse texto da Convenção de Berna deixa claros três pontos:

1. Considera-se obra publicada quando exemplares em número suficiente para atender a demanda são colocados à disposição do público, segundo a índole da obra. Um livro técnico altamente especializado certamente terá um número limitado de leitores, mas ainda assim sua quantidade à disposição do público deve ser suficiente para atendê-lo;

2. A obra só pode ser comunicada ao público com o consentimento do autor, sem o que ela será uma contrafação. Essa autorização envolve, obviamente, o contrato entre as partes interessadas;

3. O terceiro ponto encerra um conceito moderno: a obra considera-se publicada, seja qual for o meio de fabricação.

A lei anterior falava em "comunicação da obra ao público". A lei atual refere-se ao "oferecimento" das obras "ao conhecimento do público", com o que se tem um ato de disponibilidade muito mais amplo. Comunicação é um ato que se esgota em si mesmo. Feita a comunicação, conclui-se o processo, independente de qualquer reação. Já o oferecimento é uma disponibilidade que só se conclui com a ação reativa do público. É um estado permanente no qual a obra permanece à disposição dos interessados.

O item II refere-se à transmissão. A Lei nº 9.610/1998 também aqui é mais ampla, pois inclui satélites, fios, cabos, meios óticos ou "qualquer processo eletromagnético". Com isso abrem-se as portas para abrigar os elementos oriundos da revolução tecnológica.

O item III encerra modificação interessante e significativa. Na Lei nº 5.988/1973 a retransmissão era definida como "a emissão, simultânea ou posterior, da transmissão de uma empresa de radiodifusão por outra". A lei atual muda o conceito, estabelecendo que retransmissão é "a emissão simultânea da transmissão de uma empresa por outra".

A retransmissão só será considerada como tal se for feita simultaneamente. A palavra não deixa dúvidas. Para que se considere retransmissão há que se fazê-la no mesmo momento, juntamente, simultaneamente, com a transmissão. Aqui o legislador seguiu a Convenção de Roma, que tratou do assunto e, na letra *g* do art. 3º diz, textualmente: "retransmissão, a emissão simultânea de emissão de um organismo de radiodifusão, efetuada por outro organismo de radiodifusão".

Curioso é que a Convenção de Roma foi assinada a 26 de outubro de 1961; portanto, 12 anos antes de promulgada a Lei nº 5.988/1973 que, ao tratar do assunto, deu-lhe enfoque diferente e distorcido, o que agora se corrige.

A retransmissão feita *a posteriori* é outra emissão; portanto, passível de gerar novos direitos e obrigações.

Dois itens novos estão elencados nesse artigo: a distribuição da obra e a sua comunicação ao público.

Distribuição é, no caso, a colocação à disposição do público das obras mediante "qualquer forma de transferência da propriedade ou posse", o que pressupõe, desde logo, toda a vasta gama de negócios que a lei permite em torno de bens móveis.

Já no que tange à comunicação, esta é definida como ato unilateral através do qual a obra é colocada ao alcance do público "por qualquer meio ou procedimento e que não consista na distribuição de exemplares". O legislador quis preservar os diversos meios de comunicação, especialmente aqueles de que se valem artistas e intérpretes, tanto assim que exclui, taxativamente, a distribuição de exemplares que é um ato mecânico de levar exemplares físicos a um local também físico de exposição e vendas.

O item VI trata da reprodução da obra. Na Lei nº 5.988/1973 reprodução era, apenas, "a cópia de obra literária, científica ou artística, bem como de fonograma".

A lei atual é novamente mais ampla. Ela considera reprodução a cópia feita de forma tangível, "incluindo qualquer armazenamento permanente ou temporário por meios eletrônicos ou qualquer outro meio de fixação que venha a ser desenvolvido".

Mais uma vez, o legislador olhou o futuro, procurando assegurar os direitos de autor na reprodução por qualquer meio que venha a ser desenvolvido. Segue-se, no caso, a ideia hoje predominante nas legislações de quase todos os países, que procuram assegurar a vigência dos direitos de autor, mesmo em face de transformações tecnológicas profundas na fixação, comunicação e distribuição das obras de criação.

O item VII trata da contrafação, para defini-la como a "reprodução não autorizada". Por consequência lógica, a reprodução deve ser autorizada, caso contrário tem-se uma contrafação.

Esse conceito engloba o plágio. O que é o plágio? O plágio é, justamente, uma reprodução que não foi autorizada e que pode assumir várias feições, desde uma cópia grosseira até aquela maneira safada, onde o contrafator maquia a obra de outro para, disfarçadamente, apresentá-la como sua.

Na lei anterior, ao descrever os diferentes tipos de obras, havia referência à obra em colaboração. O termo "colaboração" prestava-se a diferentes interpretações, pois o colaborador pode ser apenas um auxiliar técnico. E, neste caso, não seria autor.

A lei atual cria duas figuras em substituição a esse termo: a obra em coautoria e a obra coletiva. Há, ainda, confusão entre os dois conceitos. A coautoria verifica-se, como a própria lei diz, quando uma ou mais pessoas participam de um mesmo trabalho criativo. Dois profissionais podem, em conjunto, a quatro mãos, elaborar um tratado, um texto único, divisível ou indivisível.

A obra coletiva é diferente. Ela é criada a partir da "iniciativa, organização e responsabilidade de uma pessoa física ou jurídica, que a publica sob seu nome ou marca e que é constituída pela participação de diferentes autores, cujas contribuições se fundem numa criação autônoma". Uma coletânea de artigos de vários autores é o exemplo mais comum ou, ainda, uma enciclopédia e seus diferentes verbetes. É, também, a situação em que a pessoa jurídica pode ser titular originária de direitos autorais.

No caso das obras em coautoria, há mudança significativa de uma palavra. A Lei nº 5.988/1973 utilizava o termo "obra em colaboração" para defini-la como aquela que é "produzida em comum". Além da impropriedade da palavra "colaboração", produzir não é sinônimo de criar. Ao contrário: no meio editorial produção significa o conjunto de atividades práticas que cercam a feitura industrial do livro, do fonograma, do audiovisual. É um trabalho técnico.

A Lei nº 9.610/1998 refere-se à coautoria como a obra criada em comum, o que é mais preciso e correto. Insere-se no contexto da Convenção de Berna que protege a criação da obra de arte e não a atividade técnica que é meramente auxiliar.

Note-se, finalmente, que toda a sistemática legal, a partir da Convenção de Berna, refere-se ao direito autoral como o conjunto de normas jurídicas que se destina a proteger a obra de criação artística e nunca a sua fabricação.

Mas, além do problema relacionado com a obra em coautoria, o item VIII desse artigo trata da obra anônima, pseudônima, inédita, póstuma e derivada. Estas evidenciam-se pelo próprio enunciado, não gerando qualquer controvérsia na sua interpretação.

A obra anônima, entretanto, no curso do processo de reprodução, especialmente no campo da reprografia, tem apresentado alguns problemas. O autor anônimo, como diz o texto legal, é aquele que não se deu a conhecer por sua vontade ou por ser desconhecido. Ele pode, portanto, tornar-se conhecido a qualquer momento. Não se confunde, nesse caso, o anonimato com o desconhecimento absoluto do nome do autor.

O que é um autor desconhecido? É aquele cujo nome é ignorado pelo leitor, pelo usuário. Isso, entretanto, não o priva de seus direitos. Um professor pode apresentar determinado texto e não dizer aos alunos o nome do autor. Não se trata, aqui, de anonimato. Não se trata de um autor desconhecido. Apenas o texto não foi identificado, o que é um incidente gerado pelo usuário, seja por desleixo, seja por ignorância, seja, enfim, até por má fé, com o objetivo de negar o pagamento dos direitos autorais. Isso, infelizmente, é muito comum no mundo da pirataria reprográfica.

Esse autor, entretanto, pode, a qualquer momento, apresentar-se e reivindicar seus direitos, inclusive em juízo. O autor momentaneamente desconhecido, ou cujo nome se ignora, não deixa de ser autor, a ele cabendo todos os direitos, materiais e morais, consignados na lei. Isso é pacífico. Caso contrário, a fraude seria fácil: basta retirar, do texto, o nome do autor, alegando que ele é desconhecido...

Nada disso, entretanto, serve como pretexto para negar ou subtrair seus direitos. Aliás, é bom lembrar que o item I do art. 24 afirma, enfaticamente, que é direito moral do autor "reivindicar, a qualquer tempo, a autoria da obra". E, claro, cobrar seus direitos autorais.

Para completar, o parágrafo único do art. 40 diz que "o autor que se der a conhecer assumirá o exercício dos direitos patrimoniais (...)"

A não ser no caso das obras folclóricas, de que se trata mais adiante, o chamado autor desconhecido é, apenas, um incidente ocasional e que não pode servir de pretexto para a fraude.

Era muito pobre a conceituação de audiovisual na Lei nº 5.988/1973. O termo utilizado era "videograma", definido como "a fixação de imagem e som em suporte material".

Agora o termo empregado é "audiovisual", abrangendo cinema e televisão ou, ainda, qualquer meio ou forma que dê a impressão de movimento.

A obra audiovisual é, assim, "a que resulta da fixação de imagens, com ou sem som, que tenha a finalidade de criar, por meio de sua reprodução, a impressão de movimento, independente dos processos de sua captação, do suporte usado inicial ou posteriormente para fixá-lo, bem como dos meios utilizados para sua veiculação".

O enunciado é mais correto.

O exame desse texto é interessante, porque abrange toda a obra criada para transmitir a impressão visual de movimento, tenha ou não tenha som. Esta é uma tendência mundial. A expressão "audiovisual" hoje é predominante em todas as legislações do mundo.

O processo de captação é irrelevante. Pode ser uma filmadora antiga, câmera moderna, digital ou não, mesmo que essa captação venha a ser transformada mais tarde. Não importam, ainda, os meios de transmissão. Pode ser um velho projetor ou um moderno computador transformando sinais enviados via Internet. O direito autoral está protegido. É uma obra de criação, seja qual for o meio utilizado para produzi-la ou exibi-la.

A lei engloba no termo "audiovisual" tudo aquilo que crie a impressão de movimento. Cinema, televisão, computador e outros instrumentos do gênero aí se incluem, dos primeiros filmes de Lumière, até os efeitos realizados por computadores.

O fonograma, por sua vez, é definido de maneira mais estrita. O item IX diz que ele é " toda fixação de sons de uma execução ou interpretação ou de outros sons, ou de uma representação de sons que não seja uma fixação incluída em uma obra audiovisual".

Não foram poucos os problemas gerados pela imprecisão do texto anterior. Dizer que fonograma é apenas a fixação "exclusivamente sonora" é muito pouco. O som apenas não pode ser manifestação de arte. Ele é, isto sim, o meio da manifestação criadora. Agora a lei define o fonograma como a fixação de sons de uma execução ou interpretação ou de outros sons, ou de uma representação de sons. A conceituação é mais completa. O item dez define o editor. A definição, finalmente, modernizou-se.

A Lei nº 5.988/1973, neste sentido, era velha e inadequada. Sofria uma espécie de "ranço" ancestral.

O editor teve sua origem na tipografia, na impressora. Era um gráfico protegido pelos privilégios reais até o advento do Estatuto da Rainha Ana, na Inglaterra de 1710, o qual contemplou o direito do autor.

Ao embate dos autores pelos seus direitos, o editor foi ficando à margem do processo, como o velho tipógrafo. Sua tarefa resumiu-se em editar, "produzir", o livro, nada mais do que isso: uma operação gráfica e industrial. A Lei nº 5.988/1973 considerava o editor "a pessoa física ou jurídica que adquire o direito exclusivo de reprodução gráfica da obra".

Sua vantagem estava na palavra *exclusivo*, o que significa um privilégio, uma espécie de monopólio, já que ninguém poderia imprimir e comercializar texto igual. Mas, a seguir, a lei fala em *reprodução gráfica da obra*, o que é um conceito superado pelas novas conquistas tecnológicas.

Os limites foram ampliados pela nova lei. O editor, conforme define a Lei nº 9.610/1998, é "a pessoa física ou jurídica à qual se atribui o direito exclusivo de reprodução da obra e o dever de divulgá-la, nos limites previstos no contrato de edição", do que se conclui:

1. editor é pessoa física ou jurídica; isto quer dizer que ele não necessita ter uma empresa para reproduzir obras. Pode fazê-lo individualmente, como pessoa física; a lei o ampara e qualquer dispositivo fiscal que venha impedi-lo de exercer essa atividade será ilegal;
2. ele tem o direito exclusivo de reprodução da obra nos termos do contrato firmado com o autor;
3. a reprodução não é apenas gráfica: trata-se da reprodução em geral; portanto, através de qualquer forma ou meio, existente ou que venha a existir, já que esta antevisão do futuro infere-se do conjunto da lei;
4. os limites são fixados pelo contrato de edição.

Como se verá a seguir, essa conceituação faz com que se amplie, não apenas o papel do editor, mas o próprio conceito de livro e obra protegida. O importante – aquilo que a lei estabelece – é que ele reproduza a obra e a divulgue. O meio não importa. A base de fixação da obra pode ser qualquer uma. O legislador abriu as portas do futuro.

O mesmo acontece com o produtor: "é a pessoa física ou jurídica que toma a iniciativa e tem a responsabilidade econômica da primeira fixação do fonograma ou da obra audiovisual, qualquer que seja a natureza do suporte utilizado".

A Lei nº 5.988/1973 fixava-se na empresa de radiodifusão. A nova lei abandonou esse critério. Deixou de lado a empresa para ater-se no meio, considerando apenas a radiodifusão em si. É "a transmissão sem fio, inclusive por satélites, de sons ou imagens e sons ou das representações desses, para recepção ao público e a transmissão de sinais codificados, quando os meios de decodificação sejam oferecidos ao público pelo organismo de radiodifusão ou com seu consentimento".

Segundo esse critério, radiodifusão obviamente não é uma empresa, mas um sistema. A empresa é decorrência da exploração comercial desse sistema.

Finalmente, é mais correta a designação do que seja artista.

A Lei nº 5.988/1973 falava apenas em artista, que é uma coisa. Pelo novo diploma fala-se em "artistas intérpretes ou executantes", o que é coisa bem diferente e, sobretudo, mais objetiva.

Artista, tomado em sentido geral, pode ser um pintor, escultor, cantor, musicista. A lei, agora, torna o conceito mais objetivo ao referir-se a "artistas intérpretes ou executantes", aqueles "que representem um papel, cantem, recitem, declamem, interpretem ou executem em qualquer forma obras literárias ou artísticas ou expressões do folclore", o que vai elencar o conjunto de direitos conexos.

O artigo seguinte trata de obras subvencionadas pelo Estado. Elas não caem em domínio público. A subvenção estatal não afeta o direito do autor sobre sua obra.

Pertenciam à União, Estados e Municípios e ao Distrito Federal "os manuscritos de seus arquivos, bibliotecas ou repartições".

Esse parágrafo do art. 5º da Lei nº 5.988/1973 era uma anomalia. Confundia direito autoral com propriedade estatal de bens públicos. É um problema que pertence à área do direito administrativo.

Não raro esse dispositivo criava embaraços para pesquisadores e estudiosos com proibições absurdas de determinadas repartições, invocando a proteção autoral que, agora, cai por terra com a nova lei. Pelo menos em tese os pesquisadores têm o campo mais livre para suas atividades nos arquivos e nas bibliotecas do Estado.

Título II

Das obras intelectuais

Capítulo I

Das obras protegidas

Art. 7º São obras intelectuais protegidas as criações do espírito, expressas por qualquer meio ou fixadas em qualquer suporte, tangível ou intangível, conhecido ou que se invente no futuro, tais como:

I – os textos de obras literárias, artísticas ou científicas;

II – as conferências, alocuções, sermões e outras obras da mesma natureza;

III – as obras dramáticas e dramático-musicais;

IV – as obras coreográficas e pantomímicas, cuja execução cênica se fixe por escrito ou por outra qualquer forma;

V – as composições musicais, tenham ou não letra;

VI – as obras audiovisuais, sonorizadas ou não, inclusive as cinematográficas;

VII – as obras fotográficas e as produzidas por qualquer processo análogo ao da fotografia;

VIII – as obras de desenhos, pintura, gravura, escultura, litografia e arte cinética;

IX – as ilustrações, cartas geográficas e outras obras da mesma natureza;

X – os projetos, esboços e obras plásticas concernentes à geografia, engenharia, topografia, arquitetura, paisagismo, cenografia e ciência;

XI – as adaptações, traduções e outras transformações de obras originais, apresentadas como criação intelectual nova;

XII – os programas de computador;

XIII – as coletâneas ou compilações, antologias, enciclopédias, dicionários, bases de dados e outras obras, que, por sua seleção, organização ou disposição de seu conteúdo, constituam uma criação intelectual.

§ 1º Os programas de computador são objeto de legislação específica, observadas as disposições desta Lei que lhes sejam aplicáveis.

§ 2º A proteção concedida no inciso XIII não abarca os dados ou materiais em si mesmos e se entende sem prejuízo de quaisquer direitos autorais que subsistam a respeito dos dados ou materiais contidos nas obras.

§ 3º No domínio das ciências, a proteção recairá sobre a forma literária ou artística, não abrangendo o seu conteúdo científico ou técnico, sem prejuízo dos direitos que protegem os demais campos da propriedade imaterial.

O art. 7º refere-se às obras protegidas. Ele corresponde ao art. 6º da Lei nº 5.988/1973. Agora é mais amplo e mais completo, pois declara que as obras intelectuais protegidas são as criações do espírito "expressas por qualquer meio ou fixadas em qualquer suporte, tangível ou intangível, conhecido ou que se invente no futuro(...)"

A lei protege as criações do espírito, o que é consenso universal. A obra criativa não se confunde com a invenção técnica, que recebe outra proteção legal. Anteriormente a legislação estendia a proteção a obras de espírito "de qualquer modo exteriorizadas".

Na lei atual avança-se mais. Ela se refere às obras intelectuais "expressas por qualquer meio ou fixadas em qualquer suporte, tangível ou intangível, conhecido ou que venha a ser inventado". Portanto, o material – o *corpus mechanicum* – no qual a obra venha a ser fixada, seja ele tangível ou não, é irrelevante. O texto pode ser colocado num disco, em CDRom, banco de dados ou numa biblioteca virtual para ser acessado pela Internet – sendo obra de "criação do espírito" estará protegida pela lei de direitos autorais.

Fica bem claro que a lei protege a manifestação concreta da criação literária, científica ou artística – a sua expressão formal, porém sem limites de formas ou meio de fixação, existentes ou que venham a existir no futuro.

Diz Carlos Alberto Bittar a esse respeito (*Direito de autor* – Forense, 1994, p. 18):

> "Com isto, pode-se verificar que nem todo o produto do intelecto interessa ao campo desse Direito ou nem toda a produção intelectual – apartadas já as obras 'utilitárias' ou 'industriais' — ingressa em seu esquema lógico (como as criações que respondem a considerações religiosas, políticas, de ofício público e outras)".

Não por acaso esse artigo da lei, ao indicar obras protegidas, o faz com o objetivo de exemplificar. Não se trata de *numerus clausus*, já que a expressão "tais como" indica que a enumeração é, apenas, exemplificativa. Comporta outras, além do que ali se escreve. O campo da criatividade é imenso, infindável e até mesmo desconhecido nas suas possibilidades.

Nessa exemplificação o primeiro item aponta "os textos de obras literárias, artísticas ou científicas". Há lógica nessa formulação. A lei anterior referia-se, não a textos, mas a livros. A modificação é importante. Na verdade, a produção escrita não precisa, necessariamente, constituir um livro. Muitos piratas, criminosos da reprografia, consideram que, ao copiarem um texto avulso, não estão reproduzindo um livro; logo, não cometem crime, o que é um absurdo e manifestação de revoltante cinismo.

Ora, se a lei admite a fixação em qualquer base, mesmo intangível, o conceito de livro passa a ser mais amplo. Já não é a brochura impressa, mas qualquer forma na qual se fixe o texto. O livro é imortal, como instrumento que fixa o pensamento criador. Sua forma, entretanto, vem mudando constantemente.

Nesse item, a Lei nº 5.988/1973 incluía as cartas-missivas como obras protegidas. Este é um tema curioso. Na verdade não se pode considerar uma carta como obra de arte. Ela pode sê-lo, mas também pode ser apenas o envio de uma fatura, a remessa de uma encomenda ou um pedido de notícias.

José de Oliveira Ascenção (*Direito de autor* – Forense, 1980, p. 22), refere-se às cartas, dizendo:

> "Enfim, mais longe ainda da figura da obra literária ou artística está a carta-missiva. Esta é um veículo, manuscrito ou não, e não se confunde com a obra que porventura encerra. A proteção da lei é uma proteção da pessoa do autor, que pode limitar faculdades genericamente reconhecidas. Disso se faz eco o art. 33, proibindo a publicação das cartas-missivas sem permissão do autor, muito embora possam ser juntadas em autos oficiais. Parece que a figura da carta-missiva merece uma pormenorização maior. Em todo o caso, ela deve ser feita a propósito do Direito da Personalidade, e não do Direito do Autor".

Em boa hora o legislador retirou do campo das obras protegidas as cartas-missivas. Não fazia sentido. Mesmo assim, ela aparece no art. 34 da nova Lei nº 9.610/1998, informando:

> "As cartas-missivas, cuja publicação está condicionada à permissão do autor, poderão ser juntadas como documento em processos administrativos e judiciais".

O texto não tem o menor sentido numa lei de Direito Autoral, além de ser redundante. É como afirmar que uma duplicata não paga pode instruir um processo de falência... Apesar de tudo, as cartas-missivas não são mais consideradas obra autoralmente protegidas.

O item dois refere-se a conferências, alocuções, sermões e outras obras da mesma natureza, o que é compreensível, pois se tratam de manifestações criativas. Já as obras dramáticas englobam textos de qualquer natureza, destinados a representação teatral. O legislador tomou o termo em sentido amplo.

Ao proteger as obras coreográficas, a lei repete o mesmo texto da anterior: a execução cênica pode fixar-se por escrito ou por outra forma qualquer. Admite-se que a própria exibição – os movimentos da dança e não a dança propriamente – seja objeto da proteção: é obra que tem existência própria, podendo servir a diferentes intérpretes.

São protegidas as composições musicais, tenham ou não letra. É necessário cautela na aplicação desse texto. Melodia, harmonia e ritmo constituem a base de uma composição musical, acompanhada da letra, quando for o caso. O legislador pátrio poderia ter sido mais explícito. Os tribunais estão cheios de causas sobre plágios musicais.

Délia Lipszyc (*Derechos de autor y derechos conexos*, 1993), diz o seguinte:

> "A originalidade das obras musicais resulta do conjunto de seus elementos constitutivos. Entretanto, pode residir na melodia, na harmonia ou no ritmo. Para o direito do autor, porém, só se podem adquirir direitos exclusivos sobre a melodia. Ela equivale à composição e ao desenvolvimento da idéia nas obras literárias, e não à idéia mesma. A melodia é uma criação formal".

E mais adiante acentua, com muita precisão:

> "Não se podem adquirir direitos exclusivos sobre a harmonia porque ela é formada por acordes, cujo número é limitado. Também não se podem adquirir direitos sobre o ritmo, porque não seria lógico conceder exclusividade sobre boleros, tangos, sambas, a bossa nova etc., do mesmo modo que não se podem adquirir direitos exclusivos sobre os gêneros literários: a poesia, a novela, o conto, o drama ou a comédia".

Já que os negócios jurídicos sobre direitos autorais interpretam-se restritivamente, o legislador deveria ter sido mais preciso no texto que se refere à proteção de obras musicais. O sentido vago e genérico evidentemente não condiz com o propósito básico da conduta expressa e determinada na própria lei.

A Lei nº 5.988/1973, em seu art. 6º, item VI, referia-se a "obras cinematográficas e as produzidas por qualquer processo análogo ao da cinematografia". Já a lei atual trata de "obras audiovisuais, sonorizadas ou não, inclusive as cinematográficas".

Parece uma contradição referir-se a audiovisual sonorizado ou não, pois sendo áudio deveria ter som... Mas a expressão consagrou-se. Entrou na ordem dos usos e costumes. Não foi um erro do legislador. Ele apenas obedeceu à tendência geral.

A parte final do texto é redundante, porque o termo "audiovisual" engloba tudo aquilo que dê a impressão de movimento. A obra audiovisual é, evidentemente, um elemento de criação múltipla. É um todo que comporta e integra outras produções artísticas, também protegidas, inclusive relacionadas com os direitos conexos de eventuais executantes.

A fotografia é referida nesse artigo, embora a ela se dedique um capítulo na lei, o de número IV, art. 79 e parágrafos.

Existe, entretanto, nesse item do art. 7º, diferença marcante em relação à lei anterior, cuja proteção autoral era concedida sob condição: desde que a fotografia "pela escolha de seu objeto e pelas condições de sua execução possam ser consideradas criações artísticas" (art. 6º, item VII, da Lei nº 5.988/1973).

Desnecessário dizer que esse item da Lei nº 5.988/1973 deu origem a muitas questões e a intenso trabalho de peritos para avaliar se uma foto seria, realmente, obra de criação artística, algo inteiramente subjetivo. O que é artístico? O que não é artístico?

Newton Paulo Teixeira dos Santos (1990) tratou do assunto, defendendo a tese de que a fotografia, seja ela qual for, deve ser protegida. Para ele é uma violência e um preconceito proteger apenas parcialmente a fotografia, especialmente quando o conceito de arte é, hoje, ilimitado. Diz esse autor:

> "E é até incrível que se coloque o problema desse modo, quando o conceito de 'arte' está inteiramente revolucionado. O que não é arte?"

O ponto de vista de que toda a fotografia deve ser protegida triunfou no novo texto legal. O item VII excluiu a expressão "desde que, pela escolha de seu objetivo e pelas condições de sua execução, possam ser consideradas criação artística". Agora são protegidas "as obras fotográficas e as produzidas por qualquer processo análogo ao da fotografia".

O Brasil segue, nesse caso, a maioria dos países onde a fotografia é protegida sem condições especiais.

A matéria comporta, ainda, pela sua natureza, o direito à imagem da pessoa fotografada, tratado no art. 79, que se refere justamente à utilização da fotografia, assegurando direitos de quem e do que é fotografado.

O item VIII garante o direito do autor de obras de artes plásticas, desenho, pintura, gravura, escultura, litografia e arte cinética, sendo esta última uma expressão em movimento, sem confundir-se com o audiovisual.

As cartas geográficas são protegidas. Os mapas sempre foram obras de arte. É uma ciência que, ao reproduzir a realidade topográfica, exige espírito criador e forma artística.

Já o item X contempla projetos e esboços e acrescenta o paisagismo, reconhecendo sua importância que era praticamente nula. O paisagismo tornou-se importante em nossos dias. Nesse terreno há projetos de rara beleza, inegavelmente verdadeiras obras de arte que têm autoria, originalidade e merecem, portanto, a proteção legal. Trata-se de uma inovação brasileira, pois as legislações em geral não contemplam especificamente o paisagismo como obra de arte e engenho.

Os setores abordados nesse item são importantes, pois permitem amplo exercício do gênio criador. A cenografia é base para expressão do cinema, teatro e televisão. Os esboços são, também, protegidos. O esboço é, em si, uma obra de arte, como se pode ver do que nos legou Leonardo da Vinci. Seus esboços e rascunhos são obras magníficas, verdadeiras expressões do gênio criador.

As adaptações, traduções e outras transformações de obras recebem proteção. Mas aqui o legislador refere-se a obras *originais*, o que não é correto. O termo "originárias", utilizado na lei anterior, era mais preciso. Original, de originalidade, em criação tem outro sentido. Ele é, inclusive, um requisito para que a obra de criação tenha proteção autoral.

Muito se discutiu a respeito da tradução. Alguns a entendiam como um trabalho apenas técnico, o que não é correto. Traduzir não se resume a transpor, mecanicamente, vocábulos de uma língua para outra. É necessário mais do que isso: é preciso retransmitir o significado, as emoções, a atmosfera e o próprio sentimento do autor original, o que requer arte e engenho.

A lei anterior, nesse item, submetia adaptações, transformações e traduções a prévia autorização do autor, o que agora é objeto do art. 29, que trata dos direitos patrimoniais. O texto ficou tecnicamente mais lógico. Aqui a lei trata do que é obra de arte protegida. Depois, na sequência, trata dos direitos patrimoniais do autor.

O item XIII refere-se à proteção concedida às coletâneas, compilações, dicionários, base de dados, assegurando, no § 3º, os direitos dos participantes individuais dessas obras tipicamente coletivas. Tem-se, desta forma, como é comum, a proteção da obra em si, como um todo, e a proteção dos autores que a integram.

No domínio das ciências, a proteção atinge apenas a forma, eventualmente artística. Não abrange o invento em si, que é objeto da Lei de Marcas e Patentes.

A proteção aos programas de computador

Tanto o item XII como o § 1º desse artigo referem-se aos programas de computador. No primeiro caso para declarar que eles são protegidos como obras de criação e, a seguir, para informar que tais programas "são objeto de legislação específica, observadas as disposições desta lei que lhes sejam aplicáveis".

A Lei nº 9.609/1998, que protege a propriedade intelectual dos programas de computadores, poderia constituir um capítulo da lei de direitos autorais. Seria mais lógico e harmonioso. O legislador brasileiro, entretanto, tem incrível vocação legiferante, pouco importando a aplicação e o cumprimento das leis. Elaborada a lei, os poderes públicos consideram o problema resolvido.

Nessa lei define-se programa de computador como "a expressão de um conjunto organizado de instruções em linguagem natural ou codificada". O regime de proteção autoral é o mesmo conferido, segundo expressa o art. 2º, às obras literárias. Mas "não se aplicam aos programas de computador as disposições relativas aos direitos morais, ressalvado, a qualquer tempo, o direito do autor de reivindicar a paternidade do programa de computador e o direito do autor de opor-se às alterações não autorizadas, quando estas impliquem deformação, mutilação ou outra modificação do programa de computador que prejudiquem a sua honra ou a sua reputação".

Apesar da pobreza redacional desse texto, com inúmeras e desnecessárias repetições, parece claro que ele segue a orientação norte-americana em relação a direitos autorais. O direito patrimonial é reconhecido, mas os direitos morais limitam-se à paternidade e integridade da obra, o que, em última análise, é apenas um meio de reforçar e destacar a propriedade material.

Contraditoriamente, ao reconhecer o direito à paternidade e à integridade do *software*, a lei estabelece, sem dúvida, dois dos mais importantes fundamentos dos direitos morais do autor.

Embora afirmando que "a proteção aos direitos de que trata esta Lei independe de registro", logo a seguir, no art. 3º, indicam-se, minuciosamente, as medidas práticas para que tal registro se efetue. Trata-se de uma contradição e um atentado à Convenção de Berna e à legislação brasileira de direitos autorais. Um dos elementos fundamentais da proteção aos direitos de autor é, justamente, o fato de que ele não se subordina a qualquer registro ou formalidade.

Segundo o art. 4º, "salvo estipulação em contrário, pertencerão exclusivamente ao empregador, contratante de serviços ou órgão público, os direitos relativos ao programa de computador, desenvolvido e elaborado durante a vigência de contrato ou vínculo estatutário, expressamente destinado a pesquisa e desenvolvimento, ou em que a atividade do empregado, contratado de serviço ou servidor seja prevista ou, ainda, que decorra da própria natureza dos encargos".

A não ser que exista "ajuste em contrário, a compensação do trabalho ou serviço prestado limitar-se-á à remuneração ou ao salário convencionado".

Ao empregador, pois, cabe o resultado do trabalho de seu empregado na área de programas de computador, mesmo que seja estagiário, salvo disposição em contrário, o que é muito improvável. O postulante a um emprego não tem força para impor condições. No caso, a igualdade das partes contratantes inexiste; logo, os direitos autorais sobre programas de computador pertencem de fato ao empregador. É o que vai prevalecer no jogo de poder das partes.

A lei assegura garantias ao usuário: prazo de validade técnica da versão comercializada; assistência técnica durante esse período; contrato de licença ou, na sua ausência, a validade como tal da própria nota fiscal de compra. Tais garantias nunca são observadas. No caso, o predomínio das multinacionais é absoluto.

As penalidades para os infratores são rigorosas. Como é comum, a ação da autoridade só se inicia mediante queixa. Mas – aqui vem uma inovação interessante e inusitada em direito autoral – o § 3º do art. 12 da Lei 9.609, que trata das infrações e penalidades, diz o seguinte:

> "Nos crimes previstos neste artigo somente se procede mediante queixa, salvo:
>
> I – quando, praticados em prejuízo de entidade de direito público, autarquia, empresa pública, sociedade de economia mista ou fundação instituída pelo poder público;
>
> II – quando, em decorrência de ato delituoso, resultar sonegação fiscal, perda de arrecadação tributária ou prática de quaisquer dos crimes contra a ordem tributária ou as relações de consumo.

§ 4º No caso do inciso II do parágrafo anterior, a exigibilidade do tributo, ou contribuição social e qualquer acessório, processar-se-á independentemente de representação".

É a primeira vez que, diretamente, um caso de delito autoral transforma-se em crime de natureza fiscal, com todas as suas consequências.

Os grandes cartéis da indústria de ponta não perdem tempo.

Art. 8º Não são objeto de proteção como direitos autorais de que trata esta lei:

I – as idéias, procedimentos normativos, sistemas, métodos, projetos ou conceitos matemáticos como tais;

II – os esquemas, planos ou regras para realizar atos mentais, jogos ou negócios;

III – os formulários em branco para serem preenchidos por qualquer tipo de informação, científica ou não, e suas instruções;

IV – os textos de tratados, convenções, leis, decretos, regulamentos, decisões judiciais e demais atos oficiais;

V – as informações de uso comum tais como calendários, agendas, cadastros ou legendas;

VI – os nomes e títulos isolados;

VII – o aproveitamento industrial das idéias contidas nas obras;

Art. 9º À cópia de obra de arte plástica feita pelo próprio autor é assegurada a mesma proteção de que goza o original.

Art. 10. A proteção à obra intelectual abrange o seu título, se original e inconfundível com o de obra do mesmo gênero, divulgada anteriormente por outro autor.

Parágrafo único. O título de publicações periódicas, inclusive jornais, é protegido até um ano após a saída do seu último número, salvo se forem anuais, caso em que esse prazo se elevará a dois anos".

No art. 7º a lei procurou exemplificar alguns casos de proteção às obras de criação. Já no art. 8º, pelo mesmo processo, elenca as produções intelectuais que não são objeto de proteção. Aqui, entretanto, o conceito muda. O enunciado é taxativo: "não são objeto de proteção como direitos autorais de que trata essa lei", passando, a enumerar aquilo que não recebe a proteção da lei de direitos autorais. São, tipicamente, *numerus clausus*, devidamente apontados. É o que a lei não protege.

A lei anterior, no art. 11, que tratava desse assunto, era menos explícita. Abordava poucos itens. Referia-se apenas a "tratados ou convenções, leis, decretos, regulamentos, decisões judiciais e demais atos oficiais".

Agora a lei procurou abranger um universo maior de setores não protegidos, tornando-se mais explícita e restritiva, fechando em sete itens o elenco daquilo que não é protegido pelo direito autoral.

As ideias não são objeto de proteção. Isto é um conceito universalmente aceito. A lei protege a manifestação concreta do pensamento criador, aquele que se concretiza numa base qualquer, que pode ser vista, ouvida, sentida e, sobretudo, apropriada como bem móvel. É a arte materializada de forma tangível ou intangível.

Mas é evidente que a lei refere-se à obra de arte, ou seja, que tenha características criativas ou, ainda, ao empenho intelectual na produção de algo original. A originalidade, no caso, é importante e decisiva. Daí porque não se pode proteger um simples formulário ou, mesmo, um papel em branco a ser preenchido ou jogos de qualquer natureza. O ponto básico do direito de autor é a obra de arte como tal considerada.

A Convenção de Berna sempre teve o cuidado de, ao instituir um sistema de proteção, não impedir a livre circulação de notícias e informações. Diz o item 8 do art. 2º da Convenção:

"A proteção da presente Convenção não se aplicará às notícias do dia, nem aos acontecimentos que tenham caráter de simples informação de imprensa".

Carlos Alberto Bittar esclarece isso muito bem, quando diz:

"As obras protegidas são as destinadas à sensibilização ou à transmissão de conhecimentos, a saber, as obras de caráter estético, que se inscrevem na literatura (escrito, poema, romance, conto), nas artes (pintura, escultura, projeto de arquitetura, filme cinematográfico, fotografia), ou nas ciências (relato, tese, descrição de pesquisa, demonstração escrita, bula medicinal)".

É necessário considerar que qualquer produto pode receber um tratamento criativo, gerando, então, direitos autorais. É o caso, para exemplificar, de leis, decretos, decisões judiciais. A lei não os protege. Seu uso é livre, mesmo que seja uma compilação trabalhosa. Mas, quando o autor lhes confere um tratamento especial, seja pela organização, titulação, índice, notas e comentários, cria obra nova que a lei protege. O mesmo se pode dizer de uma agenda. Trata-se, apenas, de um calendário com espaço para anotações do dia a dia. Mas quando ela é ilustrada, contendo outras informações, trechos de obras, poesias, letras musicais, o seu caráter muda. O calendário pode ser a parte útil operativamente, mas ele é ornamentado, acrescido de textos e imagens, o que o transforma. Estamos, então, diante de uma obra de criação e, como tal, protegida.

O aproveitamento industrial de uma ideia contida num livro, por exemplo, o funcionamento especial de uma geladeira, não transforma essa peça doméstica em obra de arte protegida. Sua proteção entra no campo da lei de patentes.

A ideia contida no art. 9º, a seguir, visa a assegurar ao autor o direito de reproduzir sua obra de arte plástica, evitando que ele seja vítima de especulação. É uma salvaguarda, especialmente importante no caso de gravuras e esculturas. Hoje os gravuristas numeram suas cópias. Trata-se de um exemplo interessante e até curioso, porque o original da gravura é a própria cópia, como tal reconhecida e valorizada.

O título de uma obra tem sido objeto de muitas discussões. Ocorre que, não raro, o título é demasiadamente genérico. *Metamorfose*, de Kafka, é um título que pode servir a várias obras, assim como Chuva, Neve e outras tantas denominações de elementos naturais. A proteção legal exige que o título seja original e inconfundível com o de outra obra do mesmo gênero, anteriormente divulgada. Obra e título constituem patrimônio do autor, tanto do ponto de vista material como moral.

É evidente que a originalidade é ponto decisivo para que o autor exija seus direitos de uso exclusivo do título. Diz o prof. José de Oliveira Ascenção (1980), analisando a lei anterior a respeito de título e cujos conceitos são literalmente repetidos na lei atual:

> *"(...) a lei estende a proteção ao título se for 'original e inconfundível com o de obra do mesmo gênero, divulgada anteriormente por outro autor'. São exigências que se não fazem a propósito de verdadeiras obras literárias e artísticas".*

E a seguir esse autoralista interroga:

> *"Que significa a exigência de que o título seja original? Não pode significar que se não confunda com outro, pois essa é uma segunda exigência que a lei faz logo a seguir. Supomos que significa que o título não se deve limitar a descrever uma matéria objetivamente delimitada, como 'Noções de Direito' ou 'História Universal'; tampouco deve ter sido retirado simplesmente da história, da mitologia ou da ficção: 'Tristão e Isolda', 'Édipo': ou designar simplesmente a categoria em que se enquadra, como 'Pas-de-Deux' para uma dança, ou 'Contraluz' para uma fotografia" (Direito autoral, p. 25).*

Enfim, para que o título se torne exclusivo deve refletir a obra, ter originalidade e não se confundir com outro de obra do mesmo gênero anteriormente publicado, além de não ser apenas a repetição de lugares comuns ou, ainda, nomes e situações de uso geral.

A lei protege os títulos de jornais e revistas, o que não tem sentido. O título, nesse caso, não designa uma obra de arte, mas um empreendimento industrial e comercial. Melhor andaria no setor de marcas e patentes, onde, aliás, todos esses títulos são, invariavelmente, registrados, o que lhes garante a necessária salvaguarda.

Capítulo II
Da autoria das obras intelectuais

Art. 11. Autor é a pessoa física criadora de obra literária, artística ou científica.

Parágrafo único. A proteção concedida ao autor poderá aplicar-se às pessoas jurídicas nos casos previstos nesta lei.

Art. 12. Para se identificar como autor, poderá o criador da obra literária, artística ou científica usar de seu nome civil, completo ou abreviado até por suas iniciais, de pseudônimo ou qualquer outro sinal convencional.

Art. 13. Considera-se autor da obra intelectual, não havendo prova em contrário, aquele que, por uma das modalidades de identificação referidas no artigo anterior, tiver, em conformidade com o uso, indicada ou anunciada essa qualidade na sua utilização.

Art. 14. É titular de direitos de autor quem adapta, traduz, arranja ou orquestra obra caída no domínio público, não podendo opor-se a outra adaptação, arranjo, orquestração ou tradução, salvo se for cópia da sua.

O art. 11 define o autor como "pessoa física criadora da obra literária, artística ou científica". Só a pessoa física, ser humano, pode criar uma obra intelectual. A pessoa jurídica pode ser titular de direitos de autor. São dois conceitos que, no caso do autor, podem reunir-se na mesma pessoa, o que não acontece quando se trata de pessoa jurídica. Esta é uma ficção. Ela existe para praticar atos necessários à vida industrial e comercial. Mas não é um ente provido de vontade própria e sensibilidade.

A Lei nº 5.988/1973, em seu art. 21, declarava que o autor é o titular de direitos morais e patrimoniais sobre a obra que cria. O problema surge com a obra sob encomenda ou, então, realizada em função de contrato de trabalho, o que não foi contemplado pela Lei nº 9.610/1998. Ela é omissa a esse respeito. Neste caso, quem é o autor?

Não há dúvidas sobre isso. Os autoralistas são unânimes em reconhecer unicamente na pessoa física a capacidade para criar a obra de arte e engenho. Este é o pensamento predominante, especialmente nos países cujo ordenamento jurídico segue as concepções romano-germânicas.

Já nos países de tradição anglo-saxônica, especialmente nos Estados Unidos, considera-se a pessoa jurídica encomendante da obra de arte o titular originário do direito de autor, como se fosse, enfim, a própria empresa – pessoa jurídica – a criadora da obra. São comuns livros "criados" por comitês sob um nome fictício, razão pela qual os americanos têm dificuldades em tratar dos direitos morais do autor.

A lei brasileira protege a empresa, pessoa jurídica, como titular de direitos autorais, mas não como autora. Além disso, é necessário considerar que a Lei nº 9.610/1998 excluiu a figura da obra de arte criada em função de contrato de trabalho ou sob encomenda, o que torna o autor, definitivamente, titular originário dos direitos sobre a obra que criou. Não há mais a figura da obra criada por encomenda ou sob contrato de trabalho, embora no art. 54 encontre-se referência à obra futura. Pela boa lógica, a obra futura somente poderá ser produzida se for solicitada, o que vem a ser, finalmente, um trabalho feito sob encomenda...

Nesta sequência, depois de definir o autor, a lei trata de sua identificação, o que é muito importante. A forma de identificação é um problema que remonta aos primórdios das discussões sobre direitos de autor. É que o privilégio concedido antes do estatuto da Rainha Ana implicava uma ação de censura sobre as obras de arte, especialmente os livros. Disso resulta que um dos princípios básicos da Convenção de Berna e de todas as legislações que tratam do assunto é a exclusão de qualquer forma de registro da obra. A proteção aos direitos autorais independe de registro ou ato burocrático que torne o autor dependente do Estado.

A identificação do autor deve ser livre a ponto de excluir qualquer possibilidade de constrangimento a ele. Não é o registro, o averbamento, o selo, a licença ou qualquer procedimento burocrático que identifica o autor e o considera como tal. É, tão-somente, a simples colocação de seu nome, pseudônimo ou mesmo um sinal qualquer, na obra.

A Convenção de Berna, em seu art. 5º, item dois, declara solenemente: "O gozo e o exercício destes direitos não estarão subordinados a nenhuma formalidade".

E o art. 15 dessa Convenção, em seu item 1, diz:

"Para que os autores das obras literárias e artísticas protegidas pela presente Convenção sejam, salvo prova em contrário, considerados como tais e admitidos, em consequência, ante os tribunais dos países da União para demandar contra defraudadores, bastará que seu nome apareça estampado na obra segundo a maneira usual. Este parágrafo também se aplicará quando esse nome seja um pseudônimo que, sendo conhecido, não deixe qualquer dúvida sobre a identidade do autor".

Os países que integram a União de Berna devem aceitar, ante seus tribunais, qualquer demanda de um autor que se apresente como tal em relação a obra de sua autoria. E este não precisa exibir qualquer documento. A única prova que deve apresentar é o seu nome inscrito na capa do livro. Nome, pseudônimo ou até um simples sinal. Nada mais.

A Convenção de Berna admite provas em contrário, o que deverá ser produzido em juízo. É o que acontece com a nossa legislação. Mas o princípio básico e a presunção definitiva de autoria são representados pelo nome do autor na obra. Isso é definitivo.

Quem adapta, traduz, arranja ou orquestra obra caída em domínio público é titular dos direitos autorais sobre o trabalho feito. O problema de obras em domínio público é delicado. Elas não se tornam coisa pública, *res derelicta*. Ninguém pode delas apossar-se. O Estado tem a incumbência constitucional de protegê-las e garantir sua integridade.

Mas, de outra parte, quando o legislador diz que quem adapta obra caída em domínio público tem direitos autorais sobre o trabalho que efetuou, está admitindo, obviamente, que a obra seja retrabalhada, o que a lei permite claramente.

São comuns os resumos dos clássicos e sua reelaboração para crianças e escolas, como todos sabem e conhecem, bastando citar *D. Quixote*, *Mil e Uma Noites*, *El Cid* e outros tantos.

A proteção que a lei confere é sobre a obra nova, sem levar em conta o elemento da qual se originou, daí porque o texto legal fala sobre obra originária e obra derivada, isto é, conforme diz a letra *f* do item VIII do art. 5º, "a que, constituindo criação intelectual nova, resulta da transformação de obra originária". Dela, naturalmente, mantém-se o espírito, os personagens, o tema e a própria forma literária.

Art. 15. A co-autoria da obra é atribuída àqueles em cujo nome, pseudônimo ou sinal convencional for utilizada.

§ 1º Não se considera co-autor quem simplesmente auxiliou o autor na produção da obra literária, artística ou científica, revendo-a, atualizando-a, bem como fiscalizando ou dirigindo sua edição ou apresentação por qualquer meio.

§ 2º Ao co-autor, cuja contribuição possa ser utilizada separadamente, são asseguradas todas as faculdades inerentes à sua criação como obra individual, vedada, porém, a utilização que possa acarretar prejuízo à exploração da obra comum.

Art. 16. São co-autores da obra audiovisual o autor do assunto ou argumento literário, musical ou literomusical e o diretor.

Parágrafo único. Consideram-se co-autores de desenhos animados os que criaram os desenhos utilizados na obra audiovisual.

Art. 17. É assegurada a proteção às participações individuais em obras coletivas.

§ 1º Qualquer dos participantes, no exercício de seus direitos morais, poderá proibir que se indique ou anuncie seu nome na obra coletiva, sem prejuízo do direito de haver a remuneração contratada.

§ 2º Cabe ao organizador a titularidade dos direitos patrimoniais sobre o conjunto da obra coletiva.

§ 3º O contrato com o organizador especificará a contribuição do participante, o prazo para entrega ou realização, a remuneração e demais condições para sua execução.

Ao tratar da autoria a lei indica, no art. 15 e seguintes, quem é o coautor das obras literárias, artísticas e científicas.

Trata-se de assunto importante porque, especialmente no mundo acadêmico, é comum trabalhos reunindo vários autores.

A coautoria, assim como a obra coletiva, é importante em determinados trabalhos cujo regime contratual envolve mais de uma pessoa, às vezes até dezenas e dezenas, como no caso de dicionários e enciclopédias.

Para que exista a coautoria, que a lei anterior chamava de "cooperação", são necessários alguns requisitos. Antonio Chaves (*Criador na obra intelectual* – Forense, 1995) estudou detidamente esse problema, ressaltando:

> "Para que a cooperação dê a qualidade de autor é necessário, acentua-se, que ela tenha certa importância e dignidade intelectual, não sendo reputado co-autor quem somente contribuiu com conselhos para a formação da obra, nem o artífice que sob a direção do escultor deu a um bloco de mármore, de onde surgirá uma estátua, o primeiro desbaste".

Ainda, segundo Antonio Chaves, "não há limite para o número de colaboradores, e certas obras, notadamente a cinematográfica, chegam a aglutinar muitos indivíduos na consecução da obra comum".

A seguir, citando Piola Casellli, mostra que não se trata de um condomínio:

> "A razão está com Piola Caselli, quando observa que não se trata de condomínio, mas de comunhão de uma prerrogativa diferente da propriedade, e que por isso mesmo tem regras especiais de acordo com o objeto e a finalidade do próprio direito, que se destaca particularmente no tocante à colaboração do músico e do poeta".

A coautoria gera um sistema de propriedade naturalmente diferenciado. São dois ou mais autores produzindo obra às vezes absolutamente indivisíveis. Eles exercem seus direitos de comum acordo, como reza, mais adiante, o art. 23.

Tanto no caso de coautoria como nas obras coletivas, nos livros, por exemplo, surgiam problemas relacionados com tipos especiais de atividade, tais como atualização, revisão, editoração ou mesmo apresentação ao público. Estas atividades não geram direito autoral. Elas não estão ligadas a criação artística.

Geralmente há muita confusão sobre os limites da coautoria. Antonio Chaves fala em "certa importância e dignidade", querendo dizer que é necessária uma participação criativa efetiva na elaboração da obra.

O § 1º do art. 15 é bastante claro. Segundo esse texto não é coautor:

a) quem simplesmente auxiliou o autor na produção da obra, por exemplo, coletando dados, buscando informações, efetuando trabalho de pesquisa;

b) quem revisou a obra, seja do ponto de vista ortográfico ou técnico;

c) quem atualizou a obra, aportando a ela ou ao autor elementos originados de novas descobertas;

d) quem fiscaliza a obra, acompanhando sua produção em qualquer etapa, seja na gráfica, seja em outros setores onde a obra de criação é fixada;

e) quem dirige a edição, os chamados editores, que tem a seu cargo organizar e dar formato à obra. Muitas editoras conferem a esse trabalho crédito na apresentação da obra, o que não configura direito autoral para quem apresenta a obra por qualquer forma ou meio;

f) o direito autoral é conferido ao autor da obra de criação, da obra de arte e engenho. O auxiliar, o colaborador, o pesquisador, por mais importante que seja seu trabalho, não tem direitos como autor, pois suas atividades não se inserem no elenco das obras legalmente protegidas.

A lei, a esse respeito, é bastante clara. Se a obra for divisível, o coautor tem o direito de aproveitá-la separadamente. Mas só poderá fazê-lo se não prejudicar a exploração da obra comum. Não pode colocar à venda sua parte, enquanto a outra estiver no mercado, salvo se houver, entre os interessados, convenção que o permita.

Nas obras coletivas cabe ao organizador a titularidade dos direitos patrimoniais que se exercerá sobre a obra como um todo. Mas o contrato – o que é muito importante – com o organizador deverá especificar:

1. a contribuição no trabalho que cabe a cada um dos participantes da obra coletiva;
2. o prazo para entrega do trabalho;
3. a remuneração estabelecida;
4. as condições para execução do trabalho.

Como o organizador é o titular dos direitos na obra coletiva, com ele é que o editor ou produtor vai firmar o contrato, o que não exclui os direitos dos outros participantes, já que o art. 17 diz claramente: "É assegurada a proteção às participações individuais em obras coletivas".

As responsabilidades de cada participante no trabalho coletivo devem ser objeto de clara especificação contratual.

Há uma divisão bem clara entre obra em coautoria e obra coletiva. A coautoria é a realização, por vários autores, de uma obra única, comum e que, geralmente, é indivisível. Reúnem-se os autores para a produção de um livro determinado. Eles são coautores.

Já na obra coletiva o que se tem é a reunião de vários autores, produzindo, cada um deles, tema determinado e cujas partes, inclusive, não precisam, necessariamente, ter ligação literária entre si.

Coautoria e obra coletiva são dois conceitos próximos, mas diferentes. No primeiro caso, os autores reúnem-se para produzir obra única; no segundo, cada autor produz sua parte – todos sob a direção de um organizador que reúne os trabalhos para formar o todo, que é a obra nova.

Capítulo III

Do registro das obras intelectuais

Art. 18. A proteção aos direitos de que trata essa lei independe de registro.

Art. 19. É facultado ao autor registrar a sua obra no órgão público definido no *caput* e no § 1º do art. 17 da Lei nº 5.988, de 14 de dezembro de 1973.

Art. 20. Para os serviços de registro previstos nesta lei será cobrada retribuição, cujo valor e processo de recolhimento serão estabelecidos por ato do titular do órgão da administração pública federal a que estiver vinculado o registro das obras intelectuais.

Art. 21. Os serviços de registro de que trata esta lei serão organizados conforme preceitua o § 2º do art. 17 da Lei nº 5.988, de 14 de dezembro de 1973".

A inclusão na nova lei de direitos autorais de disposições sobre registro de obras intelectuais é um absurdo para o qual não se encontra qualquer explicação. O próprio art. 18 diz que "a proteção aos direitos de que trata esta lei independe de registro". Se independe de registro, por que registrá-la?

Ressuscitou-se um artigo da lei antiga, agora revogada, para estabelecer normas sobre um registro que o legislador proclama desnecessário. Mais ainda: esse registro, que antes era gratuito, agora será pago, o que implicará, certamente, guias, requerimentos, papéis vários, pagamento em banco – enfim, toda a parafernália que constitui nossa inútil burocracia.

A única coisa que se pode fazer diante de tal absurdo é aplicar a lei: não registrar nada, absolutamente nada. O registro é meramente declarativo e não constitutivo de direito, nos termos claros da Lei nº 9.610/1998.

Título III
Dos direitos do autor
Capítulo I
Disposições preliminares

Art. 22. Pertencem ao autor os direitos morais e patrimoniais sobre a obra que criou.

Art. 23. Os co-autores da obra intelectual exercerão, de comum acordo, os seus direitos, salvo convenção em contrário.

Capítulo II
Dos direitos morais do autor

Art. 24. São direitos morais do autor:

I – o de reivindicar, a qualquer tempo, a autoria da obra;

II – o de ter seu nome, pseudônimo ou sinal convencional indicado ou anunciado, como sendo o do autor, na utilização de sua obra;

III – o de conservar a obra inédita;

IV – o de assegurar a integridade da obra, opondo-se a quaisquer modificações ou à prática de atos que, de qualquer forma, possam prejudicá-la ou atingi-la, como autor, em sua reputação ou honra;

V – o de modificar a obra, antes ou depois de utilizá-la;

VI – o de retirar de circulação a obra ou de suspender qualquer forma de utilização já autorizada, quando a circulação ou utilização implicarem afronta à sua reputação ou imagem;

VII – o de ter acesso a exemplar único e raro da obra, quando se encontre legitimamente em poder de outrem, para o fim de, por meio de processo fotográfico ou assemelhado, ou audiovisual, preservar sua memória, de forma que cause o menor inconveniente possível a seu detentor, que, em todo caso, será indenizado de qualquer dano ou prejuízo que lhe seja causado.

§ 1º Por morte do autor, transmitem-se a seus sucessores os direitos a que se referem os incisos I a IV.

§ 2º Compete ao Estado a defesa da integridade e autoria da obra caída em domínio público.

§ 3º Nos casos dos incisos V e VI, ressalvam-se as prévias indenizações a terceiros, quando couberem.

A lei anterior era, tecnicamente, mais correta ao afirmar que "o autor é o titular dos direitos morais e patrimoniais sobre a obra intelectual que produziu". A lei atual reafirma que "pertencem ao autor os direitos morais e patrimoniais sobre a obra que criou".

O termo "titular" melhor se coaduna com a conceituação jurídica da relação entre o autor e sua obra.

Um detalhe curioso é que a lei anterior retirava do autor os seus direitos sobre obra colocada fora de circulação por sentença judicial. A sentença judicial pode proibir a circulação de uma obra, mas não pode atingir os direitos morais do autor, pois eles são irrenunciáveis e inalienáveis e, consequentemente, imunes a qualquer ataque ou restrição, mesmo por parte da justiça. Proibido um livro, o autor mantém sobre ele sua autoria, tendo todos os direitos morais que a lei confere.

Os direitos morais, especificados no art. 24, constituem particularidade específica do direito de autor. A definição de Carlos Alberto Bittar (*Direito de autor* – Forense, 1994, p. 44), é exemplar:

> *"Os direitos morais são os vínculos perenes que unem o criador à sua obra, para a realização da defesa de sua personalidade. Como os aspectos abrangidos se relacionam à própria natureza humana e desde que a obra é emanação da personalidade do autor – que nela cunha, pois, seus próprios dotes intelectuais –, esses direitos constituem a sagração, no ordenamento jurídico, da proteção dos mais íntimos componentes da estrutura psíquica de seu criador".*

Bittar fez, aqui, uma análise filosófica dos direitos morais, mostrando que eles se relacionam, antes de tudo, com a própria natureza humana do criador. O que a lei protege é a estrutura íntima do homem na relação que estabelece com a sua obra a partir do momento da criação. Criador e criatura – homem e obra – identificam-se numa transposição de sentimentos que vai além da realidade objetiva.

Isabel Spín Alba (em seu livro *Contrato de edicion literaria* – Editorial Comares, Espanha) mostra que os direitos morais ligam-se aos direitos da personalidade, quando afirma:

> *"O ponto de partida para o reconhecimento do direito moral de autor foi, sem dúvida, a construção teórica dos direitos da personalidade. Sem embargo, tal como se configuram os direitos morais atualmente e especialmente no que diz respeito à legislação espanhola, caberia perguntar se efetivamente constituem direitos ou, como entende De Castro, bens da personalidade".*

Falando sobre a relação do autor com o público, por meio de sua obra, Isabel Spín Alba acrescenta:

> "Quando um autor divulga uma obra, além de estabelecer um ato de comunicação, passa ao público uma imagem sobre sua pessoa. Daí seu particular interesse em que se preserve a integridade da obra e que se respeite sua autoria".

Os direitos morais do autor, entretanto, não nascem com a personalidade, mas com a elaboração da obra. Não fazem parte intrínseca do homem, mas sim do seu ato criador. Nascem quando a obra é fixada num suporte material, tangível ou intangível. Têm, desta forma, certas características básicas que foram muito bem esquematizadas por Délia Lipszyc. Segundo esta autoralista, os direitos morais são:

a) essenciais, porque sem eles a condição básica do autor em relação a sua obra perderia sentido. O autor tem o direito de identificar-se como tal. Ninguém pode negar-lhe esse direito;

b) extrapatrimoniais, porque não é possível estabelecer um valor para o direito moral. O direito moral está fora de comércio;

c) inerentes ao autor, pois estão unidos a sua pessoa;

d) absolutos, porque seu titular pode opor-se a todos para defendê-lo;

e) inalienáveis, porque, não sendo patrimoniais, não podem ser objeto de qualquer transferência;

f) irrenunciáveis, porque o autor dele não pode se desfazer, mesmo que o queira.

Além desses pontos, Délia Lipszyc salienta, ainda, que o direito moral não pode ser embargado, nem executado ou expropriado.

E, finalmente, ele é imprescritível e, mais ainda, sobrevive ao próprio autor, já que seus herdeiros são obrigados a manter e defender a paternidade e a integridade da obra.

Disso resulta que os direitos morais não podem ser objeto de contrato. Qualquer estipulação contratual tendo em vista os direitos morais é nula de pleno direito.

Os dois primeiros itens do art. 24 tratam, objetivamente, da paternidade da obra. O autor pode, a qualquer momento, reivindicar a autoria, exercendo seus direitos sobre a obra, não importa o tempo, as circunstâncias, a localidade, a forma de comércio exercida sobre a obra. Ao mesmo tempo, ele tem o direito de exigir que seu nome, pseudônimo ou sinal indicativo, conste da obra, independente das condições estipuladas no contrato de edição ou cessão.

Nessa mesma ordem, o autor tem o direito de inédito, isto é, ele não é obrigado a divulgar sua obra. Obviamente, o legislador não se refere unicamente ao texto, mas a toda e qualquer obra de criação. Se é fácil impedir a edição de um livro, já a divulgação de uma obra de artes plásticas – uma escultura, um quadro – é ainda mais fácil. Basta que o autor a retenha em seu poder. Além disso, o autor pode impedir sua divulgação por várias formas, inclusive retirando-a de qualquer exposição ou mostra feita contra sua vontade.

Os dois itens seguintes da lei referem-se à obra em si: o autor pode opor-se a qualquer modificação em sua obra. Aqui é importante ter em conta, que o conceito vale para qualquer obra. Por exemplo, obras de arquitetura, onde proprietário e construtores não raro alteram o projeto original, deformando a obra e violando os direitos morais do autor-arquiteto. Ele tem o direito de opor-se às modificações, exigindo indenização e, inclusive, a retirada de seu nome da obra.

Mas, de outro lado, o autor tem o direito que lhe confere a lei de efetuar as alterações que desejar amparado pelo item V do art. 24, o qual estabelece como direito moral do autor "o de modificar a obra, antes ou depois de utilizada".

Entre os direitos morais do autor encontra-se o direito de arrependimento. É um item curioso e interessante, pois coloca aquele que, contratualmente, se incumbe da comercialização da obra, num certo sentido, à mercê do autor. Arrependido, ele pode retirar a obra de circulação.

Questões ideológicas, religiosas ou políticas levam muitos autores a repudiar sua própria obra, especialmente quando mudam de posição ou galgam o poder, necessitando rever posições para servir a novos senhores.

Comentários

As legislações autorais no mundo latino e romanístico consideram o direito de arrependimento, mas impõem certas condições para que o autor o coloque em prática. Uma delas, condição absoluta, é a indenização dos prejuízos causados a terceiros.

Na Lei nº 5.988/1973 o caso era simples e direto, assegurando ao autor o direito, em relação à sua obra, de "retirá-la de circulação, ou de lhe suspender qualquer forma de utilização", ressalvando-se indenizações a terceiros.

Na lei atual o exercício desse direito ficou mais difícil e condicionado à circunstância que deve ser, evidentemente, provada. O autor só poderá exercê-lo "quando a circulação ou utilização implicarem afronta à sua reputação e imagem". Morto o autor, transmitem-se aos herdeiros os direitos de reivindicar a autoria da obra, nela manter seu nome, conservá-la inédita, se for o caso, e assegurar sua integridade.

Um problema interessante é o da integridade da obra caída em domínio público. O domínio público pressupõe a livre utilização da obra. Mas ela não é *res derelicta*, coisa abandonada para ser utilizada de qualquer forma. Ao contrário, a obra em domínio público é *res omnium*, que pertence a toda a sociedade. E o Estado é – ou deveria sê-lo – o guardião daquilo que é um bem comum. Por isso mesmo a lei atual repete a anterior quando diz que "compete ao Estado a defesa da integridade e autoria da obra caída em domínio público". A obra de arte faz parte da identidade cultural de um povo. Mantê-la intacta é um dever do Estado.

Art. 25. Cabe exclusivamente ao diretor o exercício dos direitos morais sobre a obra audiovisual.

Art. 26. O autor poderá repudiar a autoria de projeto arquitetônico alterado sem o seu consentimento durante a execução ou após a conclusão da construção.

Parágrafo único. O proprietário da construção responde pelos danos que causar ao autor sempre que, após o repúdio, der como sendo daquele a autoria do projeto repudiado.

Art. 27. Os direitos morais do autor são inalienáveis e irrenunciáveis.

Como os direitos morais conferem ao autor uma série de faculdades em relação a sua obra, há situações peculiares. Entre estas destacam-se a obra audiovisual e o projeto arquitetônico.

A Lei nº 9.610/1998, nesse artigo, diz que, no caso das obras audiovisuais, os direitos morais cabem exclusivamente ao diretor.

A Lei nº 5.988/1973 era mais precisa no que diz respeito à faculdade do diretor de impedir a utilização da película, exercendo seu direito de arrependimento. Ele só poderia fazê-lo depois de sentença judicial passada em julgado.

A nova lei abriu um campo bem mais vasto, declarando apenas que "cabe exclusivamente ao diretor o exercício dos direitos morais sobre obra audiovisual".

É claro que todos aqueles que participam, por exemplo, de um filme como coautores, nos termos do parágrafo único do art. 16, ficam à mercê do diretor. Certamente, ele não poderá agir discricionariamente, pois os prejudicados sempre poderão recorrer à justiça. Mas isto não nega o fato de que a lei faculta a ele, diretor, o exercício pleno dos direitos morais do autor que, como vimos, são importantes e fundamentais no curso da vida de uma obra de arte e seu autor.

O art. 26 e seu parágrafo dizem respeito aos projetos de arquitetura, que são obras de arte. A Lei nº 5.988/1973 já tratava do assunto e concedia ao arquiteto o direito de repudiar a obra, se nela fossem introduzidas modificações desfigurando o projeto original. A lei atual, além de assegurar esse direito de repúdio, acentua que "o proprietário da construção responde pelos danos que causar ao autor sempre que, após o repúdio, der como sendo daquele a autoria do projeto repudiado".

O construtor é obrigado a respeitar o projeto. Só pode modificá-lo com a concordância do autor. Caso contrário, responderá por perdas e danos. Além disso, o arquiteto pode, também, exercer o seu direito de arrependimento, desde que seu projeto seja desfigurado e atente contra seu nome e sua reputação profissional.

O art. 27, finalmente, consagra o que está implícito na natureza dos direitos morais do autor: são inalienáveis e irrenunciáveis. Sobre eles nada se pode pactuar.

Capítulo III
Dos direitos patrimoniais do autor e de sua duração

Art. 28. Cabe ao autor o direito exclusivo de utilizar, fruir e dispor da obra literária, artística ou científica.

Art. 29. Depende de autorização prévia e expressa do autor a utilização da obra, por quaisquer modalidades, tais como:

I – a reprodução parcial ou integral;

II – a edição;

III – a adaptação, o arranjo musical e quaisquer outras transformações;

IV – a tradução para qualquer idioma;

V – a inclusão em fonograma ou produção audiovisual;

VI – a distribuição, quando não intrínseca ao contrato firmado pelo autor com terceiros para o uso ou exploração da obra;

VII – a distribuição para oferta de obras ou produções mediante cabo, fibra ótica, satélite, ondas ou qualquer outro sistema que permita ao usuário realizar a seleção da obra ou produção para percebê-la em um tempo e lugar previamente determinados por quem formula a demanda, e nos casos em que o acesso à obras ou produções se faça por qualquer sistema que importe em pagamento pelo usuário;

VIII – a utilização, direta ou indireta, da obra literária, artística ou científica, mediante:

a) representação, recitação ou declamação;

b) execução musical;

c) emprego de alto-falante ou de sistemas análogos;

d) radiodifusão sonora ou televisiva;

e) captação de transmissão de radiodifusão em locais de frequência coletiva;

f) sonorização ambiental;

g) a exibição audiovisual, cinematográfica ou por processo assemelhado;

h) emprego de satélites artificiais;

i) emprego de sistemas óticos, fios telefônicos ou não, cabos de qualquer tipo e meios de comunicação similares que venham a ser adotados;

j) exposição de obras de artes plásticas e figurativas;

IX – a inclusão em base de dados, o armazenamento em computador, a microfilmagem e as demais formas de arquivamento do gênero;

X – quaisquer outras modalidades de utilização existentes ou que venham a ser inventadas.

O direito patrimonial do autor liga-se ao conceito de propriedade. É um direito real. Mas o caráter dessa propriedade é peculiar. Ela é material, configurada em algo palpável, mas, ao mesmo tempo, é incorpórea. É que na obra de arte a coisa material – fruto do trabalho humano, como tantas outras coisas – é parte menos importante. Uma tela sem pintura não tem valor. Mas o pintor vai acrescentar a ela um valor diferenciado e, não raro, incomensuravelmente maior. Esse valor é o que se chama de parte imaterial ou, no dizer dos doutrinadores, a *coisa incorpórea*.

A obra de arte é, portanto, uma propriedade com características especiais, cujo valor aumenta na proporção da qualidade do bem imaterial e não material. Uma obra de pintor famoso alcança preços excepcionais, não pela tela ou a moldura em si, mas pelo que ela contém e transmite, falando à sensibilidade. O mesmo acontece com o canto, a música, o livro, uma peça de teatro e sua interpretação. Tudo isso é que faz do direito autoral um direito *sui generis*, especial e completo em si. A esse respeito, afirma Isabel Spín Alba (obra citada):

> "O reconhecimento de que o autor tem direito ao desfrute econômico de sua obra encontrou sua primeira raiz legal através da instituição da propriedade privada, mais concretamente por meio da construção da figura das propriedades especiais. Daí as denominações de propriedade literária e artística ou simplesmente propriedade intelectual".

A base que confere ao autor o direito de dispor de sua obra é a propriedade privada sobre um bem por ele criado e produzido. Diz Carlos Alberto Bittar (*Direito de autor* – Forense Universitária, 1994, p. 46):

> "Direitos patrimoniais são aqueles referentes à utilização econômica da obra, por todos os processos técnicos possíveis. Consistem em um conjunto de prerrogativas de cunho pecuniário que, nascidas também com a criação da obra, manifestam-se em concreto, com a sua comunicação ao público".

É exatamente isso que define o art. 28 da lei atual quando diz que "cabe ao autor o direito exclusivo de utilizar, fruir e dispor da obra literária, artística ou científica". Depende de sua autorização a utilização da obra, por qualquer modalidade.

É o caso, por exemplo, da reprografia que, no Brasil, constitui um verdadeiro assalto aos direitos patrimoniais dos autores e violação clara do item I do art. 29, que veda a reprodução parcial ou integral da obra sem autorização do autor.

A Lei nº 5.988/1973 não fazia referência à forma dessa autorização. A lei atual diz que ela deve ser "prévia e expressa". Portanto, deve ser concedida – o que está bem claro – antes e de forma que fique consignada a autorização, o que pressupõe que o seja por escrito, embora o Código Civil aceite o contrato tácito. Prevê, também, no item VIII a "utilização direta ou indireta da obra", o que pode ser interpretado como referência à obra em si ou a adaptações ou, ainda, aos meios de comunicação eventualmente utilizados. A obra pode ser interpretada diretamente num palco ou, então, transmitida por meio de fonogramas ou audiovisuais.

Esse artigo da lei, ao referir-se às formas de utilização da obra, é explicativo. Vai mais longe ainda quando, no item X, refere-se a "quaisquer outras modalidades de utilização existentes ou que venham a ser inventadas". Com isto, o vasto campo de utilização de uma obra intelectual está coberto, no presente e no futuro. O legislador agiu bem, tendo em vista a espantosa rapidez da revolução tecnológica.

Comparando-se com a lei anterior, esse artigo é mais completo e abrangente, pois ele prevê ainda:

a) os casos de distribuição especial, quando isto não for da essência do contrato. Exemplo prático é a edição de um livro em formato habitual para as livrarias e uma edição diferente, em formato e qualidade do papel, destinada a bancas de jornais ou, inversamente, a colecionadores;

b) a oferta da obra através de cabo, fibra ótica, satélite, ondas ou qualquer outro sistema que permita percebê-la "em um tempo e lugar previamente determinados por quem formula a demanda, e nos casos em que o acesso às obras ou produções se faça por qualquer sistema que importe em pagamento pelo usuário";

c) representação, execução musical, alto-falantes, radiodifusão sonora ou televisiva;

d) sonorização ambiental;

e) transmissão para locais de frequência coletiva, o que é muito comum no vasto mundo da prestação de serviços;

f) emprego de satélites artificiais;

g) transmissão por qualquer meio: fibra ótica, fios telefônicos, cabos de qualquer tipo e meios de comunicação similares que venham a ser adotados.

No caso do item *b*, este configura com clareza a utilização de transmissões que são acessadas por computadores, via provedores. A lei diz claramente que se trata de um sistema por meio do qual o usuário pode realizar a seleção da obra num tempo e lugar determinados por quem formula a demanda, ou seja, o proprietário da máquina. É, ainda, e como diz a lei, uma demanda pela qual o usuário paga, já que, no mínimo, o provedor é remunerado.

No que se refere à transmissão para "locais de frequência coletiva", o § 3º do art. 68 descrimina, detalhadamente, quais são esses locais, procurando-se impedir, pelo detalhamento, a evasão de direitos autorais.

Depende de autorização do autor a tradução para qualquer língua. O contrato de edição, quando for omisso a esse respeito, não confere ao editor o direito de mandar traduzir a obra para outro idioma, em face do comando explícito desse dispositivo.

A tradução é, na verdade, a recriação da obra. É por isso que a lei confere, ao tradutor, direito autoral. A propósito, Fábio Maria De Mattia (*Estudos de direito de autor*, 1992, p. 11) diz:

> "A tradução de uma obra por um terceiro supõe o consentimento de seu autor e este goza de uma faculdade discricionária de recusa. (...) Somente ao autor cabe julgar se a publicidade da obra lhe será favorável, embora certos juristas sustentem que a glória do escritor e a possibilidade de venda de suas obras só se favoreceriam com a tradução. E é justo que assim seja, pois a tradução poderá ser para o autor uma fonte de prejuízos; poderá tirar-lhe leitores caso sejam pessoas que dominem as duas línguas e preferirão ler no idioma que lhes seja mais familiar. Outrossim, a tradução pode desnaturar o original e por vezes mesmo, vulgarizar, conforme o mérito do tradutor".

No mundo de hoje, com a amplitude universal dos meios de comunicação, a tradução ganha importância enorme, vincula-se à obra e é, realmente, uma obra também. O tradutor não realiza apenas o trabalho de "transpor" as palavras de um idioma para o outro. Ele vai utilizá-las de tal forma que "traduzirá" também sentimentos e emoções, o que, convenha-se, não é fácil.

O legislador procurou cobrir todos os campos de utilização das obras de arte e engenho. Aproveitou, para tanto, o exemplo da própria história, quando meios antes não imaginados vieram dar vida nova à obra velha que tivera sua época. É o caso das comédias do Gordo e o Magro, cujos protagonistas estavam na miséria quando a televisão resolveu aproveitar, com extraordinário sucesso, seus velhos filmes sem que os atores deles obtivessem qualquer proveito. Foram salvos, apenas, pela generosidade das produtoras de televisão.

Dessa forma, o legislador brasileiro incluiu no item *i*, o "emprego de sistemas óticos, fios telefônicos ou não, cabos de qualquer tipo e meios de comunicação similares que venham a ser adotados". O texto não apenas exemplifica determinados meios como, também, lança-se para o futuro quando se refere a "meios que venham a ser adotados". Mais correto teria sido utilizar a palavra "inventados", mas o vocábulo usado, mesmo pouco adequado, serve aos propósitos do legislador e aos interesses do autor.

O item *j* seguinte trata de um problema importante e, na prática, controverso. É o direito de expor obras de artes plásticas e figurativas. Esse item deve ser interpretado tendo em vista o disposto no art. 77.

Quem adquire um quadro tem o direito de expô-lo publicamente? Esse item do art. 29 diz que não, pois isso depende de autorização do autor. O texto é claro: depende de autorização do autor "a exposição de obras de artes plásticas e figurativas".

Já no art. 77 lê-se que "salvo convenção em contrário, o autor de obra de artes plásticas, ao alienar o objeto em que ela se materializa, transmite o direito de expô-la, mas não transmite ao adquirente o direito de reproduzi-la".

Aparentemente vê-se aí uma contradição. Na verdade não é assim. Quem adquire um quadro tem o direito de expô-lo em sua residência, escritório ou estabelecimento comercial, inclusive nos saguões de entrada que fazem parte do conjunto interior do imóvel. Mas o adquirente não pode expor essa obra numa galeria pública, seja para venda ou simples ilustração. Essa exposição pública depende de autorização do autor, nos termos do item i do art. 29.

São dois conceitos diferentes: expor a obra internamente, para gozo próprio, direito que cabe ao adquirente, pois caso contrário não teria sentido comprá-la e, de outra parte, expô-la publicamente, o que levaria a obra para outra dimensão de uso material e até mesmo ao comércio.

Depende de autorização do autor a inclusão da obra em bases de dados, o armazenamento em computador, a microfilmagem e as demais formas de arquivamento do gênero. Isto é muito importante, principalmente em face da verdadeira revolução tecnológica nos meios de comunicação e transmissão.

Bases de dados e armazenamento em computador constituem, hoje, a forma moderna e cada vez mais utilizada de arquivar informações e obras de qualquer natureza. Esse armazenamento pressupõe uma disponibilidade para transmissão. A Internet, por exemplo, não é nada mais do que uma rede de computadores. Se o autor autoriza a inclusão de sua obra num banco de dados, deve fazê-lo estipulando sua forma de uso e os limites de transmissão e comunicação. O banco de dados é, em última análise, a tradução eletrônica de um arquivo, pode servir para consultas de seu proprietário, mas, também, para diferentes fins e utilização. Os limites de utilização, do que é parte integrante dos direitos patrimoniais do autor, devem ser estipulados com clareza, no interesse das partes. Uma gravura, desenho ou foto, um texto ou composição musical podem ser utilizados de mil formas, seja para ilustrar livros, integrar CDs ou para a transmissão por diferentes vias – do simples rádio aos satélites e à Internet. Esse aproveitamento faz parte do patrimônio do autor.

Art. 30. No exercício do direito de reprodução, o titular dos direitos autorais poderá colocar à disposição do público a obra, na forma, local e pelo tempo que desejar, a título oneroso ou gratuito.

§ 1º O direito de exclusividade de reprodução não será aplicável quando ela for temporária e apenas tiver o propósito de tornar a obra, fonograma ou interpretação perceptível em meio eletrônico ou quando for de natureza transitória e incidental, desde que ocorra no curso do uso devidamente autorizado da obra, pelo titular.

§ 2º Em qualquer modalidade de reprodução, a quantidade de exemplares será informada e controlada, cabendo a quem reproduzir a obra a responsabilidade de manter os registros que permitam, ao autor, a fiscalização do aproveitamento econômico da exploração.

Art. 31. As diversas modalidades de utilização de obras literárias, artísticas ou científicas ou de fonogramas são independentes entre si, e a autorização concedida pelo autor, ou pelo produtor, respectivamente, não se estende a quaisquer das demais.

O art. 30 reforça, de maneira clara, o exercício dos direitos autorais nos casos de reprodução.

É necessário considerar que, com a revolução tecnológica, as formas e meios de reprodução simplificaram-se, tornando-se eficientes, velozes e universais.

Um dos pontos essenciais na obra de arte, previsto inclusive no art. 3º, item 3, da Convenção de Berna, é sua disponibilidade –"sempre que a quantidade posta à disposição do público satisfaça razoavelmente suas necessidades".

A reprodução da obra, a sua multiplicação, é que permite colocá-la à disposição do público em quantidade razoavelmente satisfatória. Mas essa reprodução pode alcançar grandes quantidades, como acontece, por exemplo, com a reprografia. Nem sempre é fácil exercer um bom controle sobre a reprodução e suas quantidades.

Esse art. 30 garante ao autor o direito de dispor de sua obra para reprodução "na forma, local e pelo tempo que desejar, a título oneroso ou gratuito". As exceções contidas nos parágrafos seguintes visam tão-somente a flexibilizar o uso da reprodução em circunstâncias específicas.

O § 2º é muito importante, especialmente considerando-se a reprografia. Quem reproduz obras protegidas tem a responsabilidade de "manter os registros que permitam, ao autor, a fiscalização do aproveitamento econômico da exploração".

Significa, concretamente, o seguinte:

1. depende de autorização do autor a reprodução de sua obra;
2. quem fizer essa reprodução, em qualquer modalidade, deve informar e controlar as quantidades de cópias; é uma obrigação legal e aquele que não o fizer estará sujeito a responder por perdas e danos;
3. quem reproduzir obras protegidas tem a responsabilidade de manter registros que permitam, ao autor, fiscalizar o aproveitamento econômico da exploração.

Nada mais claro. Uma empresa ou instituição que se dedique à cópia de obras protegidas só poderá fazê-lo dentro dos limites que a lei estipula, isto é, basicamente, tendo autorização do autor e mantendo registro de controle das cópias efetuadas. Este registro é indispensável para o recolhimento dos direitos autorais.

A Lei nº 5.988/1973 não previa tal situação, o que deu ensejo a violações constantes dos direitos autorais, fato que o legislador, agora, corrigiu.

O art. 31 refere-se às diferentes modalidades de utilização das obras de arte. Este é um problema que surgiu muito depois da Convenção de Berna. Até bem pouco tempo a utilização de uma obra era limitada a poucas formas de expressão. Hoje, essas formas multiplicaram-se: teatro, cinema, televisão, fonogramas, CDs, CDRom, transmissão por satélites, bancos de dados, Internet – enfim, os meios de comunicar uma obra ao público são infindáveis.

O advento da televisão colocou na ordem do dia esse problema quando velhos filmes, já esquecidos do público, foram revividos com êxito na "telinha", sem nenhum proveito para os artistas. As legislações em todo o mundo vieram corrigir este problema, tornando independentes entre si as diferentes formas de utilização de uma obra. Nada mais justo.

Neste sentido, não havendo especificação quanto às modalidades de utilização da obra, considera-se que ela só poderá ser utilizada para a finalidade principal a que se dedica a empresa ou pessoa que a contrata. Por exemplo: se um escritor firma contrato com uma editora, e se não houver estipulação quanto às modalidades de utilização, entende-se que a obra se destina, exclusivamente, à forma de livro. Sem autorização do autor a obra não poderia ser levada ao cinema, televisão ou a outra modalidade qualquer. É o que está acontecendo agora com a divulgação de obras pela Internet: o editor – ou produtor – não poderá fazê-lo se não tiver autorização prévia do autor.

O contrato, portanto, deve especificar claramente as modalidades de utilização da obra. As diferentes modalidades de utilização de obras literárias, artísticas ou científicas ou de fonogramas – diz a lei – são independentes entre si. Não se comunicam.

Art. 32. Quando uma obra feita em regime de co-autoria não for divisível, nenhum dos co-autores, sob pena de responder por perdas e danos, poderá, sem consentimento dos demais, publicá-la ou autorizar-lhe a publicação, salvo na coleção de suas obras completas.

§ 1º Havendo divergência, os co-autores decidirão por maioria.

§ 2º Ao co-autor dissidente é assegurado o direito de não contribuir para as despesas de publicação, renunciando à sua parte nos lucros, e o de vedar que se inscreva seu nome na obra.

§ 3º Cada co-autor pode, individualmente, sem aquiescência dos outros, registrar a obra e defender os próprios direitos contra terceiros.

As obras em coautoria são campo fértil para conflitos. Quando elas não são divisíveis, o problema tende a se agravar. A lei, no caso, procura assegurar ao coautor os seus direitos e deveres, o que pode e o que não pode fazer. Os parceiros não são inteiramente livres para dispor de seus trabalhos. A publicação depende do consentimento de cada um dos coautores, a não ser para inclusão em suas obras completas.

O § 1º determina que, havendo divergência, a decisão será tomada por maioria. Difícil, entretanto, será estabelecer maioria quando forem apenas dois os coautores...

A lei anterior determinava que os conflitos entre coautores poderiam ser submetidos ao Conselho Nacional de Direito Autoral, que já não existe mais. Não há, pois, nenhum órgão "paternal" para resolver conflitos dessa natureza. As partes devem enfrentá-los, inclusive, se for o caso, recorrendo à justiça para o exercício de suas razões.

O recomendável, neste, como em todos os casos, é a clareza e a especificação minuciosa das condições contratuais. O contrato deve ser feito na presunção de um conflito de interesses e, como tal, ter a virtude de prevê-los e apresentar as devidas soluções. Não há outro caminho.

Art. 33. Ninguém pode reproduzir obra que não pertença ao domínio público, a pretexto de anotá-la, comentá-la ou melhorá-la, sem permissão do autor.

Parágrafo único. Os comentários ou anotações poderão ser publicados separadamente.

Art. 34. As cartas-missivas, cuja publicação está condicionada à permissão do autor, poderão ser juntadas como documento de prova em processos administrativos e judiciais.

Art. 35. Quando o autor, em virtude de revisão, tiver dado à obra versão definitiva, não poderão seus sucessores reproduzir versões anteriores".

O art. 33, embora deslocado, é uma sequência natural dos direitos patrimoniais do autor. Visa a coibir abusos que se praticam sob pretexto de comentários, o que é muito comum, especialmente na área dos livros didáticos. O comentarista, ou crítico, pode publicar suas anotações em separado, mas não pode se utilizar dessa faculdade como pretexto para apropriar-se de um direito que não lhe pertence, reproduzindo obra alheia.

Mais deslocado ainda está o artigo que se refere à permissão para incluir cartas-missivas em processos administrativos ou judiciais. Se o legislador retirou do texto legal a carta-missiva como obra de arte – que não o é – nada justifica sua inclusão, aqui, extemporaneamente, para declarar o óbvio, ou seja, que pode ser incluída em processos, onde, evidentemente, são admitidos todos os meios de prova.

Na mesma situação encontra-se o artigo seguinte – 35, também deslocado – pois integra os direitos morais do autor, já que diz respeito à versão definitiva da sua obra. O autor pode revisar sua obra e, com isto, dar-lhe uma versão definitiva. Neste caso "não poderão seus sucessores reproduzir versões anteriores". É um direito moral que a lei assegura e, como todo direito moral, intocável.

O projeto original da Lei nº 9.610/1998, inclusive aprovado pela Câmara dos Deputados, incluía, a seguir, dois arts. 36 e 37. Eles tratavam da obra feita em razão de contrato de trabalho, dever funcional e encomenda.

Esses artigos foram retirados da lei no Senado Federal. Alguns artistas entendiam que, com eles, seus trabalhos pertenceriam, incondicionalmente, às empresas, especialmente às televisões. Isso não é verdade, porque neles havia uma cláusula de ressalva. O texto era bem claro:

"na obra literária, artística ou científica, produzida em cumprimento de dever funcional ou a contrato de trabalho ou

de prestação de serviços, os direitos patrimoniais do autor, salvo convenção em contrário, pertencerão ao empregador ou comitente (...)".

O artigo seguinte e seus parágrafos disciplinavam a matéria. Com esta exclusão, a lei brasileira é a única no mundo que não prevê uma situação concreta e comum, que é o trabalho assalariado do autor.

Com isso, ao contrário do que pretendiam alguns artistas que solicitaram e obtiveram essa medida excludente, os resultados terminaram prejudicando aqueles que, em função do trabalho assalariado, produzem obras de arte e engenho.

A obra de arte pode ser produzida pelo autor, sem qualquer vínculo com terceiros. Mas pode, também, como acontece em muitos casos, originar-se de uma relação econômica diferente. Tem-se, assim:

a) o empregado sob regime da legislação trabalhista, com carteira de trabalho, função definida, salário e garantias conferidas pela CLT;

b) o funcionário público da administração direta e indireta;

c) o autônomo que trabalha sob encomenda.

Geralmente essas pessoas são desenhistas, ilustradores, tradutores, redatores e, especialmente, na área de livros didáticos, escritores de mérito. Além disso, em todas as áreas da criação, é feita a encomenda de uma obra determinada, por pessoa física ou jurídica, que dá, inclusive, as instruções do que deseja.

A encomenda, por sua vez, tem uma longa história no campo das artes. Obras magníficas e geniais foram feitas sob encomenda, entre elas: Mona Lisa, a Santa Ceia, Moisés e os afrescos da Capela Sistina. Hoje essa condição foi banida da legislação brasileira. Um absurdo que exige correção.

Entretanto, curiosamente o art. 54, ao tratar do contrato de edição, abre a possibilidade para o trabalho sob encomenda, quando estabelece que "pode o autor obrigar-se à feitura de obra literária, artística ou científica em cuja publicação e divulgação se empenha o editor".

É, sem dúvida, uma obra sob encomenda, tanto que, no artigo seguinte se estabelecem as condições pelas quais a obra poderá ser terminada em caso de falecimento ou impedimento do autor. O editor poderá, inclusive, mandar que outro a termine, o que fica patente que se trata de obra futura feita sob encomenda. Aliás, é praticamente impossível uma obra futura que não seja encomendada.

Mas, no local apropriado, não há qualquer referência à obra feita sob encomenda, a qual mereceria trato especial em face das múltiplas implicações que apresenta para o direito autoral. Esta é uma situação que a nova lei de direitos autorais não disciplinou, com sérios prejuízos para o mundo das letras e das artes em geral.

No que diz respeito ao assalariado e ao funcionário público, a nova lei é omissa. Para ela não existem essas figuras. É como se empregados e funcionários públicos não pudessem, na sua atividade e como função específica, criar obras literárias e científicas.

Qual é o resultado prático desta situação? Ora, a obra de arte é protegida. No momento preciso em que ela é colocada numa base determinada, começa sua vida para o direito. Assim sendo, o desenho criado por um empregado, diga o que disser o seu contrato de trabalho, gera direitos autorais que a ele – empregado – pertencem totalmente. A lei o protege, mas não excepciona esse tipo de relação de trabalho, como ocorre nas legislações de todo o mundo e acontecia na nossa lei anterior.

É evidente que o empregador, ou administrador público, tendo empregados ou funcionários com as atividades específicas de criar determinadas obras de arte protegidas, terá de tomar suas providências e precauções. É natural que o faça. E certamente o fará, sob pena de não ter direito algum sobre a obra produzida por empregados e funcionários devidamente pagos para realizarem esse trabalho, o que é um absurdo.

E aqui é que vem o reverso cruel da medalha, o desastre gerado pela ausência de disciplina legal para esse tipo de atividade. O empregador pode dispensar o artista assalariado, passando a comprar no mercado a obra de que necessita ou, ainda, pode mantê-lo, mas mediante contratos de cessão total daquilo que produzir. Ao contrário do que pretendiam aqueles que propugnaram pela retirada desses artigos, a situação do artista que trabalha como assalariado tornou-se mais precária.

A lei atual não disciplinou essa atividade geradora de direitos autorais, o que é uma lacuna imperdoável. Agora fica tudo ao arbítrio de patrões, não raro excepcionalmente poderosos e que poderão impor suas condições. Nessa relação, o autor é sempre a parte mais fraca. E, no caso dos autores assalariados, não há, para eles, qualquer proteção legal. São titulares de um direito que, na prática, dificilmente poderão exercer.

Art. 36. O direito de utilização econômica dos escritos publicados pela imprensa, diária ou periódica, com exceção dos assinados ou que apresentem sinal de reserva, pertence ao editor, salvo convenção em contrário.

Parágrafo único. A autorização para utilização econômica de artigos assinados, para publicação em diários e periódicos, não produz efeito além do prazo da periodicidade acrescido de vinte dias, a contar de sua publicação, findo o qual recobra o autor o seu direito.

Art. 37. A aquisição do original de uma obra, ou de exemplar, não confere ao adquirente qualquer dos direitos patrimoniais do autor, salvo convenção em contrário entre as partes e os casos previstos nesta Lei.

Art. 38. O autor tem o direito, irrenunciável e inalienável, de perceber, no mínimo, cinco por cento sobre o aumento do preço eventualmente verificável em cada revenda de obra de arte ou manuscrito, sendo originais, que houver alienado.

Parágrafo único. Caso o autor não perceba o seu direito de sequência no ato da revenda, o vendedor é considerado depositário da quantia a ele devida, salvo se a operação for realizada por leiloeiro, quando será este o depositário.

A imprensa não pode sofrer limitações em seu papel. O direito autoral não protege a notícia, a informação de caráter geral e de interesse da sociedade, cuja circulação é livre.

Manuel Joaquim Pereira dos Santos (*O direito de autor na obra jornalística gráfica*, 1981, p. 78), examinou esse assunto em seu livro:

"As notícias, porém, são objeto de um tratamento restritivo que pressupõe sua falta de originalidade expressiva. De acordo com a opinião prevalecente na doutrina nacional e estrangeira, não constituem elas obras intelectuais dignas dessa condição e sobre elas 'não há direito de propriedade, ou melhor, pode-se admitir que haja propriedade, mas de existência muito passageira, qual seja o direito de propriedade na divulgação dos informes ao público".

"Portanto, sobre elas não há que se indagar se existe ou não o chamado 'caráter literário': pressupõe-se que inexiste ou que, se existe, é de valor reduzidíssimo, seja porque a notícia é feita às pressas, sem qualquer preocupação com o estilo e a forma, seja porque a notícia só vale enquanto relata uma informação, perdendo seu valor logo a seguir".

A notícia não tem a expressão literária que caracteriza uma obra de arte. É simples informação de interesse geral. Mas é interessante a observação no sentido de que ela é uma propriedade, razão pela qual a lei declara que a mesma pertence ao editor.

Já sobre os artigos assinados incide o direito de autor, porque é uma obra de caráter pessoal. Há contratos para a edição de um artigo em jornais? A resposta é afirmativa. Mas trata-se de um contrato tácito, não escrito, o que é aceito pela nossa lei e pelos usos e costumes, sob imposição da própria realidade. Com efeito, um jornal publica diariamente vários artigos, comentários, reportagens e outras matérias assinadas e com nítido caráter pessoal e criativo. Seria impossível ao jornal, na prática diária, assinar um contrato de edição com cada autor.

A lei prevê um tempo curto, muito limitado, de validade do direito de utilização das matérias protegidas publicadas em jornais: 20 dias. Findo esse prazo, os direitos passam, novamente, à propriedade do autor, que deles pode dispor, inclusive, para venda a outra publicação, salvo convenção em contrário.

O art. 37 trata dos direitos do adquirente em relação às obras criativas. É um problema interessante, pois encerra limitação ao uso e gozo de um bem que a lei caracteriza como imóvel. O comprador de um livro evidentemente usufrui o prazer da leitura. Mas não tem direito de reproduzi-lo. Essa compra gera, para o comprador, um direito de uso exclusivo, mas limitado. Aliás, isto ocorre também no mundo técnico, regido pela lei de marcas e patentes. A compra do produto confere o direito de uso, mas não de reproduzi-lo para venda. A reprodução de um livro – como ocorre na reprografia, com a venda de cópias – é ilegal.

O art. 38, a seguir, refere-se ao que os franceses chamam de *droit de suite*. Esse conceito, efetivamente, surgiu na França, com o objetivo de garantir aos artistas um ganho sobre a valorização de suas obras.

Fábio Maria de Mattia (obra citada) relata a própria origem desse instituto. Segundo ele, tudo começou quando a obra *Angelus*, de Millet, que inicialmente havia custado apenas 1.200 francos, foi alcançando, sucessivamente, nas revendas, cifras astronômicas, chegado até um milhão de francos! Enquanto isso, a família do artista vivia na mais completa penúria.

Ocorre que o autor em início de carreira, ainda desconhecido, vende suas obras a preço muito baixo. Depois se torna famoso. Então, o valor do seu trabalho sobe, atingindo às vezes valores fantásticos.

Valerio de Sanctis (*apud* De Mattia, 1992), diz:

"A idéia de fazer o autor de uma obra, figurativa ou plástica, no original participar das maiores vantagens econômicas da própria obra nas vendas sucessivas à primeira, ingressou há

tempos nas legislações belga, francesa, checoslovaca, polonesa e uruguaia".

A Convenção de Berna tratou do assunto, estabelecendo em seu art. 14 (terceiro), o seguinte:

"1) No que diz respeito às obras de arte originais e aos manuscritos originais de escritores e compositores, o autor – ou, depois de sua morte, as pessoas ou instituições a que a legislação nacional confira direito – gozará do direito inalienável de obter uma participação nas vendas da obra posteriores à primeira cessão operada pelo autor".

Delia Lipszyc (obra citada) ressalta a situação do artista que, segundo ela, "mal vende sua obra", sendo justo, pois, que participe do êxito econômico de seu trabalho.

A legislação brasileira acolheu esse princípio. A Lei nº 5.988/1973, em seu art. 39, dizia o seguinte:

"O autor que alienar sua obra de arte ou manuscrito, sendo originais ou direitos patrimoniais sobre obras intelectuais, tem direito irrenunciável e inalienável a participar da mais-valia que a eles advierem, em benefício do vendedor, quando novamente alienados".

Essa participação era fixada em vinte e cinco por cento sobre o aumento do preço de cada alienação, não se considerando a inflação, e estabelecendo-se um piso equivalente ao salário mínimo. Obras vendidas por valor inferior a um salário mínimo não geravam direito algum.

Esse texto assegurava direitos de remuneração sobre lucros de revenda a:

a) obras de arte, aqui compreendendo-se artes plásticas em geral;

b) manuscritos, desde que originais, portanto vedadas cópias;

c) direitos patrimoniais sobre obra intelectual.

A lei não deixava qualquer dúvida, inclusive no que diz respeito à revenda de direitos autorais sobre livros. A transferência de uma editora para outra gerava, para o autor, esse direito de participação nos lucros.

Houve modificação substancial na lei atual. Com efeito, ela edita, em seu art. 38, o seguinte:

"O autor tem o direito, irrenunciável e inalienável, de perceber, no mínimo, cinco por cento sobre o aumento de preço eventualmente verificável em cada revenda de obra de arte ou manuscrito, sendo originais, que houver alienado".

Desapareceu o direito de participação nos lucros da revenda de "direitos patrimoniais sobre obra intelectual". A revenda de direitos de edição sobre livros já não consta da lei. Ela se resume a:

a) obras de arte;

b) manuscritos, desde que originais.

Ora, poderia se argumentar que o manuscrito significaria o livro a ser editado. Mas não é esse o entendimento dos estudiosos da matéria. Tanto que a palavra "originais" colocada depois de "manuscrito" demonstra que se trata da obra escrita, inicialmente, pelo autor e nunca de sua cópia.

José de Oliveira Ascenção (obra citada) trata do assunto, inclusive para afirmar que "esse aspecto já seguramente nada tem a ver com o direito de autor. O manuscrito é tão somente o *corpus mechanicum*; quem adquire o manuscrito não está adquirindo com isso o direito. O provento acessório obtido no caso de revenda de um manuscrito é uma vantagem do autor independente da cessão do direito de autor".

Fábio Maria De Mattia (obra citada, p. 101) também se refere ao problema do manuscrito, tratando do direito de suíte:

"É necessária uma referência ao problema dos manuscritos. Parece estranho que os manuscritos possam ser objetos de um direito de autor. Mas vemos, frequentemente, comentários sobre leilões, por exemplo, da Southeby Galery de Lon-

dres, em que certos manuscritos de grandes compositores são vendidos a preços fabulosos e hoje, geralmente, são mais museus que compram, face às grandes quantias exigidas. Então chegou-se à conclusão de que os manuscritos dos autores de obras intelectuais devessem ser protegidos, também, pelo droit de suite. Mas que manuscritos seriam esses? Seriam os manuscritos não só, por exemplo, de compositores, mas também de literatos, porque é a aplicação efetiva do direito de autor".

Não resta dúvida de que por manuscrito entende-se o original do autor. O que os autoralistas discutem é o alcance do que seja manuscrito. É apenas o original escrito a mão? Inclui aquele que foi datilografado? Escrito em computador, o disquete é um original, mas será também um manuscrito?

O que está perfeitamente claro é que não se pode confundir manuscrito com o direito do autor sobre sua obra. Neste sentido, a nova lei excluiu do direito de sequência às obras literárias. A negociação de uma obra literária entre editores não rende, para o autor, absolutamente nada.

O parágrafo único do art. 38 contém uma novidade. Se o direito de sequência não for pago, o vendedor é considerado depositário da quantia devida, o que empresta ao caso excepcional seriedade, inclusive pelo fato de que, pela legislação brasileira, o depositário infiel pode ser preso.

Art. 39. Os direitos patrimoniais do autor, excetuados os rendimentos resultantes de sua exploração, não se comunicam, salvo pacto antenupcial em contrário.

Art. 40. Tratando-se de obra anônima ou pseudônima, caberá a quem publicá-la o exercício dos direitos patrimoniais do autor.

Parágrafo único. O autor que se der a conhecer assumirá o exercício dos direitos patrimoniais, ressalvados os direitos adquiridos por terceiros".

O problema do regime de bens entre casais vem sofrendo modificações bastante significativas. A tendência é conferir maiores direitos à mulher, especialmente em relação ao patrimônio. Voltada para o trabalho e participando cada vez mais das atividades econômicas, ela tem seus direitos ampliados e garantidos pelas modernas concepções jurídicas. O casamento deixa de ser um contrato predominantemente econômico. Isto, evidentemente, reflete-se no direito autoral, que é um bem móvel, nos termos da lei.

Mas, além disso, o patrimônio autoral é um bem cuja aquisição originária se dá, basicamente, pela ação pessoal do autor. Sem esta ação criadora o bem inexiste. Ele não pode, pois, ser adquirido na constância do casamento pela ação comum dos cônjuges, salvo em caso de coautoria. Mas aqui não estamos na presença de frutos adquiridos pelos cônjuges, mas sim da atividade criadora de dois autores que, eventualmente, são casados. O ato criador é uma particularidade pessoal e um atributo individual.

Ressalva-se o pacto antenupcial que é um acordo de concessões e aquisição recíproca de bens. É uma exceção à regra geral do regime de bens no casamento. Embora sem muito fundamento na realidade da origem do bem que é a obra de arte, a legislação permite que esta seja comunicada, se assim for estabelecido em pacto antenupcial.

Já os rendimentos que resultam da exploração das obras de criação e engenho fogem ao caráter pessoal desse tipo de propriedade. Resultam do comércio e nada têm a ver com o ato criador em si, eles se comunicam.

O art. 40 trata da obra anônima ou pseudônima. Uma e outra entram no mercado e devem, por isso, indicar origem e responsabilidade. Cabe a quem publicá-las exercer os direitos patrimoniais sobre obras dessa natureza. É um dos casos em que a pessoa jurídica pode ser detentora de direitos autorais, quando uma empresa editora, por exemplo, publica obra anônima ou sob pseudônimo.

Mas se o autor se der a conhecer, assume, imediatamente, seus direitos patrimoniais. Ressalvam-se, entretanto, os direitos de terceiros, as negociações feitas e os contratos firmados.

O anonimato e pseudônimo não excluem a autoria. Alguém criou a obra. O autor oculta-se, por qualquer razão. Mas a obra está presente e deve, por isso mesmo, ter um responsável, com direitos e deveres. A lei assegura os direitos patrimoniais a quem a publicou. Mas não os direitos morais. Estes continuam intocáveis. As negociações podem ser feitas em torno dos direitos patrimoniais. Mesmo no caso de anonimato, os direitos morais são inegociáveis e irrenunciáveis.

O autor anônimo pode revelar-se. Assim prevê a lei. E ao revelar-se deverá honrar os contratos e compromissos patrimoniais firmados por quem publicou a obra, a quem cabia o exercício dos direitos patrimoniais do autor então anônimo. Mas isto não inclui os direitos morais, que continuam intangíveis, irrenunciáveis e inalienáveis, ligados eternamente ao autor.

Art. 41. Os direitos patrimoniais do autor perduram por setenta anos contados de 1º de janeiro do ano subsequente ao de seu falecimento, obedecida a ordem sucessória da lei civil.

Parágrafo único. Aplica-se às obras póstumas o prazo de proteção a que alude o *caput* deste artigo.

Art. 42. Quando a obra literária, artística ou científica realizada em co-autoria for indivisível, o prazo previsto no artigo anterior será contado da morte do último dos co-autores sobreviventes.

Parágrafo único. Acrescer-se-ão aos dos sobreviventes os direitos do co-autor que falecer sem sucessores.

Art. 43. Será de setenta anos o prazo de proteção aos direitos patrimoniais sobre as obras anônimas ou pseudônimas, contado de 1º de janeiro do ano imediatamente posterior ao da primeira publicação.

Parágrafo único. Aplicar-se-á o disposto no art. 41 e seu parágrafo único, sempre que o autor se der a conhecer antes do termo do prazo previsto no *caput* deste artigo.

Art. 44. O prazo de proteção aos direitos patrimoniais sobre obras audiovisuais e fotográficas será de setenta anos, a contar de 1º de janeiro do ano subsequente ao de sua divulgação.

Art. 45. Além das obras em relação às quais decorreu o prazo de proteção aos direitos patrimoniais, pertencem ao domínio público:

I – as de autores falecidos que não tenham deixado sucessores;

II – as de autor desconhecido, ressalvada a proteção legal aos conhecimentos étnicos e tradicionais".

Ocorre com a obra de criação um fenômeno que a diferencia de qualquer outro tipo de produto humano. A arte destina-se ao público e seu objetivo maior é alcançar uma universalidade tão ampla quanto possível. Este é, em geral, o desejo do autor e a razão de ser da própria obra.

Muito se discutiu sobre a natureza da obra de arte. Ela tem uma essência incorpórea. Há, na obra de arte, algo que a torna diferente, especialmente pela emoção que transmite. Neste caso, ela transcende do bem material em si, da base em que está fixada, para transformar-se em algo imaterial que a lei reconhece como tal.

Esse caráter da obra de arte é que desperta o interesse da sociedade como um todo, o que levou o saudoso Vieira Manso a dizer que "a temporalidade dos direitos patrimoniais também se funda na defesa dos interesses sociais sobre a cultura, os quais seriam prejudicados se ao autor e seus sucessores fosse concedida a prerrogativa de explorar, com exclusividade, a obra intelectual, perpetuamente: a obra, em verdade, é fruto de uma teórica e ideal comunhão entre o autor e a humanidade".

Esse equilíbrio entre os direitos patrimoniais do autor e o interesse da sociedade é, sem dúvida, uma construção jurídica notável e que tem seu ponto básico na temporalidade dos direitos autorais.

Já o famoso "Estatuto da Rainha Ana" concedia aos autores o direito à exploração de sua obra por 14 anos, prorrogáveis por mais 14.

E no Brasil, quando da instalação dos cursos jurídicos, o direito concedido aos professores sobre suas aulas era de 10 anos.

A Convenção de Berna em seu art. 7º, item 1, declara:

"A proteção concedida pela presente convenção se estenderá durante toda a vida do autor e cinquenta anos depois de sua morte".

E acrescenta, no item 6, que

"os países da União têm a faculdade de conceder prazos de proteção maiores do que os previstos nos parágrafos precedentes".

Portanto, o direito do autor tem um limite fatal, que a lei fixa e findo o qual sua obra pertence à humanidade. O direito autoral é um monopólio do autor. Mas um monopólio temporário. Ele não é absoluto. Isso estabelece o equilíbrio já exposto no art. 26 da "Declaração dos Direitos Humanos", quando num item afirma que todos têm direito a "tomar parte livremente na vida cultural da comunidade" e, logo a seguir, no item 2, assegura a toda pessoa o direito a proteção de seus interesses morais e materiais "que lhes corresponda em razão de produções científicas, literárias ou artísticas de que seja autora".

Portanto, o monopólio do autor tem um limite, um prazo determinado pela lei. Em seu art. 42, a Lei nº 5.988/1973 estabelecia que "os direitos patrimoniais do autor perduram por toda a sua vida". Os dois parágrafos seguintes versavam sobre a sucessão, com o seguinte teor:

*" § 1º Os filhos, os pais, ou o cônjuge gozarão vitaliciamente dos direitos patrimoniais do autor que se lhes forem transmitidos por sucessão **mortis causa**.*

§ 2º Os demais sucessores do autor gozarão dos direitos patrimoniais que este lhes transmitir pelo período de sessenta anos, a contar do 1º de janeiro do ano subsequente ao de seu falecimento".

A lei estabelecia a ordem hereditária, seguindo o Código Civil até certo ponto. Conferia direito vitalício aos filhos, aos pais e ao cônjuge. E a seguir tornava-se genérica, referindo-se aos "demais sucessores", sem classificá-los com o rigor exigido no trato legal sobre bens.

Neste sentido, a nova lei apresenta modificações importantes. Mas, antes de tudo, há um problema, fruto, sem dúvida, de um lapso que deve ser corrigido através de emenda e com a devida urgência. É que o art. 41 de Lei nº 9.610/1998 estabelece o seguinte:

> "Os direitos patrimoniais do autor perduram por setenta anos contados de 1º de janeiro do ano subsequente ao de seu falecimento, obedecida a ordem sucessória da lei civil".

Embora existam elementos de convicção sobre a duração vitalícia dos direitos de autor, a lei não se refere a qualquer período de duração desses direitos enquanto ele for vivo. Não diz se eles são vitalícios ou temporários. É omissa. Infere-se da lei que a duração é vitalícia? Por quê? A lei é feita para fixar direitos e obrigações. Não pode ser omissa a tal ponto. Como dizia Ulpiano, ali onde o édito do Pretor é claro, ainda cabe interpretação. E quando o édito nada diz? Interpretar o quê?

A lei, nesse sentido, pede uma emenda urgente, que é simples e composta de poucas palavras. Nesse art. 41, onde se lê "os direitos patrimoniais do autor perduram", basta acrescentar por toda a vida, seguindo-se o texto referente ao período *post mortem*.

Caso contrário, seria configurada a estranha situação em que o autor só adquire seus direitos patrimoniais depois de morto.

Posto isto, a lei modificou o prazo, passando para 70 anos, como é facultado pela Convenção de Berna, o direito conferido aos sucessores. Mas tirou dos herdeiros os direitos vitalícios. Na Lei nº 5.988/1973, filhos, pais e cônjuges gozavam dos direitos por toda a vida. Os demais herdeiros por 60 anos, a partir da morte do autor.

Os países da União Europeia adotaram o prazo de 70 anos, o que criou uma série de problemas, pois herdeiros de alguns autores cuja obra havia caído em domínio público, com o novo prazo entraram, novamente, na posse de seus direitos.

A lei brasileira, nesse sentido, foi previdente, evitando conflitos desnecessários, como está acontecendo na Europa. Com o art. 112 das disposições finais e transitórias, evitou-se tal problema, vedando uma aplicação retroativa da lei em relação ao novo prazo. Esse artigo estabelece:

> "Se uma obra, em consequência de ter expirado o prazo de proteção que lhe era anteriormente reconhecido pelo § 2º do art. 42 da Lei nº 5.988, de 14 de dezembro de 1973, caiu em domínio público, não terá o prazo de proteção dos direitos patrimoniais ampliado por força do art. 41 desta lei".

Desta forma, as obras já em domínio público, mesmo que não tenham transcorridos 70 anos da morte do autor, continuam na mesma situação por força desse dispositivo.

A nova lei não fixa qualquer ordem sucessória. Remete para a lei civil. Ora, o Código Civil, neste caso, é mais amplo e mais explícito. O problema sucessório é tratado minuciosamente no Livro IV, estabelecendo o direito das sucessões, a transmissão da herança, aceitação e renúncia, herança jacente, enfim, tudo aquilo que diz respeito à transmissão de bens *mortis causa*. O art. 1.829, por exemplo, estabelece a ordem da vocação hereditária:

> "Art. 1.829. A sucessão legítima defere-se na ordem seguinte:
>
> I – aos descendentes, em concorrência com o cônjuge sobrevivente, salvo se casado este com o falecido no regime da comunhão universal, ou no da separação obrigatória de bens (art. 1.640, parágrafo único); ou se, no regime da comunhão parcial, o autor da herança não houver deixado bens particulares;
>
> II – aos ascendentes, em concorrência com o cônjuge;
>
> III – ao cônjuge sobrevivente;
>
> IV – aos colaterais".

A Lei nº 9.610/1998, efetivamente, remete a sucessão ao Código Civil. Mas em seu art. 45, item I, exclui os Municípios, o Distrito Federal e a União, pois edita que pertence ao domínio público as obras de "autores falecidos que não tenham deixado sucessores".

No caso as demais regras do Código Civil, inclusive aquelas que estabelecem minuciosamente as linhas de sucessão, aplicam-se aos direitos autorais.

As obras póstumas recebem a mesma proteção a que alude o *caput* do art. 41. Nas obras em coautoria, quando indivisíveis, o prazo conta-se a partir da morte do último dos coautores. Mas se um dos coautores morrer sem sucessores, cabe ao sobrevivente seus direitos.

Nos artigos seguintes a lei trata do tempo de duração dos direitos patrimoniais em outras circunstâncias, sem aludir se são direitos válidos durante a vida do autor ou após sua morte. Ocorre que nos arts. 41, 42 e seus parágrafos, a lei fala em setenta anos após a morte. Já no art. 43 diz simplesmente o seguinte:

> "Será de setenta anos o prazo de proteção aos direitos patrimoniais sobre obras anônimas ou pseudônimas, contado de 1º de janeiro do ano imediatamente posterior ao da primeira publicação".

Isso significa dizer que se o autor escreve sob pseudônimo, seu direito autoral dura apenas 70 anos e não por toda sua vida. Já o parágrafo único diz que se o autor se der a conhecer antes do prazo de 70 anos, aplica-se o *caput* do artigo, que se refere ao tempo de validade dos direitos após a morte.

O mesmo ocorre com os direitos patrimoniais sobre obras audiovisuais e fotográficas. Aqui o autor não tem direitos vitalícios, mas de 70 anos contados a partir do dia primeiro de janeiro subsequente à sua divulgação.

A lei anterior concedia proteção de 15 anos para as obras encomendadas pela União, Estados, Municípios e Distrito Federal. Como os artigos referentes a obras feitas sob encomenda foram retirados do corpo da lei, o assunto deverá ser objeto de contrato especial. Nada regula a situação do Estado como encomendante – e grande encomendante – de obras de arte, o que é outra falha da lei.

Findo o prazo de proteção a obra cai em domínio público, podendo ser utilizada livremente. Isso, como se sabe, não inclui os direitos morais, que são inalienáveis, irrenunciáveis e imprescritíveis. A obra em domínio público não pode ser alterada, nem mesmo pelos sucessores do autor, embora possa ser objeto de manipulações permitidas pela lei.

Mas o domínio público não decorre apenas do prazo de proteção que a lei confere às obras de arte. Segundo o art. 45, pertencem ao domínio público:

I – as de autores falecidos que não tenham deixado sucessores;

II – as de autor desconhecido, ressalvada a proteção legal aos conhecimentos étnicos e tradicionais.

Neste último item incluem-se as obras de folclore, ameaçadas de verdadeiro genocídio cultural pela penetração maciça dos meios de comunicação. Além disso, elas são recolhidas, arranjadas, adaptadas, sofrendo um processo que viola sua pureza original. Sendo obras de autores desconhecidos, é óbvio que sua utilização não está fora de proteção, independente de qualquer preceito legal específico. Cabe ao Estado resguardar tais obras, que constituem patrimônio cultural da nação. É o que diz, embora sem muita precisão técnica, o item II do art. 45, já que se refere a conhecimentos étnicos e tradicionais, sem aludir à obra de arte folclórica.

O § 2º do art. 24 determina que ao Estado compete a defesa da integridade da obra caída em domínio público, o que se aplica, sem dúvida, às obras folclóricas. O domínio público assegura a utilização da obra de arte sem limites, respeitada a sua integridade.

Essa disponibilidade, dependendo do uso que for feito, poderá gerar direitos autorais. O art. 14 da Lei nº 9.610/1998 diz que "é titular de direitos de autor quem adapta, traduz, arranja ou orquestra obra caída em domínio público".

Nesse caso, trata-se da forma e não do conteúdo. Quando alguém der à obra em domínio público formatação pessoal, que tenha características próprias, esse trabalho terá proteção legal. São duas questões diferentes, envolvendo conteúdo e forma de apresentação.

O conteúdo, no caso, é a obra em domínio público; a formatação é a maneira de apresentá-la.

Em algumas legislações, o domínio público é remunerado, como acontece na Argentina, Bolívia, Hungria, Itália, México, Uruguai e outros países.

Na Lei nº 5.988/1973 o domínio público era remunerado. Em 1983 foi revogado o art. 93, que estabelecia a remuneração pelo uso de obras em domínio público.

O Brasil filiou-se, então, à corrente que não admite qualquer remuneração pela utilização das obras em domínio público, considerando que isto restringe sua utilização e viola, assim, a própria finalidade do instituto.

Capítulo IV
Das limitações aos direitos autorais

Art. 46. Não constitui ofensa aos direitos autorais:

I – a reprodução:

a) na imprensa diária ou periódica, de notícia ou de artigo informativo, publicado em diários ou periódicos, com a menção do nome do autor, se assinados, e da publicação de onde foram transcritos;

b) em diários ou periódicos, de discursos pronunciados em reuniões públicas de qualquer natureza;

c) de retratos, ou de outra forma de representação da imagem, feitos sob encomenda, quando realizada pelo proprietário do objeto encomendado, não havendo a oposição da pessoa neles representada ou de seus herdeiros;

d) de obras literárias, artísticas ou científicas, para uso exclusivo de deficientes visuais, sempre que a reprodução, sem fins comerciais, seja feita mediante o sistema Braile ou outro procedimento em qualquer suporte para esses destinatários;

II – a reprodução, em um só exemplar de pequenos trechos, para uso privado do copista, desde que feita por este, sem intuito de lucro;

III – a citação em livros, jornais, revistas ou qualquer outro meio de comunicação, de passagem de qualquer obra, para fins de estudo, crítica ou polêmica, na medida justificada para o fim a atingir, indicando-se o nome do autor e a origem da obra;

IV – o apanhado de lições em estabelecimentos de ensino por aqueles a quem elas se dirigem, vedada sua publicação, integral ou parcial, sem autorização prévia e expressa de quem as ministrou;

V – a utilização de obras literárias, artísticas ou científicas, fonogramas e transmissão de rádio e televisão em estabelecimentos comerciais, exclusivamente para demonstração à clientela, desde que esses estabelecimentos comercializem os suportes ou equipamentos que permitam a sua utilização;

VI – a representação teatral e a execução musical, quando realizadas no recesso familiar ou, para fins exclusivamente didáticos, nos estabelecimentos de ensino, não havendo em qualquer caso intuito de lucro;

VII – a utilização de obras literárias, artísticas ou científicas para produzir prova judiciária ou administrativa;

VIII – a reprodução, em quaisquer obras, de pequenos trechos de obras preexistentes, de qualquer natureza, ou de obra integral, quando de artes plásticas, sempre que a reprodução em si não seja o objetivo principal da obra nova e que não prejudique a exploração normal da obra reproduzida nem cause um prejuízo injustificado aos legítimos interesses dos autores.

Art. 47. São livres as paráfrases e paródias que não forem verdadeiras reproduções da obra originária nem lhe implicarem descrédito.

Art. 48. As obras situadas permanentemente em logradouros públicos podem ser representadas livremente, por meio de pinturas, desenhos, fotografias e procedimentos audiovisuais;"

Além do decurso do tempo que, após determinado período, torna a obra livre para utilização geral, a lei estabelece outras limitações aos direitos do autor.

Essas limitações têm objetivo social e cultural. Constituem a construção jurídica que permite manter o equilíbrio entre o interesse privado e o interesse público na obra de criação, que é – como já foi dito – uma propriedade com características peculiares.

Além da Convenção de Berna, as legislações nacionais de um modo geral estabelecem essas limitações ao direito autoral. Elas são específicas e fechadas. Constituem *numerus clausus* e não podem, por isso mesmo, estender-se além daquilo que o texto legal fixou.

Apesar disto, é justamente nesta área que se verificam os maiores conflitos, com a tendência de muitos a aumentar o alcance daquilo que a legislação faculta, gerando-se abusos de toda a natureza.

São livres as transcrições de notícias. É o item "a" do art. 46. A imprensa pode reproduzir notícias ou artigo informativo publicado por outro jornal, desde que cite a fonte. Mas, evidentemente, não pode reproduzir o jornal inteiro, como tem acontecido com transmissões via Internet. O texto e o espírito da lei têm como objetivo claro facilitar o livre curso da informação e jamais o aproveitamento integral da atividade alheia.

Os discursos pronunciados em reuniões públicas podem ser reproduzidos. No caso, a imprensa está apenas ampliando a recepção do que foi dito – e foi dito, justamente, com a finalidade de atingir o público. Objetivos do autor e o trabalho jornalístico, no caso, completam-se.

Na letra c desse item a lei faz referência a retratos, ou a outras formas de representação da imagem, realizadas sob encomenda, cuja divulgação é livre, desde que feita pelo encomendante. É interessante notar que na Lei nº 9.610/1998 não existe a figura da obra sob encomenda. Esse item, portanto, trata de um assunto inexistente no texto legal... Seja como for, é livre a divulgação de retratos, quando feita pelo proprietário da obra e desde que não exista oposição da pessoa do retratado.

Pela primeira vez a legislação brasileira contempla os deficientes visuais. É livre a reprodução de obras em Braille "ou outro procedimento em qualquer suporte para esses destinatários".

O item II trata da reprografia. E aqui entramos num campo de vastos conflitos. A Lei nº 5.988/1973, em seu art. 49, item II, dizia não constituir ofensa ao direito do autor: "a reprodução em um só exemplar, de qualquer obra, contanto que não se destine à utilização com intuito de lucro".

A interpretação, sem dúvida distorcida, desse artigo deu como resultado uma vasta indústria marginal de reproduções de livros. Segundo pesquisas confiáveis estima-se que, anualmente, sejam tirados 20 bilhões de cópias ilegais no Brasil.

O problema afeta a indústria editorial e o direito do autor. Em 1994, a Câmara Brasileira do Livro estimou os prejuízos provocados pela reprodução ilegal de livros em 200 milhões de dólares.

Ora, a Lei nº 5.988/1973, ao falar em cópia sem intuito de lucro, criou uma situação dúbia. Quem manda copiar um livro para seu uso, tem intuito de lucro? Mas o copista, que vende essa cópia, não está tendo lucro? Certamente que sim. É o seu comércio, a sua empresa. Só não vê quem não quer. Razão tinha o prof. Antônio Chaves, quando, em 1997, dizia:

> "Mas já é chegado o momento de submeter a uma revisão, ou melhor, eliminar completamente essa absurda idéia do "intuito de lucro", que jamais foi considerada na regulamentação de qualquer outra atividade humana a não ser a do autor." (Tese apresentada na *Primeira Conferência de Direito Autoral* – SP, 8-6-1997)

Comentários

Com efeito, não faz nenhum sentido ter ou não ter intuito de lucro. A ninguém é dado aproveitar-se do trabalho de outrem, seja a que título for. A Convenção de Berna tratou disso em seu art. 9, item 2:

> *"Reserva-se às legislações dos países da União a faculdade de permitir a reprodução de ditas obras em determinados casos especiais, desde que essa reprodução não atente contra a exploração normal da obra e nem cause um prejuízo injustificado aos interesses legítimos do autor".*

Ora, 20 bilhões de cópias num ano, como acontece no Brasil, só pode significar "prejuízo injustificado aos interesses legítimos do autor".

Como o centro da reprografia ilegal está nas universidades, o problema passa a ter dois aspectos, a saber:

1. grave atentado aos direitos do autor, com a reprodução ilegal e indiscriminada de obras protegidas;
2. um problema educacional não menos grave, pois os jovens passam a estudar em trechos, em folhas soltas. A apostila substitui o livro. Não é difícil imaginar o que isto significa para a formação dos estudantes.

Existem nas faculdades as chamadas "pastas do professor" onde, sem qualquer ordem, título ou autor, amontoam-se, desordenadamente, cópias de trechos de obras protegidas. Trata-se de um verdadeiro lixo pedagógico, um atentado à cultura e uma ofensa à formação de nossos jovens, além de grosseira violação dos direitos autorais.

A nova lei modificou, embora ainda timidamente, o enfoque do problema. Com efeito, ela edita nesse art. 46, item II, que não constitui ofensa ao direito do autor: "a reprodução, em um só exemplar de pequenos trechos, para uso privado do copista, deste que feita por este, sem intuito de lucro".

Desse item conclui-se:

1. é permitida a reprodução em um só exemplar. Não é permitido copiar trechos em vários exemplares – às vezes até milhares – para atender a classes inteiras ou, ainda, para colocá-las à disposição pública em grandes quantidades,

recheando as vergonhosas "pastas dos professores". A cópia deve ser de apenas um exemplar;

2. essa cópia limita-se a pequenos trechos. Não se pode copiar o livro inteiro, nem a metade, nem sua parte substancial, onde estão, por exemplo, os exercícios básicos da matéria. O bom senso indica que "pequeno trecho" é uma parcela mínima do objeto copiado;

3. para uso privado do copista: isto quer dizer que se trata de uma cópia para estudo ou guarda – a destinação é irrelevante – mas deve ser para uso do copista e jamais para estoque e venda;

4. a cópia deve ser feita pelo copista. A lei diz: "desde que feita por este". Mesmo que se admita que o copista não irá, ele mesmo, manipular a máquina copiadora, este ato não poderá ser praticado em forma de compra e venda, num balcão de ofertas, às vezes até com estoque e encadernação pirata, sob pagamento. A transação comercial, nesses moldes, implica lucro, o que nos remete ao final desse item;

5. Não pode haver intuito de lucro, o que exclui qualquer prática de comércio.

Délia Lipszyc (obra citada), tratando do problema da cópia, e do copista, diz:

> "(...) implica que o exemplar produzido é para utilização exclusiva do copista, que este é uma pessoa física e que a cópia não sairá de seu âmbito pessoal, isto é, que não será utilizada em forma coletiva e nem será posta em circulação, com ou sem fim de lucro".

É inconcebível, segundo essa autoralista, a cópia feita por empresa, pessoa jurídica.

Observada a lei e o pensamento dos maiores especialistas na matéria, a reprografia comercial torna-se indesejável e atentatória aos direitos do autor. Além disso, o § 2º do art. 30 da nova lei determina que, seja qual for a modalidade de reprodução, quem reproduzir a obra terá a responsabilidade de "manter os registros que permitam, ao autor, a fiscalização do aproveitamento econômico da exploração".

O item III do art. 46 garante o direito de citação, mas na "medida justificada para o fim a atingir". A lei anterior não fazia esta referência, o que permitiu abusos, transformando aquilo que deveria ser uma simples citação em verdadeiras transcrições da obra.

A citação tem sido objeto de controvérsias. A pergunta mais comum refere-se ao "tamanho" da citação, ou seja, quanto se pode citar.

A lei diz que a citação deve ser feita "na medida justificada para o fim a atingir", repetindo o art. 10 da Convenção de Berna: "são lícitas as citações de uma obra que tenha se tornado licitamente acessível ao público, desde que feita conforme usos honrados e na medida justificada pelo fim que se persiga".

Mas foi, sem dúvida, o saudoso Eduardo Vieira Manso quem apresentou os melhores esclarecimentos ao problema, ao declarar:

> "A citação há de inserir-se em obra *maior*: isto é, sendo acessório, sempre haverá de existir a obra (principal) a qual ela se acrescenta, de modo que, eliminada a citação, sempre reste uma obra inteligível por seu próprio conteúdo e com seu próprio valor". (Manso, Direito autoral, 1980, p. 281)

De maneira muito objetiva, Vieira Manso demonstrou que a citação é um elemento auxiliar: retirado do contexto, não afeta a obra principal que continuará tendo sua validade e, sobretudo, clareza e lógica. Nesse caso, o tamanho da citação é irrelevante, desde que ela seja, apenas, coadjuvante cuja exclusão não tira o sentido, a sequência e a lógica da obra principal.

É livre o apanhado de lições em aula. Mas sua publicação depende de autorização prévia e expressa do professor que a ministrou. Neste caso, o professor é um autor e tem seus direitos protegidos, desde que a obra seja original. Não se confunde com a apostila que, geralmente, é uma colcha de retalhos de vários autores devidamente pirateados.

Os estabelecimentos comerciais podem retransmitir obras de qualquer natureza, desde que isto seja feito para demonstração de produtos cujas bases sejam ali comercializadas. São as casas comerciais demonstrando seus aparelhos.

Recitais de teatro e música, para fins didáticos ou em reuniões familiares, são livres. Quando se fala em fins didáticos sem qualquer intuito de lucro, isto não inclui a venda de tais obras aos alunos, mas apenas sua apresentação em aula. O mesmo acontece com obras destinadas a prova judicial ou administrativa.

O último item deste art. 46 é muito importante. Ele estatui que não é ofensa ao direito do autor a reprodução, em qualquer obra, de pequenos trechos, ou "de obra integral, quando de artes plásticas, sempre que a reprodução em si não seja o objetivo principal da obra nova".

A importância desse item reside no fato de que trabalhos didáticos, pela sua natureza, muitas vezes requerem a reprodução de trechos de obras preexistentes ou, ainda, de obras de artes plásticas integrais. É claro que dificilmente se poderá transcrever parte de uma obra de artes plásticas.

A premissa básica dessa liberdade legal é que a transcrição da obra preexistente não constitua o objetivo em si da obra nova. Não pode substituir a obra transcrita de tal forma que "cause um prejuízo injustificado aos legítimos interesses dos autores".

A lei anterior concedia, também, essa licença, especificamente para obras de artes plásticas, desde que utilizada "como acessório", o que a lei atual também consagra. É compreensível. Seria de todo injusto – além de tecnicamente impraticável – proibir a reprodução de um quadro de autor contemporâneo numa obra que, por exemplo, estude esse período das artes plásticas brasileiras.

Desenvolvimento de livros, sem afetar seu conteúdo, ou a paródia são livres. Mas não podem ridicularizar a obra ou o próprio autor, o que é muito comum. Essa concessão, entretanto, não deve levar a uma simples e mera reprodução da obra. E depende de autorização do autor, conforme se vê do art. 29, inciso III. O legislador tem em mira uma criação nova com base em obra preexistente.

São livres, pois, paráfrases, paródias, adaptações e outras transformações, nas condições que a lei prescreve e que, basicamente, referem-se ao respeito da obra originária, da sua integridade e da honra do autor, que não pode ser ridicularizado.

O art. 48, por fim, permite a livre representação, por qualquer meio, de obras de artes que estejam em logradouros públicos, com uma única ressalva: devem estar ali de forma permanente e não ocasional ou transitória. Esta faculdade não significa que tais obras possam ser reproduzidas para fins comerciais.

Com isto, a lei fecha o capítulo referente às limitações dos direitos do autor.

Capítulo V
Da transferência dos direitos de autor

Art. 49. Os direitos de autor poderão ser total ou parcialmente transferidos a terceiros, por ele ou por seus sucessores, a título universal ou singular, pessoalmente ou por meio de representantes com poderes especiais, por meio de licenciamento, concessão, cessão ou por outros meios admitidos em Direito, obedecidas as seguintes limitações:

I – a transmissão total compreende todos os direitos de autor, salvo os de natureza moral e os expressamente excluídos por lei;

II – somente se admitirá a transmissão total e definitiva dos direitos mediante estipulação contratual escrita;

III – na hipótese de não haver estipulação contratual escrita, o prazo máximo será de cinco anos;

IV – a cessão será válida unicamente para o país em que se firmou o contrato, salvo estipulação em contrário;

V – a cessão só se operará para modalidades de utilização já existentes à data do contrato;

VI – não havendo especificações quanto à modalidade de utilização, o contrato será interpretado restritivamente, entendendo-se como limitada apenas a uma que seja aquela indispensável ao cumprimento da finalidade do contrato.

Art. 50. A cessão total ou parcial dos direitos de autor, que se fará sempre por escrito, presume-se onerosa.

§ 1º Poderá a cessão ser averbada à margem do registro a que se refere o art. 19 desta Lei, ou, não estando a obra registrada, poderá o instrumento ser registrado em Cartório de Títulos e Documentos.

§ 2º Constarão do instrumento de cessão como elementos essenciais seu objeto e as condições do exercício do direito quanto a tempo, lugar e preço.

Art. 51. A cessão dos direitos de autor sobre obras futuras abrangerá, no máximo, o período de cinco anos.

Parágrafo único. O prazo será reduzido a cinco anos sempre que indeterminado ou superior, diminuindo-se, na devida proporção, o preço estipulado.

Art. 52. A omissão do nome do autor, ou do co-autor, na divulgação da obra não presume o anonimato ou a cessão de seus direitos".

Neste capítulo a Lei nº 9.610/1998 trata da transferência dos direitos do autor. Ao utilizar o termo "transferência", o legislador o toma em sentido abrangente, envolvendo várias formas e meios de alienação que a lei especifica: "licenciamento, concessão, cessão ou por outros meios admitidos em direito".

A lei, porém, não trata dessas formas de transferência, limitando-se apenas a estabelecer condições para o ato e referindo-se basicamente à cessão de direitos. Esta implica, evidentemente, sua transferência.

Isabel Spin Alba leciona com precisão: "Pode-se definir cessão *latu sensu* como a renúncia de alguma coisa, possessão, ação ou direito que uma pessoa faz em favor de outra" (Alba, obra citada, p. 138)

Comentários

Em direito autoral a ideia de cessão é mais restrita. Refere-se, unicamente, à propriedade do autor sobre sua obra.

Numa cessão de créditos, por exemplo, tem-se a figura do cedente, do cessionário e do cedido. É necessário que essas três figuras intervenham no ato para que ele se torne perfeito. O credor cede seu crédito a um terceiro, o cessionário. Mas o cedido, que é o devedor, pode opor-se à transação.

O direito autoral oferece ângulos diferentes. Começa pelo fato de que esse direito tão peculiar divide-se em duas partes, embora incindíveis: patrimonial e moral. É por isso que Eduardo Vieira Manso (*Direito autoral*, 1980, p. 22) anota:

> *"O 'contrato de cessão de direitos autorais' é típico, no direito brasileiro, representando, a cessão, um autônomo negócio jurídico, gerador de direitos e de obrigações patrimoniais específicos do Direito Autoral, em que se opera a substituição subjetiva do titular de tais direitos. Sabe-se que, no sistema geral do Direito das obrigações, a cessão não é, em si mesma, um negócio jurídico. Ela apenas constitui um indicador de certo modo de cumprir determinadas obrigações. Assim, quem se obriga a vender, quando cumpre essa obrigação, cede ao comprador o direito de propriedade, quase sempre transmitindo simultaneamente a posse da coisa vendida. Por isso é que Gondin Netto, em monografia à qual ele mesmo se refere em parecer publicado na RT 274/63, disse que a 'cessão não é um ato constitutivo da obrigação, mas um ato de disposição, pelo qual se dá cumprimento a uma obrigação de transferir para outrem um direito de nosso patrimônio, um crédito, um objeto incorpóreo'".*

A seguir esse autoralista acentua que

> *"em tema de direito autoral, contudo, a cessão representa por si mesma, um negócio jurídico típico. Ela é, em si mesma, causa de obrigações que, em verdade, se resumem na transferência da titularidade dos direitos que são objeto do respectivo contrato".*

Em face dessa transferência e dos problemas que ela implica, a lei estabelece condições geradoras de obrigações. É que, na cessão, o autor despoja-se de seus direitos sobre uma propriedade que pode continuar a existir indefinidamente e, inclusive, assumir um valor futuro extraordinário. O cessionário adquire o direito de explorar a obra economicamente de forma absoluta e definitiva. Mas, nem por isso, ele se investe nos direitos e na condição do próprio autor que continua na posse de suas prerrogativas morais. Pode, por exemplo, arrepender-se da obra e até retirá-la de circulação ou emendá-la. Trata-se, realmente, de um negócio *sui generis*.

O objetivo da legislação autoral em todo o mundo é proteger o autor na formulação dos contratos, especialmente no caso da cessão definitiva de seus direitos, pois com esse ato ele abdica de um patrimônio. A não ser no que diz respeito aos aspectos morais, não terá mais como se ressarcir de um negócio malfeito. Dificilmente se poderia aplicar, no caso da cessão, o conceito da imprevisão, como já se pretendeu. O conceito da imprevisão visa a proteger o devedor contra fatores adversos que tornem impossível, ou economicamente insuportável, o cumprimento da obrigação.

Não é o caso quando o negócio jurídico envolve direitos autorais, embora a cessão a preço vil possa retirar do autor, na hipótese de um grande sucesso de sua obra, as vantagens pecuniárias a que teria direito normalmente.

Daí os cuidados do legislador, principalmente em caso de cessão, para que o autor não fique à mercê da ganância ou venha a ser prejudicado por negócio feito às pressas ou premido por necessidade financeira momentânea. Tanto na lei anterior como na atual, o Brasil segue a tendência mundial, estabelecendo parâmetros para a cessão de direitos autorais.

O art. 49, ao permitir a transferência dos direitos de autor, estabelece as condições em que é possível fazê-lo:

1. Exclui os direitos morais;
2. O contrato deve ser escrito, o que é óbvio, pois a própria lei ao exigir a permissão "prévia e expressa" do autor está indi-

cando que qualquer contrato envolvendo direitos autorais deverá ser feito por escrito;

3. Não havendo estipulação escrita, o prazo máximo de duração da transferência será de 5 anos;
4. É necessário especificar os países para os quais valerá a cessão. Se isto não for feito, valerá apenas para o país onde se firmou o contrato;
5. A cessão só valerá para as modalidades de comunicação existentes na data da assinatura do contrato. Não será válido, pois, para utilização em meios que venham a ser descobertos ou implementados no futuro;
6. O contrato deve especificar a modalidade em que a obra será fixada e divulgada. Caso contrário, valerá apenas para aquela forma que seja indispensável ao seu cumprimento, ou seja, a atividade principal do cessionário.

A cessão presume-se onerosa. Sendo presunção, não se exclui a gratuidade. Mas isto deve ser explicitamente colocado entre as cláusulas contratuais.

A lei anterior tornava obrigatória a averbação do contrato de cessão. O § 1º do art. 53 da Lei nº 5.988/1973 determinava que, "para valer contra terceiros, deverá a cessão ser averbada à margem do registro a que se refere o art. 17". Este artigo tratava do registro da obra na Biblioteca Nacional.

Pela nova lei, essa averbação agora é facultativa. O § 1º do art. 50 estabelece que "poderá a cessão ser averbada à margem do registro a que se refere o art. 19 desta lei ou, então, poderá o instrumento ser registrado no Cartório de Títulos e Documentos".

O verbo não deixa dúvidas. Trata-se de uma faculdade e, consequentemente, de uma imposição burocrática a menos.

O § 2º desse artigo estabelece, claramente, as condições básicas que deverão instruir o contrato de cessão, quando diz: "Constarão do instrumento de cessão como elementos essenciais seu objeto e as condições de exercício do direito quanto ao tempo, lugar e preço".

A lei, no caso, é taxativa: tempo, lugar e preço são elementos essenciais para a eficácia de um contrato de cessão de direitos autorais.

Como peculiaridade específica da cessão, o autor poderá vender obra futura, ou seja, dispor de um bem que ainda não possui. No caso, isso terá um limite no tempo: a cessão de obras futuras não poderá ultrapassar cinco anos e a esse tempo será reduzida "sempre que indeterminado ou superior".

Finalmente, a omissão do nome do autor não presume anonimato nem cessão de direitos. Na prática do comércio editorial, a cessão de direitos torna-se importante para obras de utilização múltipla ou permanente, como é o caso da fotografia, ilustração e tradução. A Lei nº 9.610/1998 é omissa no que diz respeito a obras feitas sob encomenda ou em razão de contrato de trabalho assalariado e função pública, embora no caso de cessão refira-se a obra futura. Na lei anterior os direitos autorais dividiam-se entre autor, empregador, administrador ou encomendante, facultado ajuste em contrário.

Agora isso não ocorre. O direito autoral pertence inteiramente ao autor, o que exige, desde logo, contrato especial com o empregador. E, nesses casos, o ajuste que a realidade indica é o contrato de cessão de direitos, dentro dos termos do que estabelece a Lei nº 9.610/1998.

Título IV
Da utilização de obras intelectuais e dos fonogramas
Capítulo I
Da edição

Art. 53. Mediante contrato de edição, o editor, obrigando-se a reproduzir e a divulgar a obra literária, artística ou científica, fica autorizado, em caráter de exclusividade, a publicá-la pelo prazo e nas condições pactuadas com o autor.

Parágrafo único. Em cada exemplar da obra o editor mencionará:

I – o título da obra e seu autor;

II – no caso de tradução, o título original e o nome do tradutor;

III – o ano da publicação;

IV – o seu nome ou marca que o identifique.

Art. 54. Pelo mesmo contrato pode o autor obrigar-se à feitura de obra literária, artística ou científica em cuja publicação e divulgação se empenha o editor.

Art. 55. Em caso de falecimento ou de impedimento do autor para concluir a obra, o editor poderá:

I – considerar resolvido o contrato, mesmo que tenha sido entregue parte considerável da obra;

II – editar a obra, sendo autônoma, mediante pagamento proporcional do preço;

III – mandar que outro a termine, desde que consintam os sucessores e seja o fato indicado na edição.

Parágrafo único. É vedada a publicação parcial, se o autor manifestou a vontade de só publicá-la por inteiro ou se assim o decidirem seus sucessores.

O contrato de edição é o centro e a base das relações comerciais entre o autor e aquele que vai comercializar sua obra. Não por acaso Vieira Manso, que estudou a matéria exaustivamente, diz com muita propriedade:

> "O contrato de edição é o paradigma dos contratos de concessão de direitos de reprodução da obra intelectual, de modo que até mesmo se fala em contrato de edição fonográfica, vídeo fonográfica, fotográfica etc., confundindo-se o conceito de edição com o de reprodução e até com o de publicação. A palavra edição também significa o 'número total de exemplares de uma obra, publicados de uma vez', e significa, ainda, 'a forma e disposição particulares da publicação', conforme definição dada pela OMPI" (obra citada, p. 43).

O termo "edição" engloba vários conceitos. Mas aqui a lei está se referindo ao contrato entre o autor e aquele que vai fixar sua obra numa base determinada e comercializá-la.

O contrato de edição tem, por isso mesmo, características próprias. No dizer de Délia Lipszyc (1993) "o contrato de edição é um contrato autônomo, típico do direito de autor, habitualmente regulado como tal nas legislações nacionais sobre a matéria".

Mas nem por isso ele deixa de se inserir no conceito geral dos contratos, pedra basilar do sistema jurídico romanístico. O Código Civil italiano define contrato com muita precisão, ao dizer que é um acordo de duas ou mais pessoas para constituir, regular ou extinguir uma relação jurídica.

O contrato, como ato jurídico, exige determinados requisitos para sua validade. E o Estado, por sua vez, intervém cada vez mais – de tal forma que a liberdade para contratar perde o sentido absoluto para circunscrever-se a determinadas regras, conforme o caso.

A esse respeito, Darcy Bessone, em sua obra *Do Contrato*, p. 45, afirma:

"As intervenções legislativas se multiplicam. Tudo vai sendo regulamentado com minúcia. Os preços das utilidades são tabelados, o inquilino é protegido contra o proprietário, os agricultores são beneficiados com as moratórias e o reajustamento econômico, a usura é coibida, a compra de bens a prestações é regulada de modo a resguardar os interesses do adquirente. Eis aí uma longa série de medidas contrárias à autonomia da vontade e aos princípios clássicos – pacta sunt servanda ou o contrato é lei entre as partes. A intervenção do Estado tem como objetivo garantir o equilíbrio entre as partes contratantes, protegendo o mais fraco contra o abuso do mais forte".

Para a validade do contrato é necessário que as partes sejam capazes, o objeto seja lícito, possível e não defeso em lei. Não se pode contratar contra a lei. No caso dos direitos autorais, deve-se distinguir a titularidade e a capacidade. Qualquer pessoa, mesmo loucos de toda espécie, menores ou interditos, pode produzir obras intelectuais e é dela titular. Neste sentido, os exemplos são inúmeros. Mas o fato de que alguém seja titular de direitos de autor não lhe confere a capacidade para contratar.

O contrato de edição requer pessoa capaz ou, no caso dessa falta, alguém que legalmente a supra. Este contrato deve ser escrito ou pode ser tácito? A Lei nº 5.988/1973 era omissa a esse respeito, estipulando apenas que o contrato de cessão deveria ser escrito, conforme estabelecia em seu art. 53.

Para Vieira Manso,

> "a existência, a validade e a eficácia de qualquer contrato referente a negócio jurídico sobre direito autoral não exige solenidade alguma. Para a existência, a validade e a eficácia de todos os contratos de direito autoral, entre as partes, não se exige sequer formalidade alguma, embora a forma escrita seja da essência do contrato de cessão de direitos autorais"

(obra citada, p. 14).

Como o nosso Código Civil admite o contrato tácito, portanto verbal, o mesmo seria válido para o contrato de edição no regime da Lei nº 5.988/1973.

Já na lei atual de direitos autorais, entretanto, a situação muda. O art. 29 declara taxativamente que "depende de autorização prévia e expressa do autor a utilização da obra por quaisquer meios".

Por "expresso" entendemos aquilo que é "exarado", isto é, escrito. Embora o termo comporte outros significados, o Código Civil, em seu art. 1.079, ao dizer que "a manifestação de vontade, nos contratos, pode ser tácita, quando a lei não exigir que seja expressa". Isso deixa claro que há duas fórmulas básicas, diferentes e opostas: a tácita e a expressa; uma verbal ou gestual; a outra escrita, praticada inclusive nos cartórios.

A esse respeito é clara a lição de Isabel Spín Alba (obra citada, p. 255):

> "Na evolução da doutrina do contrato de edição, os estudiosos do século XIX e princípios do século XX, sob o auspício do domínio do princípio da autonomia da vontade dos contratantes, defendiam a validade do contrato de edição que não fosse celebrado por escrito, já que numa visão eminentemente consensualista não se deveria exigir nenhuma forma especial para sua perfeição. Sem embargo, rapidamente verificou-se a conveniência da forma escrita, que hoje em dia aparece na maioria das legislações. Inclusive no âmbito de organizações internacionais, este requisito formal é constantemente indicado como essencial para a proteção dos direitos de autor".

Ao exigir, para divulgação da obra, a autorização prévia e expressa do autor, a legislação brasileira optou pelo caminho do contrato escrito, seguindo a tendência internacional.

A Lei nº 9.610/1998 estabelece os parâmetros para o contrato de edição, partindo do pressuposto de que as condições básicas para esse pacto estejam presentes, tais como:

1. capacidade das partes;

2. objeto possível, lícito e não defeso em lei;

3. vontade das partes;

4. igualdade de condições;

5. autonomia das partes;

6. observância aos requisitos da lei.

Nem sempre estes elementos estão presentes objetivamente. O autor, não raro, é a parte fraca nessa relação. A igualdade de condições deixa de existir quando negociam um modesto compositor e uma poderosa empresa de comunicações. A intervenção legal do Estado se faz presente para proteger a parte fraca nessa relação contratual e evitar os abusos econômicos geradores de enriquecimento ilícito.

Rousseau pretendia o domínio absoluto do contrato ao afirmar:

> "Já que nenhum homem possui uma autoridade natural sobre o seu semelhante, e uma vez que a força não produz nenhum direito, restam, portanto, os contratos (as convenções) como base de toda a autoridade legítima no meio dos homens" (apud Marques, 1992, p. 21).

Evidentemente, a força não produz nenhum direito, mas impõe condições, inclusive contratuais, que expressam o domínio do mais forte sobre o mais fraco.

A intervenção do Estado visa a limitar o abuso. Claudia Lima Marques afirma ainda:

> "Assim, o princípio clássico que o contrato não pode ser modificado ou suprimido senão através de uma nova manifestação volitiva das mesmas partes contratantes sofrerá limitações".

E mais adiante (p. 61):

> "O Juiz ao interpretar o contrato não será um simples servidor da vontade das partes, será, ao contrário, um servidor do interesse geral. Ele terá em vista tanto o mandamento da lei e a vontade manifestada, quanto os efeitos sociais do contrato e os interesses das partes protegidas pelo direito em sua nova concepção social".

Quando a manifestação da vontade das partes perturba a paz social, consagrando a violência e a imposição de vontade que viola o princípio da autonomia e da igualdade de condições para pactuar, a justiça pode e deve intervir visando restabelecer o equilíbrio, como afirma a autora:

> "Não mais se tutela exclusivamente o momento da criação do contrato, a vontade, o consenso, mas, ao contrário, a proteção das normas jurídicas vai concentrar-se nos *efeitos do contrato na sociedade*, por exemplo, no momento de sua execução procurando assim harmonizar os vários interesses e valores envolvidos e assegurar a justiça contratual".

Ora, toda a construção legislativa em torno do direito de autor, a partir do estatuto da Rainha Ana, tem como objetivo resguardar o autor e garantir os direitos sobre sua obra, sobre seu trabalho de engenho e arte.

Sem dúvida, o contrato faz lei entre as partes, caso contrário ele seria desnecessário. Mas há que se considerar os elementos que informam o ato pré-contratual, especialmente a autonomia das partes e a igualdade de condições, como base para sua validade.

O autor deseja ver sua obra entregue ao público. É um sonho que acalenta, não raro ao longo do tempo. É a razão de seu trabalho, muitas vezes realizado com sacrifício que chega às raias da privação, pois comumente não dispõe de qualquer recurso, nem para a própria sobrevivência. Como falar em igualdade de condições ou autonomia de vontade em tal situação? Qualquer estipulação – e às vezes estipulação nenhuma – será aceita...

O contrato de edição é o âmago do direito autoral. É o ato pelo qual, enfim, são estabelecidas as condições para que a obra venha a público. Sua existência, entretanto, não pode significar grilhões para autor e editor, parceiros que devem ser numa atividade de nítido interesse social e cultural.

A nova lei de direitos autorais, ao tratar do contrato de edição, é mais clara e equilibrada. É o que se pode deduzir do art. 53, que corresponde ao antigo art. 57. Pelo texto da lei anterior o editor, mediante contrato de edição, obrigava-se a "reproduzir mecanicamente" a obra, adquirindo o "direito exclusivo a publicá-la e explorá-la".

A nova lei não se refere à reprodução mecânica. Ela pode, portanto, ser feita por qualquer meio ou forma. O conceito é mais amplo e abrangente, contemplando possibilidades novas em face da revolução tecnológica nos meios de comunicação e transmissão.

Além disso, o editor, pelo texto anterior, adquiria o direito de explorar a obra. Agora ele recebe uma autorização, o que é diferente. A aquisição pressupõe a compra e, como tal, gera um direito de propriedade. A autorização, ao contrário, é uma concessão, portanto rigorosamente transitória e revogável.

Esse artigo refere-se também "às condições pactuadas com o autor", o que apenas consagra o fato óbvio de que no contrato há duas partes: o autor e aquele que vai divulgar e comercializar a obra.

O editor é pessoa física ou jurídica. Mas o autor, conforme estabelece o art. 11 com toda a clareza é, para efeitos legais, pessoa física.

A pessoa jurídica – que é uma ficção – pode ser titular de direitos autorais, advindos por cessão, legado, doação, dação, etc. ou, o que é mais comum, através de organização de obra coletiva. Mas não é autora no sentido estrito da palavra. No caso da pessoa jurídica, o contrato terá outro sentido. Trata-se, na verdade, de um ato de venda ou transmissão, envolvendo titulares do direito, mas nem sempre autores. Poderá ter por objetivo a edição de uma obra, mas não conterá, necessariamente, os elementos do art. 53, pois várias prerrogativas do autor – especialmente os direitos morais – não se transferem para a pessoa jurídica.

Além das partes contratantes, o objeto do pacto deve ser especificado, assim como o prazo e as condições em que se realiza. O objeto deve ser lícito. Este é um termo bastante amplo é inespecífico. Será objeto lícito um livro plagiado? Ao se indicar o objeto do contrato, que é a obra do autor, esta deve ser especificada como sendo original e autêntica, portanto lícita. Um livro, por exemplo, editado sem estes requisitos, poderá ser apreendido, nos termos do art. 102, que faculta ao titular do direito requerer a apreensão dos exemplares reproduzidos fraudulentamente. A obra, objeto do contrato, não pode ser uma fraude.

Há obrigações do editor, elencadas no parágrafo único desse artigo e que tratam, basicamente, da identificação da obra, do autor, do editor, tradutor e ano da publicação. Como esse parágrafo refere-se à situação da obra e dos que nela estão envolvidos, com o objetivo de uma identificação precisa, é natural que se entenda por ano da publicação o ano do lançamento de cada edição. Caso contrário, esse item perderia sentido prático. Na verdade, cada edição é uma publicação que, inclusive, comporta eventuais alterações, não raro atualizações necessárias. Finalmente, o editor deve identificar-se como tal.

O art. 54 supre, embora precariamente, a deficiência da lei no que diz respeito a obras feitas sob encomenda. Nele se estabelece que "pode o autor obrigar-se à feitura de obra literária, artística ou científica em cuja publicação e divulgação se empenha o editor".

Trata-se de obra futura, sem sombra de dúvida, e feita sob encomenda. O texto é claro. O legislador, inclusive, no artigo seguinte, prevê o caso de falecimento ou impedimento do autor e as condições para a conclusão da obra. O editor pode, nesse caso, desistir da empreitada, considerando resolvido o contrato. Ou editá-la tal como está. Pode, ainda, mandar que outro a termine, desde que os sucessores o permitam. É claro que não poderá publicá-la se o autor, em vida, manifestou desejo de só vê-la editada por inteiro ou, ainda, se houver oposição dos herdeiros.

Portanto, o art. 54 refere-se claramente à obra contratada sob encomenda, ou seja: contrato de edição pelo qual o autor obriga-se a feitura de obra literária, artística ou científica. É algo que não está feito. É algo a ser feito. Portanto, no futuro – e sob encomenda!

Como sempre ocorre com projetos que recebem muitas emendas e consultam múltiplos interesses, a Lei nº 9.610/1998 não prima por uma sequência lógica no seu enunciado geral.

>**Art. 56.** Entende-se que o contrato versa apenas sobre uma edição, se não houver cláusula expressa em contrário.
>
>**Parágrafo único.** No silêncio do contrato, considera-se que cada edição se constitui de três mil exemplares.
>
>**Art. 57.** O preço da retribuição será arbitrado, com base nos usos e costumes, sempre que no contrato não a tiver estipulado expressamente o autor.

Art. 58. Se os originais forem entregues em desacordo com o ajustado e o editor não os recusar nos trinta dias seguintes ao do recebimento, ter-se-ão por aceitas as alterações introduzidas pelo autor.

Art. 59. Quaisquer que sejam as condições do contrato, o editor é obrigado a facultar ao autor o exame da escrituração na parte que lhe corresponde, bem como a informá-lo sobre o estado da edição.

Art. 60. Ao editor compete fixar o preço da venda, sem todavia poder elevá-lo a ponto de embaraçar a circulação da obra.

Art. 61. O editor será obrigado a prestar contas mensais ao autor sempre que a retribuição deste estiver condicionada à venda da obra, salvo se prazo diferente houver sido convencionado.

Art. 62. A obra deverá ser editada em dois anos da celebração do contrato, salvo prazo diverso estipulado em convenção.

Parágrafo único. Não havendo edição da obra no prazo legal ou contratual, poderá ser rescindido o contrato, respondendo o editor por danos causados.

Se a lei fixa os limites do contrato, ela deve ser observada. As cláusulas que a contrariem não tem eficácia e o próprio documento, como um todo, pode ser anulável.

Um contrato de edição fixa obrigações recíprocas, o que decorre de todo este capítulo.

Vários problemas sao importantes nesse tipo de avença, tais como o tempo de duração do contrato; o número de edições, o número de exemplares de cada edição, preço de venda do livro, exame das contas etc.

Algumas condições, entretanto, podem entrar em choque, caso não sejam enunciadas com precisão. Se o contrato é firmado por 5 anos e o editor tem direito a 4 edições, o que prevalece? O tempo ou o número de edições? É provável que, obtendo grande êxito, a obra se esgote rapidamente, exigindo novas e sucessivas edições em tempo bem menor. Teremos então uma situação estranha: o contrato está válido no tempo, mas sem efeito no que tange a novas edições da obra. É uma contradição que deve ser resolvida com clareza nos contratos.

    O art. 56 refere-se apenas a uma situação que poderia, eventualmente, prejudicar o autor: a inexistência de cláusula sobre o número de edições. No caso dessa omissão, a lei considera que o contrato refere-se apenas a uma edição.

    O mesmo aconteceria no que diz respeito à quantidade de exemplares. No silêncio do contrato considera-se que a edição é de três mil exemplares. Tanto o editor como o autor devem ter em conta esse imperativo legal para tomar as devidas providências. Há que se ajustar o número de edições e o número de exemplares de cada edição.

    E aqui surge um problema, já abordado em outros países: a diferença entre edição e reimpressão ou, simplesmente, impressão. Tecnicamente há diferença. A edição é uma nova apresentação que pode, inclusive, ser alterada, melhorada, enriquecida. Já a reimpressão, como o nome está dizendo, é constituída por exemplares de uma mesma edição, sem qualquer alteração, que foram simplesmente reproduzidos. Dentro de uma mesma edição cabem incontáveis, e mesmo infindáveis reimpressões. É o que se pode verificar em dicionários onde, sem alterações, uma edição atinge dezenas de reimpressões.

    Para a remuneração do autor a diferença técnica é irrelevante, especialmente quando ela está condicionada ao êxito da venda, o que vem se tornando comum em todo o mundo. O autor recebe um tanto por cento sobre o preço de capa dos livros efetivamente vendidos, seja uma reimpressão, seja uma nova edição. Não importa. Mas isso, evidentemente, deve constar claramente do contrato como elemento importante para sua execução e cumprimento. A clareza do contrato é essencial.

    Quando o legislador declara, no art. 56 e seu parágrafo único, que não havendo disposição contratual considera-se uma única edição de 3.000 exemplares, obviamente ele está protegendo o autor em caso de omissão.

Omissão e silêncio não constituem a regra da estipulação, mas um incidente que deve ser evitado para bem proteger o interesse dos contratantes. O correto, portanto, é pactuar aquilo que é conveniente, pois não havendo estipulação a lei estabelece disposições nem sempre condizentes com o mercado, a vontade e o interesse das partes.

A liberdade contratual é ampla, o que permite condicionar o número de edições/impressões com o tempo de duração do contrato. Neste caso, basta o acordo entre as partes, estipulando que o editor terá direito a tantas edições ou reimpressões quantas se fizerem necessárias para que a obra possa atender – como diz a Convenção de Berna –"razoavelmente o mercado". Não há necessidade de fixar o seu número, porque esse fato não afeta o contrato nem atenta contra os interesses das partes. Ao contrário: tanto editor como autor têm interesse no maior número de edições. Isso, evidentemente, está condicionado ao mercado, à demanda. Portanto, dentro do tempo de duração do contrato as partes poderão acordar que o número de edições será tantas quantas forem as necessárias para o êxito comercial do empreendimento.

Já no que tange ao número de exemplares de cada edição/impressão, este deverá ser fixado. Não pode ficar ao sabor de uma das partes – no caso, principalmente, do editor – o número de exemplares de cada edição. É que, neste caso, sem saber quantos exemplares estão sendo editados ou reimpressos, o autor perde o controle sobre o resultado econômico de sua obra e terá dificuldade para exercer o direito que lhe confere o art. 59 da Lei nº 9.610/1998 e a própria Constituição Federal, em seu art. 5º, inciso XXVIII, letra *b*, que institui "o direito de fiscalização do aproveitamento econômico das obras que criarem ou de que participarem aos criadores, aos intérpretes e às respectivas representações sindicais e associativas".

Neste caso, é indispensável fixar no contrato o número de exemplares de cada edição, pois se trata de elemento básico para o controle do resultado econômico da exploração da obra. O editor conhece o mercado. Nele atua e vive. Não procede aleatoriamente. Pode, perfeitamente, fazer uma estimativa bastante aproximada e razoável dos números de exemplares necessários para atingir seu mercado, especialmente na primeira edição. Já com os resultados dessa edição poderá estimar, então com certeza maior, o número de exemplares das edições subsequentes e fixá-lo em aditivo contratual.

O art. 57 trata do preço que o editor pagará pela autorização do autor para editar sua obra. Na lei anterior, se o autor não tivesse estipulado a retribuição pelo seu trabalho, competia ao Conselho Nacional de Direito Autoral fazê-lo.

Esse órgão não existe mais.

A lei atual declara que "o preço será arbitrado, com base nos usos e costumes, sempre que no contrato não a tiver estipulado expressamente o autor".

As legislações sobre direitos autorais jamais fizeram referência à forma de pagamento. Com o tempo, a praxe instituída foi de uma percentagem sobre o preço de venda da obra. Tanto na lei anterior como na atual há um detalhe interessante: ambas falam na retribuição estipulada pelo autor, o que fica mais claro no documento ora vigente, quando informa: "O preço da retribuição será arbitrado, com base nos usos e costumes, sempre que no contrato não a tiver estipulado expressamente o autor".

Compete ao autor, pois, estipular o preço de seu bem, que é a obra objeto do contrato. Ele é o proprietário e o ofertante. Mas esse artigo, perigosamente, manda que esse preço, no silêncio do contrato, seja arbitrado segundo "os usos e costumes". Ora, a rigor, isso só deveria acontecer na omissão da lei. É o que prevê o art. 4º da Lei de Introdução ao Código Civil: "Quando a lei for omissa, o juiz decidirá o caso de acordo com a analogia, os costumes e os princípios gerais e direito".

Evidentemente, não há razão alguma para que a remuneração autoral deixe de ser fixada no contrato, mesmo seguindo os usos e costumes.

O art. 58 trata de originais entregues em desacordo com o ajustado o que, outra vez, pressupõe a obra literária feita sob encomenda e, mais ainda, sob orientação do editor que poderá recusá-la no prazo de 30 dias após sua entrega. Findo esse prazo, no silêncio do editor, as alterações são tidas como aceitas.

O direito constitucional de fiscalização está claro no art. 59. No caso a lei estabelece uma faculdade que transcende ao próprio contrato, instituindo como direito líquido e certo do autor a fiscalização da escrita contábil do editor.

Cabe ao editor, finalmente, estabelecer o preço de venda da obra. O que se entende por preço de venda? Na verdade existem três preços, pois o editor não vende o livro diretamente ao comprador final. Ele vai para um distribuidor, deste para o livreiro e, finalmente, para o comprador.

A legislação, tanto no Brasil como em outros países, não estabelece o *quantum* nem a forma de remuneração. É livre a convenção entre as partes, cabendo ao autor estabelecer seu preço e, ao editor, aceitá-lo ou não. É o que edita o art. 57.

Se o pagamento for feito na base de um percentual sobre as vendas, é necessário estabelecer o preço de referência: é aquele que a editora sugere na capa de livro (comumente chamado "preço de capa") ou é aquele pela qual ela fatura o livro?

No Brasil considera-se, em geral, o preço de capa. Mas há editores que calculam os direitos do autor na base do preço faturado, ou seja, aquele pelo qual eles realmente vendem o livro ao distribuidor.

É um problema a considerar. Cabe ao editor, pelo que dispõe a lei, fixar o preço do livro. Mas, como vimos, não há um só preço. E isto vai se refletir no pagamento dos direitos autorais, o que exige clareza contratual absoluta entre as partes. Se a remuneração do autor for feita à base de um percentual sobre as vendas, é necessário declarar sobre que preço incidirá esse percentual.

Finalmente, o editor é obrigado a "prestar contas mensais ao autor sempre que a retribuição deste estiver condicionada à venda da obra, salvo se prazo diferente houver sido convencionado".

A lei anterior falava em prestação de contas semestralmente, o que criou não poucos problemas, especialmente em face da inflação que assolava o país. Hoje isso depende de estipulação contratual, cabendo as partes estabelecer seus prazos de forma razoável e exequível. A lei, mais uma vez, vem em socorro do autor: se nenhum prazo for convencionado, a prestação de contas deverá ser feita mensalmente, o que, sem dúvida, penaliza o editor em face da exiguidade do tempo.

O editor não pode reter os originais da obra que recebe indefinidamente, mesmo que tenha assinado um contrato de edição. A lei anterior estabelecia um prazo de três anos para que o editor lançasse a obra ao público. A lei atual diminuiu esse prazo para dois anos, mas facultou às partes a estipulação de prazo diverso, para mais ou para menos. Assim, há um prazo legal e um prazo contratual. Num ou noutro caso, não sendo a obra editada, o contrato pode ser rescindido. O editor, entretanto, responde pelos danos causados. É perfeitamente compreensível. O autor não pode ficar à mercê unicamente das conveniências comerciais do editor.

Corrigiu-se, desta forma, uma distorção. Com efeito, o art. 68 da Lei nº 5.988/1973 determinava simplesmente: "resolve-se contrato de edição, se, a partir do momento em que foi celebrado, decorrerem três anos sem que o editor publique a obra".

O legislador entendia que o problema residia, pura e simplesmente, na devolução da propriedade autoral. Não havia, assim, ônus maior para o editor.

Agora, com o art. 62, a situação muda, não apenas no que diz respeito aos prazos: a nova lei impõe ao editor responsabilidade por "danos causados" ao autor quando a obra não for editada em dois anos ou, ainda, no prazo avençado.

Art. 63. Enquanto não se esgotarem as edições a que tiver direito o editor, não poderá o autor dispor de sua obra, cabendo ao editor o ônus da prova.

§ 1º Na vigência do contrato de edição, assiste ao editor o direito de exigir que se retire de circulação edição da mesma obra feita por outrem.

§ 2º Considera-se esgotada a edição quando restarem em estoque, em poder do editor, exemplares em número inferior a dez por cento do total da edição.

Art. 64. Somente decorrido um ano de lançamento da edição, o editor poderá vender, como saldo, os exemplares restantes, desde que o autor seja notificado de que, no prazo de trinta dias, terá prioridade na aquisição dos referidos exemplares pelo preço de saldo.

Art. 65. Esgotada a edição, e o editor, com direito a outra, não a publicar, poderá o autor notificá-lo a que o faça em certo prazo, sob pena de perder aquele direito, além de responder por danos.

Art. 66. O autor tem o direito de fazer, nas edições sucessivas de suas obras, emendas e alterações que bem lhe aprouver.

Parágrafo único. O editor poderá opor-se às alterações que lhe prejudiquem os interesses, ofendam sua reputação ou aumentem sua responsabilidade.

Art. 67. Se, em virtude de sua natureza, for imprescindível a atualização da obra em novas edições, o editor, negando-se o autor a fazê-la, dela poderá encarregar outrem, mencionando o fato na edição".

O art. 63 repete o art. 69 da lei anterior, com um acréscimo importante. O texto atual diz que "enquanto não se esgotarem as edições a que tiver direito o editor, não poderá o autor dispor de sua obra, cabendo ao editor o ônus da prova".

Esse "ônus da prova" é o elemento novo. O editor deve provar que a obra não está esgotada e, portanto, o autor não pode dela dispor, permanecendo ele – editor – com a exclusividade de sua comercialização. Mas isso deve ser provado pelo editor.

Quando, no § 1º, o legislador fala em edição da mesma obra, isso não significa apenas uma cópia idêntica, mas também as distorções que configuram o plágio, geralmente apresentado sob forma disfarçada. Maquia-se a obra, dando-lhe outro aspecto para, na verdade, reproduzi-la criminosamente, o que vem a constituir a contrafação, definida no item VII do art. 5º como "reprodução não autorizada".

Isabel Spín Alba afirma que "a maioria das infrações que constituem o plágio trazem consigo uma ofensa aos direitos de exploração do autor, especialmente aos direitos de reprodução e transformação".

Para essa autora, o plágio é, doutrinariamente, "uma violação ao direito do autor em relação à paternidade da obra".

Lembre-se de que, como já foi dito, a expressão "plágio" vem da Roma antiga, onde o *plagiarius* era comparado a um raptor, conforme a palavra do poeta Marcial, no primeiro século da nossa Era. Ele comparava o roubo de seu poema à venda de um homem livre como escravo, invocando a *Lex Fabia Plagiarius,* que punia tal ato.

Quando a lei fala em "edição da mesma obra", obviamente não descreve – e nem poderia fazê-lo – as muitas formas que essa "mesma obra" pode assumir nas mãos criminosas do contrafator.

No caso o Editor terá o direito de exigir que essa obra seja retirada do mercado, enquanto o verdadeiro autor pode acionar o contrafator, o plagiário, por perdas e danos, materiais e morais.

Muito se discutiu sobre o conceito de "obra esgotada". E as provas exigiam perícias demoradas. Agora a própria lei fornece os parâmetros para que se configure o que é uma obra esgotada. O § 2º desse artigo esclarece e resolve o problema: "Considera-se esgotada a edição quando restarem em estoque, em poder do editor, exemplares em número inferior a dez por cento do total da edição".

Cabe ao editor, que detém o controle da circulação e da venda, apresentar provas do estoque existente para que se configure, ou não, o fato de que a obra está realmente esgotada. O autor, a não ser por meio de demorada auditoria, jamais poderia fazê-lo.

Esse estoque deve estar em poder do editor e não distribuído na praça. Os negócios jurídicos envolvendo direitos autorais são interpretados restritivamente. Portanto, nesse caso, a lei fala "em estoque em poder do editor" e não em poder de terceiros, seja a que título for. Presume-se que os exemplares na praça foram vendidos para as livrarias.

Após um ano do lançamento da obra, o editor poderá vendê-la como saldo. O autor terá preferência para adquiri-la. Mas, se não o fizer, não poderá se opor a que a mesma seja posta em liquidação.

Esgotada a obra, nos termos do que prescreve a lei, se o editor não publicar nova edição, o autor poderá notificá-lo, estipulando prazo para que o faça. Basta, para isto, uma simples carta, pois a lei atual não exige como a anterior, intimação judicial. Se o editor não o fizer, perde seu direito, podendo, ainda, responder por danos, o que é perfeitamente compreensível.

No que tange a alterações, o autor tem o direito de fazê-las nas edições seguintes. Mas o editor a elas pode se opor, desde que prejudiquem seus interesses ou ofendam sua reputação. Nesse particular, a lei anterior era mais objetiva e clara: se as alterações impusessem gastos excessivos, cabia ao autor com eles arcar. Nada mais justo. A lei atual não considera esta situação, mas concede ao editor o direito de recusá-las.

Quando o interesse da obra assim o exigir, o editor pode solicitar que o autor faça as alterações necessárias, o que é comum nas obras didáticas. Na recusa do autor, o editor pode encarregar outro de fazê-las.

Capítulo II

Da comunicação ao público

Art. 68. Sem prévia e expressa autorização do autor ou titular, não poderão ser utilizadas obras teatrais, composições musicais ou literomusicais e fonogramas, em representações e execuções públicas.

§ 1º Considera-se representação pública a utilização de obras teatrais no gênero drama, tragédia, comédia, ópera, opereta, balé, pantomimas e assemelhadas, musicadas ou não, mediante a participação de artistas, remunerados ou não, em locais de frequência coletiva ou pela radiodifusão, transmissão e exibição cinematográfica.

§ 2º Considera-se execução pública a utilização de composições musicais ou literomusicais, mediante a participação de artistas, remunerados ou não, ou a utilização de fonogramas e obras audiovisuais, em locais de frequência coletiva, por quaisquer processos, inclusive a radiodifusão ou transmissão por qualquer modalidade, e a exibição cinematográfica.

§ 3º Consideram-se locais de frequência coletiva os teatros, cinemas, salões de baile ou concertos, boates, bares, clubes ou associações de qualquer natureza, lojas, estabelecimentos comerciais e industriais, estádios, circos, feiras, restaurantes, hotéis, motéis, clínicas, hospitais, órgãos públicos da administração direta ou indireta, fundacionais e estatais, meios de transporte de passageiros terrestre, marítimo, fluvial ou aéreo, ou onde quer que se representem, executem ou transmitam obras literárias, artísticas ou científicas.

§ 4º Previamente à realização da execução pública, o empresário deverá apresentar ao escritório central, previsto no art. 99, a comprovação dos recolhimentos relativos aos direitos autorais.

§ 5º Quando a remuneração depender da frequência do público, poderá o empresário, por convênio com o escritório central, pagar o preço após a realização da execução pública.

§ 6º O empresário entregará ao escritório central, imediatamente após a execução pública ou transmissão, relação completa das obras e fonogramas utilizados, indicando os nomes dos respectivos autores, artistas e produtores.

§ 7º As empresas cinematográficas e de radiodifusão manterão à imediata disposição dos interessados, cópia autêntica dos contratos, ajustes ou acordos, individuais ou coletivos, autorizando e disciplinando a remuneração por execução pública das obras musicais e fonogramas contidas em seus programas ou obras audiovisuais.

A obra de arte destina-se ao público. Ponto básico é sua comunicação, fato que provoca, como diz Bittar, "extenso leque de direitos e obrigações". A obra inédita, condição que é um direito moral do autor, não provoca qualquer consequência.

Para fruir de sua obra – na linguagem jurídica, dispor para uso e gozo de seus direitos – o autor deve levá-la ao público. Este capítulo trata, precisamente, da comunicação, da representação e execução ao público de obras de arte. A lei anterior utilizava, precisamente, os termos "representação e execução", o que é mais restrito. A lei atual fala em comunicação ao público, o que é mais abrangente. Além disso, embora exigindo a autorização do autor, havia uma condição clara: "obras representadas ou executadas em espetáculos públicos, que visem a lucro direto ou indireto". Não é preciso dizer que estas últimas palavras deram, sempre, motivo para discussões, fraudes e interpretações bastante elásticas.

A lei atual introduz um elemento novo e retira outro: agora é necessária a autorização "prévia e expressa" do autor ou titular do direito, para que a comunicação seja levada ao público. É o elemento novo. Desaparece a expressão "que visem lucro direto ou indireto", o que é, também, uma situação nova.

O aspecto "lucro" agora se tornou irrelevante. Com ou sem objetivo de lucro, a comunicação depende de autorização do autor. Por autorização prévia entende-se que ela antecede a exibição ou representação; e expressa, como tem sido acentuado, requer manifestação escrita.

O § 1º desse artigo estabelece uma lista completa do que se considera representação pública "mediante a participação de artistas, remunerados ou não, em locais de frequência coletiva ou pela radiodifusão, transmissão ou exibição cinematográfica".

Nesse parágrafo, e também no seguinte, a lei refere-se à exibição cinematográfica, o que é lamentável já que o termo havia sido englobado na expressão audiovisual, mais correta e abrangente.

Não há qualquer dúvida sobre os "locais de frequência coletiva". Eles foram relacionados exaustivamente. Mas, mesmo assim, não constituem *numerus clausus*, pois o § 3º desse artigo deixa em aberto outras possibilidades quando finaliza acrescentando "ou onde quer que se representem, executem ou transmitam obras literárias, artísticas ou científicas". O § 4º determina que o empresário deverá apresentar comprovante de que recolheu as importâncias relativas aos direitos autorais. Sem isso, a não ser no caso estabelecido no § 5º, o espetáculo não pode ser comunicado ao público. O direito autoral é protegido em qualquer circunstância.

A aquisição de um exemplar de qualquer obra – um disco, por exemplo – não confere ao adquirente o direito de reproduzi-la em público. Bittar leciona com precisão:

> *"Com efeito, o adquirente integra a seu patrimônio, com a aquisição, apenas o corpo físico ou mecânico (o livro, a tela, a fita, o disco) e não sua forma estética (corpo místico, ou a criação em si), de sorte que apenas lhe compete a respectiva fruição em seu âmbito privado, para os fins próprios (aquisição de conhecimentos, entretenimento, lazer, deleite.) Daí não poder fazer dela qualquer outro uso que importe em circulação econômica, sob pena de violação de direitos autorais"* (Direitos de Autor – Forense, 1994, p. 51-52).

O fato de que o proprietário de uma boate, bar ou de uma empresa de ônibus, tenha adquirido fitas ou discos não lhe confere o direito de reproduzi-los em seu estabelecimento, que é, nos termos da lei, um local de frequência pública. Necessita autorização prévia e expressa do autor e, para isto, deve recolher os direitos autorais.

É claro que o usuário não poderá recorrer a cada autor das várias expressões artísticas, isoladamente, para obter seu consentimento e negociar o valor dos direitos. Para essa operação, a própria lei estabelece, em seu título VI, art. 97 e seguintes, a organização de associações de titulares de direitos de autor e dos que lhes são conexos. São essas associações, reunidas num escritório central, que recolhem os direitos autorais para a comunicação das obras de arte ao público em geral.

Há, nesse aspecto, toda uma estrutura que tem por objetivo assegurar aos autores de obras musicais ou fonogramas, o legítimo pagamento de seus direitos.

Quando a remuneração depender da frequência do público o empresário poderá pagar o preço após a realização da execução pública, o que facilita seu empreendimento, devendo, para tanto, formalizar esse propósito em convênio com o escritório arrecadador. Mas o empresário é obrigado a entregar relatório completo daquilo que foi utilizado no espetáculo.

As empresas de radiodifusão não estão imunes a tal controle. O § 7º desse artigo determina que elas mantenham a

> "imediata disposição dos interessados, cópia autêntica dos contratos, ajustes ou acordos, individuais ou coletivos, autorizando e disciplinando a remuneração por execução pública das obras musicais e fonogramas contidos em seus programas ou obras audiovisuais".

Os termos empregados não deixam dúvidas: esse material deve estar à imediata disposição dos autores e seus representantes, independentemente de qualquer notificação judicial ou extrajudicial. O autor ou quem o represente pode exigir, por força desse dispositivo, a apresentação, para seu exame, de todo o material sobre ajustes ou contratos que envolvam sua obra.

Neste caso, a legislação brasileira segue os melhores padrões internacionais, conforme preceitua Delia Lipszyc (obra citada):

> *"o uso público de discos, fitas magnéticas, vídeos, radiodifusão, transmissões por redes de cabo etc., deve ser expressamente autorizado pelo autor e constitui o objeto do contrato genericamente denominado de representação ou execução públicas".*

Art. 69. O autor, observados os usos locais, notificará o empresário do prazo para a representação ou execução, salvo prévia estipulação convencional.

Art. 70. Ao autor assiste o direito de opor-se à representação ou execução que não seja suficientemente ensaiada, bem como fiscalizá-la, tendo, para isso, livre acesso durante as representações ou execuções, no local onde se realizam.

Art. 71. O autor da obra não pode alterar-lhe a substância, sem acordo com o empresário que a faz representar.

Art. 72. O empresário, sem licença do autor, não pode entregar a obra a pessoa estranha à representação.

Art. 73. Os principais intérpretes e os diretores de orquestras ou coro, escolhidos de comum acordo pelo autor e pelo produtor, não podem ser substituídos por ordem deste, sem que aquele consinta.

Art. 74. O autor de obra teatral, ao autorizar a sua tradução ou adaptação, poderá fixar prazo para utilização dela em representações públicas.

Parágrafo único. Após o decurso do prazo a que se refere este artigo, não poderá opor-se o tradutor ou adaptador à utilização de outra tradução ou adaptação autorizada, salvo se for cópia da sua.

Art. 75. Autorizada a representação de obra teatral feita em co-autoria, não poderá qualquer dos co-autores revogar a autorização dada, provocando a suspensão da temporada contratualmente ajustada.

Art. 76. É impenhorável a parte do produto dos espetáculos reservada ao autor e aos artistas.

O art. 68 e seus parágrafos referem-se aos direitos do autor em relação a representações e execuções públicas, o que é feito com minúcia, preocupando-se o legislador em evitar controvérsias desnecessárias.

Já os artigos seguintes, de um modo geral, tratam das relações do autor com a própria apresentação do espetáculo. O art. 69 lhe confere o direito de notificar o empresário para que leve a efeito sua apresentação ou execução dentro de determinado prazo. A lei manda observar os usos locais, o que é razoável diante da vastidão do País e, não raro, da precariedade de recursos em determinados locais. Mesmo assim, o autor e sua obra não podem ficar à mercê das dificuldades ou, ainda, da imperícia e incapacidade do produtor.

Pertencem à história, e mesmo ao folclore, os conflitos entre autores, atores, produtores e demais pessoas envolvidas nas diferentes formas de comunicação da obra ao público.

A lei confere ao autor o direito de acompanhar os ensaios e fiscalizar os trabalhos, pois a ele "assiste o direito de opor-se à representação ou execução que não seja suficientemente ensaiada". Este deverá, entretanto, fazê-lo pessoalmente. É um direito seu. Na Lei nº 5.988/1973 isto poderia ser feito por um delegado ou preposto. Agora não. Isto é melhor e mais eficiente, pois evita conflitos desnecessários.

Mas o autor, embora possa fiscalizar a execução ou representação, não pode alterar seu núcleo central sem a concordância do empresário. Este é um núcleo central que a lei, não muito apropriadamente, qualifica de substância. A obra tem um conteúdo e uma forma. Essa forma é que vai expressar o conteúdo, dando ao público a visão do espetáculo. A alteração do conteúdo, ou substância, para seguir a terminologia legal, poderá afetar a forma, que é exatamente através da qual o público visualizará o espetáculo.

Mas, se o autor não pode alterar a substância da obra sem concordância do empresário, já este, sem a concordância do autor, não pode entregá-la a pessoa estranha, o que poderia comprometer o espetáculo.

Se até aqui a lei trata de direitos materiais, agora, na verdade, estamos no terreno fechado dos direitos morais, entre os quais avulta a intangibilidade da obra. Só o autor pode permitir ou fazer alterações. Mas, no caso, o empresário também tem direitos e sua concordância é indispensável, nos termos da lei, caso contrário estaríamos no reino da confusão.

Quando os intérpretes forem escolhidos de comum acordo – como reza o art. 73 – o produtor não pode efetuar substituições sem a concordância do autor. Isso poderia tumultuar o trabalho, afetando o desempenho dos artistas e, por um ato isolado, prejudicar a comunicação da obra ao público.

Tal como ocorre no contrato de edição, o autor pode fixar prazo para que o adaptador utilize sua obra teatral. Decorrido o prazo, outra adaptação poderá ser feita, desde que não seja cópia daquela suspensa pelo decorrer do tempo.

Se a obra teatral for feita em coautoria – o que é muito comum – não poderá qualquer dos coautores revogar a autorização dada para o espetáculo. Isto poderia provocar sua suspensão, com prejuízos desnecessários e injustificáveis. O trabalho de montagem de uma peça geralmente implica despesas grandes. Não pode ficar sujeito aos humores individuais de um dos coautores.

Os credores poderão penhorar os rendimentos do espetáculo, menos a parte destinada ao autor e artistas, que é intocável. A nova lei conserva, aqui, o dispositivo da lei anterior, firmando-se, definitivamente, o conceito de proteção material ao autor e aos artistas em qualquer circunstância.

Capítulo III
Da utilização da obra de arte plástica

Art. 77. Salvo convenção em contrário, o autor de obra de arte plástica, ao alienar o objeto em que ela se materializa, transmite o direito de expô-la, mas não transmite ao adquirente o direito de reproduzi-la.

Art. 78. A autorização para reproduzir obra de arte plástica, por qualquer processo, deve se fazer por escrito e se presume onerosa".

No capítulo referente à utilização das obras de arte, o art. 77 corresponde ao art. 80 da Lei nº 5.988/1973. Sobre ele muito se escreveu e muito se discutiu. Eis o texto desse artigo:

"Salvo convenção em contrário, o autor de obra de arte plástica, ao alienar o objeto em que ela se materializa, transmite ao adquirente o direito de reproduzi-la, ou de expô-la ao público".

O artigo seguinte determinava que "a autorização para reproduzir obra de arte plástica, por qualquer processo, deve constar de documento, e se presume onerosa".

Alguns autoralistas chegaram, mesmo, a aventar a hipótese de um erro de revisão. Estaria faltando, no art. 80, a palavra "não". Esse era o pensamento, entre nós, de Antônio Chaves.

Ocorre que o art. 38 da antiga lei brasileira de direitos autorais, como de resto, praticamente todas as legislações sobre o assunto, declarava enfaticamente que a "aquisição do original de uma obra, ou de exemplar de seu instrumento ou vínculo material de utilização, não confere ao adquirente qualquer dos direitos patrimoniais do autor".

A obra de arte divide-se em duas partes: uma é imaterial, é a emoção que o autor transmite. A outra é material, o objeto em que a arte se manifesta. Ao analisar o então célebre art. 80, Vieira Manso lecionou com precisão:

"A regra, universalmente aceita, de que a aquisição do corpus mechanicum não transfere ao adquirente senão direitos reais, conservando o autor todos os direitos de exploração econômica (art. 38 da Lei nº 5.988/1973) parece sofrer séria derrogação pelo que dispõe o art. 80 da mesma lei" (1980, p. 59).

No mesmo sentido opinam Bittar e José de Oliveira Ascenção. Este, inclusive, qualifica o art. 80 de "aberrante no meio do sistema".

Apesar de todas as discussões, o texto permaneceu inalterado com vasta aplicação no mundo das artes, onde o proprietário da obra – e não o seu autor – detinha o poder de autorizar sua reprodução.

Na prática, essa estranha prerrogativa limitou-se a reproduções gráficas e não a reprodução da própria obra o que, evidentemente, estava ínsito no texto do art. 80 que transmitia ao adquirente "o direito de reproduzi-la, ou de expô-la ao público".

A Lei nº 9.610/1998 veio pôr cobro a esse problema, deixando claro que, "salvo convenção em contrário, o autor da obra de arte plástica, ao alienar o objeto em que ela se materializa, transmite o direito de expô-la, mas não transmite ao adquirente o direito de reproduzi-la".

Com isto a lei, nesse aspecto, deixou de ser contraditória. O art. 77 compatibiliza-se com o art. 37, segundo o qual a aquisição de um original não transfere ao adquirente os direitos patrimoniais do autor, salvo, é claro, convenção em contrário.

Ao alienar uma obra de artes plásticas, seu autor transmite ao adquirente o direito de expô-la, o que é óbvio. Ninguém compraria um quadro ou uma escultura se não pudesse exibi-la em sua residência, escritório ou estabelecimento comercial. Mas isso não significa que possa explorá-la comercialmente, expondo-a em galerias, ou qualquer outro tipo de mostra, sem autorização do autor.

No que diz respeito às obras caídas em domínio público, o problema oferece dois aspectos. Em primeiro lugar ela se torna de uso comum e, consequentemente, pode ser reproduzida. O segundo aspecto diz respeito à propriedade privada do *corpus*. Ninguém pode, sob pretexto de que uma obra está em domínio público, invadir propriedade privada para reproduzi-la ou compelir seu detentor a que permita tal reprodução.

Não se trata de direito autoral, mas de direito de propriedade. Ressalvado esse aspecto, é livre a reprodução de qualquer obra caída em domínio público.

O art. 78 simplesmente disciplina a forma de autorização para reproduzir obra de artes plásticas.

Convém ressaltar, ainda, que também no caso de artes plásticas, a nova lei contém falha inadmissível, sendo omissa sobre o tempo de duração dos direitos de autor, que são vitalícios em todas as legislações.

Presume-se que, no nosso caso, também seja vitalício. Mas, tratando-se de documento tão sério, destinado a disciplinar um dos direitos mais importantes do ser humano, não se pode admitir falha de tal natureza. A lei deve fixar claramente que os direitos do autor a ele pertencem vitaliciamente, a não ser que outro tenha sido o pensamento do legislador.

Capítulo IV

Da utilização de obra fotográfica

Art. 79. O autor de obra fotográfica tem direito a reproduzi-la e colocá-la à venda, observadas as restrições à exposição, reprodução e venda de retratos, e sem prejuízo dos direitos de autor sobre a obra fotografada, se de artes plásticas protegidas.

§ 1º A fotografia, quando utilizada por terceiros, indicará de forma legível o nome do seu autor.

§ 2º É vedada a reprodução de obra fotográfica que não esteja em absoluta consonância com o original, salvo prévia autorização do autor.

A fotografia, em função do item VII do art. 7º, é obra intelectual protegida, independente de sua qualidade, conceito que, agora, está fora de cogitação, ao contrário do que acontecia na lei anterior.

Mas, quando se trata de utilização da obra fotográfica, é necessário distinguir dois aspectos: o direito autoral do fotógrafo e o direito do fotografado, quando pessoa. Trata-se de um direito constitucional que visa a resguardar a intimidade dos cidadãos. Já o objeto – a coisa fotografada – depende de autorização de seu proprietário. No primeiro caso tem-se, claramente, o direito autoral; no segundo, também não menos claramente, tem-se o direito constitucional a própria imagem e, finalmente, o direito de propriedade.

Com efeito, a Constituição Federal edita, no item X do art. 5º: "São invioláveis a intimidade, a vida privada, a honra e a imagem das pessoas, assegurado o direito de indenização pelo dano material ou moral decorrente de sua violação".

Artigo autoaplicável por força de seu § 1º, ele garante o direito a imagem e, também, a intimidade e a vida privada, já que a fotografia pode ser o instrumento de violação desses dois direitos constitucionais.

Portanto, numa fotografia tem-se:

1. direito autoral do fotógrafo;

2. direito a imagem;

3. direito a intimidade;

4. direito a honra.

Alvaro Antônio do Cabo Notaroberto Barbosa (*Direito a própria imagem* – Saraiva, 1989) ressalta que

> *"se compreende como imagem não apenas o semblante, mas as partes distintas do corpo. Da mesma forma, se compreendem como imagens não apenas as formas estáticas*

Comentários

de representação (fotografia, pintura, fotograma, escultura, holografia), mas também as dinâmicas (cinema, vídeo) (...) Também a reprodução da voz constitui imagem, através da fonografia, da gravação e da radiodifusão".

Esse autor cita uma interessante passagem do escritor francês Lamartine sobre sua imagem: "Minha imagem pertence a todo mundo, tanto ao sol quanto ao regato, mas eu não quero que a profanem, porque ela representa um homem e é presente de Deus". Dificilmente se encontraria definição mais completa e bela do que seja imagem e direito à imagem.

Portanto, o uso de imagem depende de autorização específica, podendo seu titular impor limites, especialmente quando se trata de uso comercial. A imagem cedida para uma finalidade, a ela se restringe. Isto é válido no tempo e no espaço. O esquema é simples e deve responder as seguintes questões: para quê? para quem? por quanto tempo? para onde?

Isto é comum com modelos publicitários. Se a imagem é cedida para a televisão, não poderá ser utilizada em cartazes ou em outros veículos.

O direito à imagem, entretanto, comporta limitações. Sem elas a comunicação informativa dos órgãos de imprensa se tornaria impossível. É, evidentemente, livre a divulgação de fotos de pessoas públicas quando no exercício de suas funções. A foto de um deputado discursando no parlamento, ou ilustrando uma notícia, é de publicação livre. Trata-se de um homem público no exercício de suas atividades. A presença ao público é de seu interesse.

Nesse caso, devem-se distinguir três pontos: a vida pública, a vida privada e a utilização comercial da imagem.

Qualquer órgão de imprensa pode divulgar a foto do presidente da república num encontro ministerial ou assinando decreto importante. Mas essa mesma foto não pode ser utilizada para fins comerciais.

O mesmo se pode dizer de fotografias de grupo. Nesse tipo de foto muitas pessoas podem ser identificadas: um desfile, uma parada militar, um comício, a saída de uma escola. Enquanto informação, a divulgação da imagem é livre, salvo se atentar contra a honra da pessoa fotografada.

Numa reportagem sobre ensino, apresentar fotos de crianças brincando numa escola integra-se no objetivo informativo. Mas esta mesma foto não pode ser utilizada comercialmente para propagada da escola, sem autorização dos interessados.

Tratando, ainda, da fotografia em grupo, Notaroberto Barbosa (obra citada, p. 85) define com precisão o problema da limitação ao direito de imagem, quando diz:

> *"A limitação ao direito à própria imagem decorrente da inserção do fotografado em acontecimento de caráter público tem seu fundamento na tese que junge o direito à imagem ao direito à intimidade. Desta forma, em última análise, o que se entende é que aquele que se encontra em acontecimento de caráter público renuncia à sua intimidade".*

> *"Nesse caso, entretanto, admite-se a limitação ao direito à própria imagem pela suposição de que o objetivo da fixação da imagem não era o indivíduo, mas sim um lugar ou acontecimento público. Por essa razão, deve ficar claro na composição da fotografia que o propósito principal foi aquele acontecimento, e não a identificação da pessoa".*

Ressalvam-se os direitos do autor da obra de arte, a qual não pode ser fotografada sem sua autorização.

Algumas legislações permitem a divulgação de fotos sem autorização, desde que haja interesse público. No Brasil divulgam-se retratos falados, e mesmo fotos originais, de bandidos procurados pela polícia. Seria ridículo esperar que eles dessem ou negassem autorização para isto... O interesse de ordem pública, nesse caso, sobrepõe-se ao interesse restrito do indivíduo.

Comentários

Há fotos emblemáticas. Elas retratam e personificam uma situação determinada. Correm mundo. Não se pode limitar sua circulação e nem há força capaz de fazê-lo. Basta citar um exemplo: o jovem chinês tentando barrar a passagem de um tanque e o tanquista procurando dele desviar-se. Esta foto tornou-se um símbolo da luta pela liberdade, da coragem do indivíduo isolado, indefeso, contra a força bruta de um tanque de guerra. Não há que se cogitar de direitos ou até mesmo de autoria: a foto retrata uma situação que está acima de tudo e de todos. É um patrimônio comum.

Ao longo da história muitas obras têm esse destino: representam um momento histórico retratado com mão de mestre por um artista muitas vezes desconhecido. São obras que se tornam emblemáticas e cuja circulação está acima de qualquer restrição.

A lei atual não recepcionou o art. 51 da lei anterior que permitia a reprodução de fotografias de obras científicas ou didáticas, mediante pagamento e indicação da fonte. É óbvio que se cabe ao fotógrafo o direito, agora mais amplo e irrestrito, sobre sua obra, poderá ele negociá-la para qualquer fim. O art. 79 é bem direto quando diz que o autor de obra fotográfica tem o direito de reproduzi-la e colocá-la à venda.

Geralmente, em direitos de autor utilizam-se eufemismos para fugir à ideia mercantil de compra e venda, o que é um preconceito e, como todo preconceito, inútil e prejudicial. A boa clareza manda que se trate do assunto de forma direta e objetiva. E, no caso, o fotógrafo está vendendo o seu trabalho, como o escritor vende o direito de exploração de sua obra literária.

Aplicam-se à fotografia as normas gerais dos contratos de direitos autorais. As partes devem convencionar:

1. o preço e a forma de pagamento;
2. o tempo de duração do uso, que pode ser por um período determinado ou para um trabalho;

3. o número de edições: uma, duas ou tantas quantas o editor tirar na vigência do contrato, caso se destine a um trabalho específico;
4. o âmbito geográfico do uso;
5. os meios em que a fotografia será utilizada: livro, televisão, internet, banco de dados etc.

No caso da fotografia, é usual o pagamento fixo, independente do êxito comercial da obra ou empreendimento. O fotógrafo recebe sua remuneração e o negócio está pronto e acabado.

Vêm se tornando comum, no caso da fotografia, os contratos de cessão. O fotógrafo dificilmente poderia controlar o acesso à sua obra, seja em livros, jornais, revistas ou via Internet. Aliás, o comum – e o caminho mais prático – é a cessão de direitos para os provedores. Estes vão se remunerar através das mensalidades que recebem de seus clientes. A transmissão via Internet é um novo meio de comunicação, cuja tendência é crescer e até mesmo dominar o mercado de forma absoluta.

O contrato de cessão de obra fotográfica deve ater-se, também, ao que prescreve o art. 49 que trata da transferência dos direitos de autor, estabelecendo condições e limites, tais como prazo da cessão, abrangência geográfica, modalidade de comunicação a que se destina e o preço a ser pago.

Existem empresas especializadas na venda ou aluguel de fotos. Esses bancos de fotos não estão imunes às exigências legais. Além disso, a compra do direito de uso de uma fotografia nessas condições deve ater-se aos preceitos legais. Se o banco de fotos vende ou aluga uma fotografia sem autorização do fotógrafo e licença do fotografado, a responsabilidade legal é de quem divulga a foto sem a devida autorização. Claro que, processado e condenado, o usuário terá direito de regresso contra o vendedor da foto. Mas, a essa altura dos acontecimentos, os prejuízos já se fizeram presentes, especialmente no caso de edição de livros, que podem, eventualmente, ser apreendidos.

A compra ou aluguel de fotografia deve ser feita através de contrato, no qual conste o preço, o destino da utilização, o tempo de uso, a área geográfica do uso, a exclusividade ou não e, quando for o caso, cópia autenticada da autorização ou cessão da pessoa fotografada. Os chamados "Bancos de Fotos" não podem se furtar a isso, sob pena de estarem violando a lei e enganando o consumidor.

O Código de Defesa do Consumidor é claro a esse respeito e pode ser invocado, inclusive, para maior celeridade, junto aos PROCONs do País. O consumidor não pode ser enganado e quem se utiliza de uma fotografia é, obviamente, um consumidor.

A Lei nº 5.988/1973, ao tratar da cessão de direitos, estabelecia em seu art. 56 que "a tradição do negativo, ou de meio de reprodução análogo, induz à presunção de que foram cedidos os direitos do autor sobre a fotografia".

Esse art. prestou-se a confusões e conflitos. Não poderia ser de outra forma, tal a sua impropriedade. No caso de direitos de autor a simples tradição da base, do *corpus mechanicum*, não pode levar à presunção de que houve um negócio jurídico tão amplo como é uma cessão de direitos.

A nova lei não recepcionou esse artigo, que era simplista. O direito de autor envolve mais do que a base em que se expressa. Num certo sentido é possível dizer que ele transcende a própria base, embora dela necessite para se tornar realidade perceptível.

Capítulo V

Da utilização de fonograma

Art. 80. Ao publicar o fonograma, o produtor mencionará em cada exemplar:

I – o título da obra incluída e seu autor;

II – o nome ou pseudônimo do intérprete;

III – o ano da publicação;

IV – o seu nome ou marca que o identifique.

O fonograma é a gravação de sons em um suporte tecnicamente apropriado para esta finalidade. Ele é referido, nesta lei, em três momentos: no art. 5º, item IX, que o define como "toda fixação de sons de uma execução ou interpretação ou de outros sons, ou de uma representação de sons que não seja a fixação incluída em uma obra audiovisual"; neste art. 80, que contém normas de informação do produto e no art. 93, cujo item IV foi vetado.

No art. 7º, que trata das obras de criação protegidas, o legislador não incluiu o fonograma, embora no art. 93 a lei confira aos seus produtores uma série de direitos que, em sua essência, constituem privilégios autorais.

O art. 80, na verdade, contém simples recomendações administrativas, agora com foros de lei. Diz o que o produtor deve fazer para identificar o produto e seu conteúdo: título da obra, nome do autor, do intérprete, do produtor e ano da publicação.

O título do capítulo sugere amplitude maior e não apenas a enumeração de indicadores de origem da obra.

O problema do fonograma, pela sua complexidade, está requerendo trato legislativo mais acurado e profundo.

Capítulo VI

Da utilização da obra audiovisual

Art. 81. A autorização do autor e do intérprete de obra literária, artística ou científica para produção audiovisual implica, salvo disposição em contrário, consentimento para sua utilização econômica.

§ 1º A exclusividade da autorização depende de cláusula expressa e cessa dez anos após a celebração do contrato.

§ 2º Em cada cópia da obra audiovisual, mencionará o produtor:

I – o título da obra audiovisual;

II – os nomes ou pseudônimos do diretor e dos demais co-autores;

III – o título da obra adaptada e seu autor, se for o caso;

IV – os artistas intérpretes;

V – o ano da publicação;

VI – o seu nome ou marca que o identifique.

Art. 82. O contrato de produção audiovisual deve estabelecer:

I – a remuneração devida pelo produtor aos co-autores da obra e aos artistas intérpretes e executantes, bem como o tempo, lugar e forma de pagamento;

II – o prazo de conclusão da obra;

III – a responsabilidade do produtor para com os co-autores, artistas intérpretes ou executantes, no caso de co-produção.

A denominação audiovisual é definida pela própria lei, (letra "i" do item VIII do art. 5º) da seguinte forma:

> "*audiovisual – a que resulta da fixação de imagens com ou sem som, que tenha por finalidade criar, por meio de sua reprodução, a impressão de movimento, independentemente dos processos de sua captação, do suporte usado inicial ou posteriormente para fixá-lo, bem como dos meios utilizados para sua veiculação*".

A definição é correta e segue a tendência internacional, como esclarece Delia Lipszyc:

> "A *locução* obras audiovisuais *emprega-se cada vez mais nas leis, documentos internacionais e estudos doutrinários para designar todas as obras que apresentam certos elementos comuns decisivos destas, sem tomar em consideração o*

procedimento técnico empregado para a fixação nem o destino essencial para o qual foram criadas" (obra citada).

Embora a nova lei dos direitos autorais fale, também, em obra cinematográfica para designar o filme propriamente dito, o termo utilizado neste capítulo é mais abrangente e correto. O cinema é, sem dúvida, uma notável forma de expressão artística. A revolução tecnológica abriu novos rumos e caminhos para o cinema que, em si, contêm várias formas de manifestação criadora. Ao tratar das obras protegidas, o art. 7º da Lei nº 9.610/1998, em seu item VI, inclui o cinema e todas as obras audiovisuais, sonorizadas ou não.

Tratando-se de um composto de obras, há que se fixar responsabilidades frente a direitos patrimoniais e morais de cada participante.

Em seu art. 25 a lei estabelece que, nas obras audiovisuais – aí incluindo-se, como já se disse, as obras cinematográficas – os direitos morais cabem, exclusivamente, ao diretor. Não poderia ser de outra forma. O filme, embora comporte a reunião de várias obras e, consequentemente, de vários direitos, forma um conjunto que é, realmente, obra nova e una.

É claro que o exercício do direito de um titular, especialmente no caso de direitos inalienáveis e irrenunciáveis, não exclui o de outros titulares de obras que entram na composição do elemento novo.

O cinema, como o CDRom, é uma expressão típica de multimídia. Tanto que, na ordem dos direitos patrimoniais, segundo o art. 26, item V, "depende de autorização prévia e expressa do autor a utilização da obra, por quaisquer modalidades, tais como (...) a inclusão em fonograma ou produção audiovisual".

Há, na obra audiovisual, segundo a lei, um regime de coautoria. O art. 16 declara que são coautores o autor do argumento, seja ele literário ou musical, e o diretor. O mesmo acontece nos desenhos animados: os desenhistas são coautores.

Nesse caso, várias pessoas podem ser detentoras de direitos autorais numa obra cinematográfica.

Comentários

A autorização do autor e do intérprete gera obrigações e direitos, estabelecidos neste art. 81 e seus parágrafos, entre eles de utilização econômica, ou seja, a comercialização da obra que é, enfim, o objetivo da produção cinematográfica. Como a Lei nº 9.610/1998 é claramente contratualista, também aqui a expressão "salvo disposição em contrário", abre vasto horizonte para negociações e plena liberdade de pactuar condições de interesse recíproco.

Segundo o § 1º, a exclusividade depende de autorização expressa e cessa após dez anos do contrato.

O art. 44, entretanto, declara que "o prazo de proteção dos direitos patrimoniais sobre obras audiovisuais e fotográficas será de setenta anos, a partir de 1º de janeiro do ano subsequente ao de sua divulgação".

Teremos, em face disto, uma situação contraditória: a obra cinematográfica estará protegida por 70 anos. Antes desse tempo, não estará em domínio público. Mas, se não houver disposição contratual em contrário, em dez anos cessa a exclusividade para utilização comercial do roteiro, da trilha sonora e das interpretações. Poderá ocorrer, então, o fato de coexistirem dois filmes com o mesmo argumento, a mesma trilha sonora e os mesmos intérpretes, desde que se tenham passado dez anos da primeira autorização.

A lei anterior era mais clara, pois no § 1º do art. 84 dava o mesmo prazo de dez anos após a celebração do contrato, mas "ressalvando ao produtor da obra cinematográfica o direito de continuar a exibi-la".

Na lei atual não existe essa ressalva. Na ausência de cláusula expressa, o produtor não tem assegurado na lei o direito de continuar explorando comercialmente a obra, decorridos dez anos da assinatura do contrato de autorização do autor e dos intérpretes para a produção audiovisual. Deverá resguardar seus interesses através de cláusula contratual, sob pena de ficar a descoberto findo o prazo estabelecido na lei.

O § 2º e seus itens são tipicamente administrativos: tratam do que, no jargão cinematográfico, é qualificado simplesmente como "créditos" – título, nomes, datas, marcas.

Embora a lei seja contratualista em sua essência, o art. 82 contém normas e diretivas para a formação do contrato: remuneração devida pelo produtor aos coautores, artistas intérpretes e executantes, inclusive forma e local de pagamento.

O item II declara que no contrato deve-se estabelecer o prazo de conclusão da obra. Já o item III contém uma declaração óbvia e desnecessária: a responsabilidade do produtor para com os diferentes participantes da obra – participantes que ele mesmo contratou!

Como sempre ocorre nas disposições cogentes englobando fatores aleatórios, este item é de difícil aplicação prática. Um filme com locações externas, por exemplo, fica sujeito a muitos problemas que estão fora do controle humano, o que fatalmente levaria as partes a alegar motivos de "força maior" para eventuais atrasos. E nada mais genérico e vago do que essa alegação que a nossa lei civil permite.

Art. 83. O participante da produção da obra audiovisual que interromper, temporária ou definitivamente, sua atuação, não poderá opor-se a que esta seja utilizada na obra nem a que terceiro o substitua, resguardados os direitos que adquiriu quanto à parte já executada.

Art. 84. Caso a remuneração dos co-autores da obra audiovisual dependa dos rendimentos de sua utilização econômica, o produtor lhes prestará contas semestralmente, se outro prazo não houver sido pactuado.

Art. 85. Não havendo disposição em contrário poderão os co-autores da obra audiovisual utilizar-se em gênero diverso, da parte que constitua sua contribuição pessoal.

Parágrafo único. Se o produtor não concluir a obra audiovisual no prazo ajustado ou não iniciar sua exploração dentro de dois anos, a contar de sua conclusão, a utilização a que se refere este artigo será livre.

Comentários

Art. 86. Os direitos autorais de execução musical relativos a obras musicais, literomusicais e fonogramas incluídos em obras audiovisuais serão devidos aos seus titulares pelos responsáveis dos locais ou estabelecimentos a que alude o § 3º do art. 68 desta Lei, que as exibirem, ou pelas emissoras de televisão que as transmitirem.

Estes quatro artigos tratam dos direitos e obrigações dos participantes da obra audiovisual. Num certo sentido, eles procuram atender a situações que a experiência revelou conflituosas. Como sempre ocorre, a lei, por mais precisa e específica que seja, não resolve os problemas intrínsecos das relações de trabalho em qualquer área, inclusive na cultural.

O art. 83, por exemplo, retrata uma situação comum num meio onde se chocam interesses de toda a natureza, inclusive egos inflados e vaidades incontroláveis. Trata da situação do participante que abandona uma obra, uma filmagem, para ser mais exato. São incidentes comuns no meio artístico.

A lei anterior, em seu art. 86, tratava do assunto que, agora, o art. 83 praticamente repete. O participante que abandonar a obra não perde seus direitos em relação ao trabalho feito, mas não pode impedir que outro o substitua e nem que sua parte seja utilizada. Garante-se, desta forma, a continuidade da obra.

Se a remuneração dos coautores depender do êxito da obra, o produtor é obrigado a prestar contas semestralmente, "se outro prazo não houver sido pactuado", o que salva a situação, pois 6 meses para prestar contas é um prazo absurdamente longo e injusto. Artistas e intérpretes, salvo os grandes nomes de astros e estrelas, ganham pouco, são mal pagos. O legislador, já que está ditando condições contratuais, deveria ter sido mais generoso com uma classe que, necessitando aparecer para sobreviver, nem sempre tem força para exercer sua autonomia de vontade nos contratos.

O art. 85 permite aos coautores utilizar seu trabalho em gênero diverso, desde que não exista disposição em contrário.

Trata-se de um artigo de difícil aplicação. Nenhum produtor admite que aquilo que se poderia chamar de subprodutos da obra principal seja comercializado paralelamente. É o caso, para exemplificar, das trilhas sonoras. Se ela tiver êxito, constituirá um *plus* no faturamento do filme. É verdade que grandes intérpretes podem impor condições. Mas este é um privilégio reservado a poucos. E o que a lei pretende é a proteção geral, nem sempre fácil, especialmente quando as partes, na prática, não desfrutam de igualdade de condições e autonomia para contratar.

Esta disposição completa-se no artigo seguinte. A execução de obras musicais ou literomusicais, incluídas em obras audiovisuais, deve recolher direitos autorais, segundo o que determina o § 3º do art. 68 que estabelece o que se considera "locais de frequência coletiva". A execução de obras musicais nesses recintos só é possível com o recolhimento de direitos autorais à entidade arrecadadora que represente o autor ou autores, mesmo que tais obras estejam incluídas noutro produto.

Nesse caso, a lei não faz qualquer menção à possibilidade de uma convenção em contrário. Ela é taxativa: os direitos autorais de execução musical "serão devidos a seus titulares pelos responsáveis dos locais ou estabelecimentos" ou "pelas emissoras de televisão" que as exibirem.

Isto significa dizer que locais públicos que executam música, relacionados no art. 68, § 3º, recolhem direitos para seus autores. São devedores os responsáveis por tais locais, neles incluindo-se as "emissoras de televisão que as transmitirem".

É possível desvincular as obras musicais, literomusicais e fonogramas, para efeitos de direitos autorais, da obra audiovisual toda vez que eles sejam executados nos locais previstos no art. 68 ou, ainda, quando transmitidos pela televisão. O direito, no caso, é devido tanto na exibição da obra audiovisual como um todo, quanto na execução apenas das obras musicais ou literomusicais. Isto não é novidade. A Lei nº 5.988/1973 previa a mesma coisa em seu art. 89.

A lei atual não faz referência à exibição de fotografia ou filme de operações cirúrgicas, como ocorria com a lei anterior, aliás desnecessariamente. Qualquer exibição fotográfica – fixa ou em movimento – depende sempre de autorização do fotografado que, nesse caso, exerce o direito que tem a preservação de sua própria imagem.

Capítulo VII
Da utilização de bases de dados

Art. 87. O titular do direito patrimonial sobre uma base de dados terá o direito exclusivo, a respeito da forma da expressão da estrutura da referida base, de autorizar ou proibir:

I – sua reprodução total ou parcial, por qualquer meio ou processo;

II – sua tradução, adaptação, reordenação ou qualquer outra modificação;

III – a distribuição do original ou cópias da base de dados ou sua comunicação ao público;

IV – a reprodução, distribuição ou comunicação ao público dos resultados das operações mencionadas no inciso II deste artigo.

A lei anterior não fazia qualquer referência a bases de dados. Trata-se de uma oportuna inovação, pois esta é uma nova realidade tecnológica que a lei deve contemplar.

Já no art. 7º, item XIII, ao tratar de obras protegidas, a lei incluiu as "bases de dados". Não paira dúvida, pois, que se trata, nos termos da nossa lei, de manifestação criativa que recebe a proteção legal.

O que é uma Base de Dados? Ou, ainda, Banco de Dados ou Data Base? É um arquivo. Nada mais do que isto: um arquivo que, pela sua natureza tecnológica, comporta uma variedade de dados e informações, numa quantidade imensa, onde elementos gráficos e sonoros podem ser criados e inseridos.

A Microsoft Corporations, em seu manual sobre o Microsoft Office 97, não só diz o que é um Banco de Dados, como ensina a organizá-lo:

> "Um banco de dados relacional (por exemplo, o banco de dados Northwind) armazena informações em uma coleção de tabelas, cada uma contendo dados relativos a um assunto. Visto que as tabelas estão relacionadas, você pode utilizar ao mesmo tempo informações de mais de uma delas. Por exemplo, você pode querer combinar informações da tabela Funcionários com a tabela Pedidos para criar um relatório de vendas totais por funcionários no último mês".

Tudo o que for "guardado" num computador pode ser considerado como um banco de dados, seja de caráter pessoal, seja empresarial. Evidentemente, há programas especiais para esse fim.

Esta é, simplificadamente, a essência do problema. Claro que ele não se resume exclusivamente a isso: como tudo, um banco de dados pode assumir – e assume – aspectos bastante complexos.

O assunto é novo e poucos autoralistas nele se detiveram. Nem poderiam fazê-lo, já que mesmo os organismos internacionais e os países mais desenvolvidos só agora estão tratando do assunto. Além disso, enquanto não houver um esforço conjunto de técnicos e juristas, dificilmente se poderá estruturar um sistema legal eficiente de proteção. Aquilo que é simples e banal para um técnico em computação torna-se extremamente complicado para o homem de letras jurídicas e vice-versa.

O professor e doutor Regis Cabral, pesquisador da Universidade de Umea, Suécia, perguntado sobre o que era um banco de dados mostrou-se surpreso e respondeu simplesmente: "É um arquivo. Pode estar numa gaveta ou num computador". Já um leigo não responderia com tanta segurança a uma pergunta complexa, mas que tem resposta simples.

A Microsoft convida seus usuários a organizar seus bancos de dados. E fornece um roteiro claro e simples para que qualquer mortal faça isso. O que a Microsoft está oferecendo ao mercado é um programa de computador, um software, para operar uma base de dados. E a criação de programas de computadores está protegida pela Lei nº 9.609/1998, já conhecida como " Lei do Software". Portanto, nesse caso, há dois problemas, a saber:

1. a base de dados; e
2. o programa para operar essa base, quando houver ou for necessário.

A Lei nº 9.610/1998 refere-se aos direitos patrimoniais do titular de uma base de dados.

Neste caso tem-se:

1. o formato da base e o programa para operá-la;
2. os conteúdos e sua natureza;
3. a compatibilidade e interação do sistema utilizado;
4. as formas de acesso, o que está ligado ao programa, ao "software";
5. a extensão da utilidade e disponibilidade da base de dados.

Quanto a sua natureza, os bancos de dados podem ser simples ou complexos; quanto a sua finalidade, eles podem ser de uso interno, externo ou mistos ou, ainda, pessoais ou empresariais.

O que a lei brasileira protege é o direito do titular de um banco de dados ao seu formato, estrutura e esquema de funcionamento, respeitado, é claro, o programa utilizado que, sendo um software, tem proteção legal.

A proteção que a lei confere ao titular de um banco de dados não o faz proprietário nem titular dos direitos sobre o programa que está utilizando. Para utilizar o Windows 97 numa base de dados, o titular deverá ter uma licença da Microsoft Corporation. Neste caso, dois titulares exercem direitos simultâneos sobre bases diferentes, mas que se complementam para que o usuário possa obter o resultado que deseja.

Posto isto, o titular de uma base de dados tem o direito de autorizar ou proibir sua reprodução, tradução, adaptação, reordenação, distribuição de cópias; enfim, exerce o pleno direito autoral sobre a obra que criou, sem considerar ou incluir, é claro, o programa de que se utiliza.

O que contém uma base de dados? No caso de conter apenas os arquivos pessoais ou empresariais, o único direito que existe é sobre sua forma. Mas quando essa base reúne textos, fotos, desenhos, retratos, obras de artes – é claro que tais autores têm seus direitos resguardados, como, aliás, se infere claramente do art. 7º, item XIII, que declara como obras protegidas:

> "as coletâneas ou compilações, antologia, enciclopédias, dicionários, bases de dados e outras obras, que, por sua seleção, organização ou disposição de seu conteúdo, constituam uma criação intelectual".

E o § 2º desse artigo informa, a seguir, que a proteção não exclui o direito dos autores das obras incluídas em tais compêndios, entre os quais o legislador colocou as bases de dados.

Portanto, os autores de obras de criação incluídas numa base de dados mantêm seus direitos autorais exatamente nos termos da lei.

Uma base de dados pode servir apenas a seu titular. Mas pode destinar-se, também, a um uso comercial mais amplo, como seria o caso de uma editora. Ela tem uma base de dados devidamente protegida e nela arquiva fotos, textos e desenhos, justamente para disponibilidade rápida na edição de livros. Esse uso, porém, estará condicionado aos termos pactuados com os diferentes autores nela incluídos.

Fato novo em direito autoral pátrio, a base de dados pode ser comparada a uma vasta e formidável coletânea eletrônica de dados de toda espécie.

Capítulo VIII
Da utilização da obra coletiva

Art. 88. Ao publicar obra coletiva, o organizador mencionará em cada exemplar:

I – O título da obra;

II – A relação de todos os participantes, em ordem alfabética, se outra não houver sido convencionada;

III – O ano da publicação;

IV – O seu nome ou marca que o identifique;

Parágrafo único. Para valer-se do disposto no § 1º do art. 17 deverá o participante notificar o organizador, por escrito, até a entrega de sua participação.

A Lei nº 9.610/1998 define o que considera obra coletiva: aquela

> "criada por iniciativa, organização e responsabilidade de uma pessoa física ou jurídica, que a publica sob seu nome ou marca e que é constituída pela participação de diferentes autores, cujas contribuições se fundem numa criação autônoma".

A definição é clássica. Délia Lipszyc (obra citada), falando sobre o conceito de obra coletiva, diz:

> "Obra coletiva é aquela criada pela iniciativa e sob a coordenação de uma pessoa física ou jurídica, que a edita e divulga sob seu nome, a partir das contribuições pessoais realizadas para tal fim pelos autores que se fundem em uma criação única e autônoma".

Embora nesse caso exista, também, coautoria, na verdade o que caracteriza a obra coletiva é a multiplicidade de autores sob uma direção que por ela se responsabiliza.

Os participantes da obra coletiva conservam seus direitos, o que aliás erigiu-se em dispositivo constitucional. Com efeito, o item XXVIII do art. 5º da Constituição Federal estabelece na letra *a* que são assegurados, nos termos da lei, "a proteção às participações individuais em obras coletivas (...)".

A lei, nesse caso, segue o dispositivo constitucional. Estabelece as obrigações do organizador: título da obra, relação de todos os participantes, ano da publicação, nome ou marca do organizador.

O art. 17 da lei assegura a proteção dos direitos autorais aos participantes de obras coletivas. O § 1º desse artigo garante a qualquer dos participantes o exercício de seus direitos morais.

O parágrafo único do art. 88 estabelece que o participante de obra coletiva dela pode retirar seu nome, mas deverá notificar ao organizador, por escrito, até a entrega de sua parte no trabalho coletivo.

A obra coletiva é comum e, em muitos casos, necessária. Enciclopédias, dicionários, produções audiovisuais, tratados de várias espécies – tudo isso, não raro, exige a colaboração de vários especialistas. A figura do organizador torna-se necessária para que a obra posa ter um sentido comum e uniforme. Como o organizador da obra coletiva é o detentor dos direitos patrimoniais, com ele deverão os demais colaboradores pactuar as condições de sua participação. Da obra coletiva resulta obra nova, mesmo que nela se incluam textos já caídos em domínio público.

Título V

Dos direitos conexos

Capítulo I

Disposições preliminares

Art. 89. As normas relativas aos direitos de autor aplicam-se, no que couber, aos direitos dos artistas intérpretes ou executantes, dos produtores fonográficos e das empresas de radiodifusão.

Parágrafo único. A proteção desta Lei aos direitos previstos neste artigo deixa intactas e não afeta as garantias asseguradas aos autores das obras literárias, artísticas ou científicas.

Capítulo II

Dos direitos dos artistas intérpretes ou executantes

Art. 90. Tem o artista intérprete ou executante o direito exclusivo de, a título oneroso ou gratuito, autorizar ou proibir:

I – a fixação de suas interpretações ou execuções;

II – a reprodução, a execução pública e a locação das suas interpretações ou execuções fixadas;

III – a radiodifusão das suas interpretações ou execuções, fixadas ou não;

IV – a colocação à disposição do público de suas interpretações ou execuções, de maneira que qualquer pessoa a elas possa ter acesso, no tempo e no lugar que individualmente escolherem;

V – qualquer outra modalidade de utilização de suas interpretações ou execuções.

§ 1º Quando na interpretação ou na execução participarem vários artistas, seus direitos serão exercidos pelo diretor do conjunto.

§ 2º A proteção aos artistas intérpretes ou executantes estende-se à reprodução da voz e imagem, quando associadas às suas atuações".

A expressão "direitos conexos" não tem aceitação pacífica entre os juristas. Muitos entendem que o direito não comporta esse desdobramento, não cabendo conceitos de vizinhança ou afinidade para aquilo que deve ser líquido e certo. O direito é ou não é.

Os autoralistas, de um modo geral, consideram que se trata apenas de um prolongamento ou nova expressão de um direito único, o direito de autor. Em que pese tudo isto, a maioria das legislações considera e trata dos chamados "direitos conexos".

A Organização Mundial da Propriedade Intelectual organizou um *Glossário de direitos de autor e direitos conexos*, com o que, no próprio enunciado, reconhece e oficializa o termo explicando-o da seguinte forma:

> *"entende-se geralmente que se tratam de direitos concedidos em um número crescente de países para proteger os interesses dos artistas intérpretes e executantes, produtores de fonogramas e organizações de radiodifusão em relação a suas atividades referentes a utilização pública de obras de autores, toda classe de representações de artistas ou transmissão ao público de acontecimentos, informações e sons ou imagens..."*

O que se pretende, basicamente, é proteger o artista que interpreta ou executa uma obra de arte. Nesse papel ele cria algo novo, empresta seu talento criativo à obra de arte. Voltaire, assistindo uma peça de sua autoria, chegou a exclamar, entusiasmado: "mas eu não escrevi isso!"

Existem determinadas criações que necessitam desse papel participativo do artista, sem o qual elas não se efetivam, como é o caso da música, do canto, da representação teatral. Em face disso, para muitos juristas, estas seriam obras em colaboração.

Tal ideia, entretanto, não prosperou, consagrando-se, pouco a pouco, o termo "direitos conexos", embora a Convenção de Roma, que abordou o assunto, a isso não se refira: trata de "direitos" e não utiliza a palavra "conexos".

Comentários

Com efeito, em outubro de 1961 foi assinada em Roma uma "Convenção Internacional para Proteção aos Artistas Intérpretes ou Executantes, aos Produtores de Fonogramas e aos Organismos de Radiodifusão".

O art. 3º dessa Convenção define o objeto da proteção quando edita:

> "Para os fins da presente Convenção, entende-se por:
>
> a) 'artistas intérpretes ou executantes', os atores, cantores, músicos, dançarinos e outras pessoas que representem, cantem, recitem, declamem, interpretem ou executem, por qualquer forma, obras literárias ou artísticas;
>
> b) 'fonograma', toda a fixação exclusivamente sonora dos sons de uma execução ou de outros sons, num suporte material;
>
> c) 'produtor de fonogramas', a pessoa física ou jurídica que, pela primeira vez, fixa os sons de uma execução ou outros sons;
>
> d) 'publicação', o fato de pôr à disposição do público exemplares de fonogramas em quantidade suficiente;
>
> e) 'reprodução', a realização da cópia ou de várias cópias de uma fixação;
>
> f) 'emissão de radiodifusão', a difusão de sons ou de imagens e sons, por meio de ondas radioelétricas, destinadas à recepção pelo público;
>
> g) 'retransmissão', a emissão simultânea de um organismo de radiodifusão, efetuada por outro organismo de radiodifusão".

Embora sem utilizar o termo, a Convenção de Roma nesse art. 3º define o campo dos direitos conexos, que a Lei nº 9.610/1998 trata em seu título V.

O artista intérprete ou executante não tem direito à obra em si. A Convenção de Roma deixa isso claro quando informa, em seu art. 1º, que "a proteção prevista pela presente Convenção deixa intacta e não afeta, de qualquer modo, a proteção ao direito do autor sobre as obras literárias e artísticas".

A Lei nº 9.610/1998 segue, em linhas gerais, o texto dessa Convenção. Até a expressão "direitos conexos" praticamente desaparece. Encabeça, é verdade, o título da matéria.

O art. 89 afirma que "as normas relativas aos direitos autorais aplicam-se, no que couber, aos direitos dos artistas intérpretes ou executantes, dos produtores fonográficos e das empresas de radiodifusão".

Na prática esses direitos, que a lei explicita, correspondem aos direitos do autor em geral, ou seja: autorizar ou proibir sua fixação – o que equivale, por exemplo, à impressão de um livro – e à comunicação ao público por qualquer meio.

Essa comunicação pode ser pessoal, numa execução ao vivo e direta, ou mecânica, através de radiodifusão ou fonogramas. Há, no fonograma, particularidades que o diferencia do livro.

Embora isso ocorra em alguns casos, quem adquire um livro dificilmente fará leitura dele em público. Isto não teria sentido. Já o fonograma pode ser retransmitido diretamente ao público, ou pelo rádio, pela televisão ou, ainda, pela Internet. Sua utilização é múltipla e, na maioria dos casos, foge ao âmbito privado e pessoal do usuário.

Disso resulta que depende de autorização do artista a fixação de sua atuação em fonograma. Essa faculdade, porém, vai mais longe: depende do artista a autorização para retransmissão, locação, execução pública, radiodifusão ou "qualquer outra modalidade de utilização de suas interpretações ou execuções" que fuja ao simples uso pessoal do adquirente.

O item V desse artigo fala efetivamente em outras modalidades de utilização, o que sem dúvida abrange e inclui formas de comunicação que estão se impondo agora, como é o caso da Internet.

A lei protege os organismos de radiodifusão. Nesse caso, há dois aspectos: o organismo de radiodifusão como tal e o artista que nele atua.

Ora, se a lei protege o mecanismo de transmissão, certamente quando fala em "qualquer outra modalidade de utilização de suas interpretações", inclui os provedores que permitem acesso à comunicação cibernética. É claro que o legislador, pretendendo ser moderno, poderia ter sido mais específico. Não o foi. Mas nem por isso o aspecto geral e amplo desse item V deixa de cobrir os problemas originados pela revolução tecnológica dos meios de comunicação.

A lei, finalmente, atribuiu ao diretor do conjunto o exercício dos direitos de interpretação e execução, quando feitos por vários artistas. Não poderia ser de outra forma, embora isso demande pactos pessoais entre cada artista e seu diretor, o que nem sempre é feito.

A proteção ao artista inclui voz e imagem. Nos dias de hoje muitos cantores não raro valem-se mais do corpo do que da voz em suas interpretações. A lei protege as duas formas de expressão, conforme diz o § 2º do art. 90, sempre que elas se associem na atuação.

Art. 91. As empresas de radiodifusão poderão realizar fixações de interpretação ou execução de artistas que as tenham permitido para utilização em determinado número de emissões, facultada sua conservação em arquivo público.

Parágrafo único. A reutilização subsequente da fixação, no País ou no exterior, somente será lícita mediante autorização escrita dos titulares de bens intelectuais incluídos no programa, devida uma remuneração adicional aos titulares para cada nova utilização.

Art. 92. Aos intérpretes cabem os direitos morais de integridade e paternidade de suas interpretações, inclusive depois da cessão dos direitos patrimoniais, sem prejuízo da redução, compactação, edição ou dublagem da obra de que tenham participado, sob responsabilidade do produtor, que não poderá desfigurar a interpretação do artista.

Parágrafo único. O falecimento de qualquer participante da obra audiovisual, concluída ou não, não obsta sua exibição e aproveitamento econômico, nem exige autorização adicional, sendo a remuneração prevista para o falecido, nos termos do contrato e da lei, efetuada a favor do espólio ou dos sucessores.

Segundo o art. 91, as emissoras de radiodifusão podem realizar fixação de interpretação ou execução, desde que os artistas a tenham permitido.

Isso é muito comum nas apresentações públicas ao vivo, quando emissoras de rádio e TV gravam o espetáculo para aproveitamento posterior. A lei fala que essa permissão deve ser dada por escrito, para um número determinado de emissões, equivalendo a um contrato.

O parágrafo único desse artigo estabelece condições para a retransmissão das gravações. Trata da "reutilização subsequente", ou seja, *a posteriori*, o que só será permitido mediante pagamento adicional para cada nova utilização, tanto no País como no exterior.

A venda de interpretações e execuções requer permissão por escrito do artista e eles devem receber "uma remuneração adicional " para cada nova utilização da obra. Esta foi uma reivindicação dos artistas que viam suas interpretações postas à venda em vários países, sem qualquer remuneração adicional. É evidente que essa remuneração pode e deve ser pactuada. Mas não poderá ser feita de forma genérica, como é comum nos contratos, utilizando-se a frase padrão: "para todos os países", o que determina uma universalidade exagerada.

A lei é clara, tanto no texto como na intenção do legislador: é "devida uma remuneração adicional aos titulares para cada nova utilização". O objetivo da lei é proteger a manifestação artística, não permitindo o enriquecimento ilícito à custa do trabalho e da qualidade dos intérpretes e executantes.

Além dos direitos patrimoniais, os intérpretes têm direitos morais. Mas, como ocorre com a legislação em vários países do mundo, esses direitos são limitados apenas à integridade e à paternidade das interpretações.

A esse respeito, a nossa lei estabelece algumas condições adicionais:

a) o direito à paternidade e à integridade persiste, mesmo após a cessão;

b) esses direitos não podem impedir a redução, compactação, edição ou dublagem da obra, o que às vezes é necessário para sua maior difusão e comercialização;

c) o produtor é o responsável por esse trabalho;

d) nesse processo de redução, compactação ou dublagem, a obra não pode ser desfigurada. O produtor é o responsável pela sua integridade.

A lei anterior era omissa a esse respeito. O legislador atual cuidou de avaliar as situações em que a interpretação poderia, eventualmente, atingir os direitos morais do artista. E deixou clara a responsabilidade do produtor.

O falecimento do intérprete ou executante não obsta a exibição e o aproveitamento econômico da obra. O pagamento deverá ser feito ao espólio ou aos sucessores.

Capítulo III

Dos direitos dos produtores fonográficos

Art. 93. O produtor de fonogramas tem o direito exclusivo de, a título oneroso ou gratuito, autorizar-lhes ou proibir-lhes:

I – a reprodução direta ou indireta, total ou parcial;

II – a distribuição por meio da venda ou locação de exemplares da reprodução;

II – a comunicação ao público por meio da execução pública, inclusive pela radiodifusão;

IV – VETADO;

V – quaisquer outras modalidades de utilização, existente ou que venham a ser inventadas.

Art. 94. Cabe ao produtor fonográfico perceber dos usuários a que se refere o art. 68, e parágrafos desta Lei os proventos pecuniários resultantes da execução pública dos fonogramas e reparti-los com os artistas, na forma convencionada entre eles ou suas associações".

O fonograma tornou-se importante porque permite levar uma execução, seja ela musical ou de qualquer natureza, a milhões e milhões de pessoas. É algo que vem se aperfeiçoando, das caixas de música aos discos de vinil, às fitas cassetes e, agora, aos CDs. A tecnologia nesse campo avança a passos de gigante. Bilhões e bilhões de dólares são investidos nessa indústria, o que gera interesses econômicos verdadeiramente vultosos.

A Convenção de Roma, assinada em outubro de 1961, teve como objetivo proteger artistas intérpretes ou executantes e os produtores de fonogramas. Em outubro de 1971, em Genebra, assinou-se outra convenção, agora especificamente para proteger os produtores de fonogramas contra a reprodução não autorizada.

Com efeito, tanto numa como na outra convenção, o propósito maior era proteger a gigantesca indústria de fonogramas contra a não menos gigantesca pirataria.

O art. 2º da Convenção de Genebra para fonogramas declara que:

"Cada Estado Contratante se compromete a proteger os produtores de fonogramas que são nacionais dos outros Estados Contratantes contra a produção de cópias feitas sem o consentimento do produtor e contra a importação de tais cópias,

quando a produção ou a importação é feita tendo em vista uma distribuição ao público, assim como a distribuição das referidas cópias ao público".

A Convenção é completa, no sentido de que os Estados participantes devem proteger, basicamente, o fonograma contra a pirataria, que é global, atravessando todas as fronteiras. É esse, na verdade, seu objetivo maior: garantir o retorno dos investimentos nessa indústria, cercando-se de garantias legais contra piratas e contrabandistas.

O art. 10 da Convenção assegura aos produtores "o direito de autorizar ou proibir a reprodução direta ou indireta de seus fonogramas". Esse artigo torna o direito dos produtores excepcionalmente extenso, praticamente sem limites.

Ocorre, é preciso notar, que o fonograma é meio físico e os direitos autorais não protegem o corpo mecânico. Protegem a ideia nele expressa ou fixada, o chamado *corpus misticum*. O art. 5º, IX, da Lei nº 9.610/1998 considera o fonograma como um elemento de fixação. E no art. 7º que elenca, aliás, minuciosamente, as obras protegidas, não se faz qualquer referência ao fonograma que, em si, não é uma obra de arte, mas tão-somente o *corpus mecanicum*.

José de Oliveira Ascenção estudou esse problema com muita acuidade e precisão, dedicando-lhe um capítulo inteiro em seu livro *Direito Autoral* (p. 278 e sg.). Ele diz:

> "O que caracteriza então a posição dos produtores de fonogramas?

Têm eles defendido que a sua atividade tem caráter criador, de tal modo que o que lhes cabe e ainda um verdadeiro direito de autor. O refinamento dos processos utilizados permitiria chegar a uma nova obra, pelo que o produtor de fonogramas participaria da criação.

> "Reconhece-se, porém, quando se ultrapassa o círculo da defesa sindical dos interessados, que não há criação artística. Há uma técnica, extremamente complexa e valiosa, mas em todo o caso industrial. E nunca seria possível fazer depender a proteção dos produtores de fonogramas da presença ou não

de criação artística nos seus produtos: a lei não dá guarida a esta distinção. Aliás, que a proteção do produtor de fonogramas não é reflexo da proteção da obra literária ou artística resulta ainda do fato de aquela se manter mesmo que a obra caia no domínio público. Há portanto uma proteção independente da proteção da obra literária ou artística. E o fonograma é da mesma forma protegido quando não contém nenhuma obra literária ou artística: quando se limite a reproduzir ruídos da natureza, por exemplo. Aquela acessoriedade à obra literária e artística, que encontramos na prestação do artista, não se verifica necessariamente aqui".

Ocorre que o problema envolve interesses econômicos fantásticos. Daí a pressão dos produtores de fonogramas que terminaram obtendo uma proteção para a base toda e não apenas para aquilo que a base contém, ou seja, a obra de arte, o seu *corpus misticum*.

O fonograma teria de ser encarado como o livro e isto demandaria legislação mais ampla e detalhada. A lei, abordando o problema de forma ainda precária, concedeu ao produtor de fonogramas direitos que vão além daquilo que, normalmente, proclamam as leis de direitos de autor.

Cabe ao produtor autorizar ou proibir a reprodução direta ou indireta, total ou parcial, bem como a comunicação ao público – enfim, "quaisquer outras modalidades de utilização, existentes ou que venham a ser inventadas".

E o que acontece com o fonograma quando ele reproduz obra caída em domínio público? Além dos direitos de autor, também para os direitos dos produtores fonográficos a lei prevê um período, que é de 70 anos, após o qual ele cai em domínio público.

Existem aqui dois problemas:

1. o fonograma, como um todo, sendo um direito conexo, tem proteção legal e cai em domínio público 70 anos depois de sua fixação;

2. as obras contidas no fonograma, inclusive interpretação e execução, caem em domínio público após 70 anos.

Ora, o tempo decorrido nos dois casos pode não coincidir. Assim, uma obra caída em domínio público, mas inserida num fonograma, perderia tal condição, o que é um absurdo. Gera-se uma contradição: o fonograma recente está protegido. Mas a obra nele fixada, se já decorridos 70 anos, é de domínio público por força da própria lei.

A situação só não se torna mais grave e confusa porque em boa hora foi vetado o item IV desse artigo. Segundo esse item o produtor de fonograma teria o direito exclusivo de autorizar ou proibir "todas as utilizações a que se refere o art. 29 desta Lei a que se prestem os fonogramas". Não fosse vetado esse item, o produtor estaria equiparado ao próprio autor, o que seria absurdo maior ainda.

Entretanto, não se pode confundir o autor com aquele que, colocando a obra de criação numa base determinada, a comercializa e tem, por isso mesmo, determinados direitos. A lei não concede ao editor privilégio total sobre a obra, de forma a equipará-lo ao autor e seus direitos. Tem ele a exclusividade de comercializar a obra, direito de exigir que se retire do mercado obra similar, desde que na vigência do contrato de edição. Mas não tem qualquer dos direitos atribuídos ao autor pela lei e as convenções internacionais. Por que conceder direitos maiores ao produtor de fonogramas?

O art. 29 – que é extenso e detalhado – refere-se aos direitos patrimoniais do autor, os quais, pelo item IV do art. 93, que foi vetado, passariam integralmente aos produtores de fonogramas em detrimento de autores e intérpretes. Teríamos, nesse caso, uma subversão completa do próprio sentido e objetivo da Lei nº 9.610/1998 e uma limitação claramente inconstitucional dos direitos de artistas intérpretes e executantes.

Foi acertado, portanto, o veto presidencial, cujas razões foram assim expostas pelo Presidente da República em mensagem ao Congresso Nacional:

> "o art. 29 do texto aprovado no Congresso Nacional refere-se aos Direitos Patrimoniais do Autor e sua Duração. O inciso

> IV do art. 93 é inadequado uma vez que, em se tratando de direitos conexos, referencia um artigo que trata exclusivamente de direito de autor, o que pode levar a uma equiparação entre estes dois institutos distintos da propriedade intelectual".

O disposto no art. 29 concede ao autor, entre outros direitos, o direito de adaptação. O texto do inciso IV do art. 93 remeteria, precisamente, às utilizações definidas no art. 29, estendendo-as, no que couber, aos detentores de direitos conexos, ou seja, aos produtores fonográficos, possibilitando que esses produtores exercessem, também, o direito de adaptação, o que, aliás, produziria uma grande confusão, por serem direitos exclusivos do autor.

Conforme definição legal (art. 5º, IX, da Lei nº 9.610/1998), fonograma não é obra. As formas de sua utilização e os direitos que geram ao produtor não se confundem com aqueles que geram direitos de autor na obra fixada em fonograma.

Além disso, edita o inciso V do art. 93 que o produtor fonográfico tem o direito exclusivo de autorizar ou proibir "quaisquer outras modalidades de utilização, existentes ou que venham a ser inventadas", o que protege suficientemente os interesses dessa indústria.

Por tais razões se justifica o veto presidencial ao citado inciso.

O art. 94 trata do problema remuneratório. Há três aspectos nesse artigo:

1. o produtor fonográfico é quem percebe dos usuários a remuneração referida no art. 68 da lei;

2. ele deve repartir esses proventos com os artistas;

3. essa divisão deve ser feita conforme o que for pactuado entre os artistas ou suas associações.

O que diz o art. 68?

Em primeiro lugar ele deixa claro – e muito claro! – em seu *caput,* que "sem prévia e expressa autorização do autor ou titular, não poderão ser utilizadas obras teatrais, composições musicais ou literomusicais e fonogramas, em representações e execuções públicas".

O § 1º desse art. define:

a) o que são representações públicas, listando todas as formas de apresentação artística, sejam remuneradas ou não;

b) define o que é execução pública;

c) define o que são "locais públicos", não deixando, a esse respeito qualquer dúvida.

Esse parágrafo determina, ainda, que o empresário deve apresentar, previamente, comprovante de que recolheu os direitos autorais devidos, podendo, entretanto, pagá-los após a realização do espetáculo, nos termos que a lei estabelece.

O produtor fonográfico, podendo autorizar ou proibir sua transmissão, é quem tem o direito de perceber os proventos advindos de sua execução. Deverá, entretanto, reparti-los com os artistas, por imposição legal clara e irretorquível.

Capítulo IV
Dos direitos das empresas de radiodifusão

Art. 95. Cabe às empresas de radiodifusão o direito exclusivo de autorizar ou proibir a retransmissão, fixação e reprodução de suas emissões, bem como a comunicação ao público, pela televisão, em locais de frequência coletiva, sem prejuízo dos direitos dos titulares de bens intelectuais incluídos na programação.

Capítulo V
Da duração dos direitos conexos

Art. 96. É de setenta anos o prazo de proteção aos direitos conexos, contado a partir de 1º de janeiro do ano subsequente à fixação, para os fonogramas; à transmissão, para as emissões das empresas de radiodifusão; e à execução e representação pública, para os demais casos.

As empresas de radiodifusão produzem seus programas. Elas também adquirem direitos de transmissão, envolvendo diversos espetáculos. Cabe a elas o direito exclusivo de autorizar ou proibir a retransmissão de seus programas, seja qual for a sua origem. A ninguém é dado copiar um programa, fixá-lo numa base para exploração comercial ou simples exibição pública.

A Lei nº 5.988/1973, em seu art. 99, fazia uma ressalva quanto à comunicação ao público. Ela era permitida desde que fosse gratuita, pois as transmissões dependeriam de autorização das empresas de radiodifusão em locais de "frequência coletiva, com entrada paga".

O pagamento ou não de uma exibição pública é irrelevante para o autor. Ele não pode é ter seu bem utilizado sem que disso lhe advenha proveito algum. O uso gratuito como pretexto para não pagar direitos autorais é um abuso. Trata-se de um trabalho e como tal deve ser remunerado.

A lei atual excluiu o termo "entrada paga". Mas acrescentou algo muito importante e esclarecedor, quando diz que o direito de autorizar ou proibir transmissão, retransmissão ou fixação deve ser feito "sem prejuízo dos direitos dos titulares de bens intelectuais incluídos na programação". Esses direitos, em qualquer circunstância, devem ser respeitados.

O artigo seguinte trata da duração dos direitos conexos, que é de setenta anos. O início da contagem do tempo é estabelecido de forma clara: sempre a partir de 1º de janeiro do ano subsequente a fixação em fonograma, a transmissão, a execução ou a representação pública.

O direito de arena

A essa altura, a lei anterior tratava, em seu art. 100, do chamado "direito de arena".

Segundo esse artigo, à entidade a que estivesse vinculado o atleta pertencia o direito de autorizar ou proibir a fixação, transmissão ou retransmissão de espetáculo desportivo público. A lei atual, em boa hora, excluiu esse direito.

Evidentemente, não se trata de um direito autoral. Vincula-se a negócios comerciais e publicitários, em torno de atuações esportivas. Neles não há uma obra de arte a ser protegida e sua presença na lei anterior era anômala. Não fazia sentido. O direito de autor protege a obra criativa e não se pode estendê-lo a outros campos. No caso, uma exibição esportiva, por mais bela que seja, nunca será uma obra de arte. Pelo menos no que a isto se referem os direitos autorais.

Título VI

Das associações de titulares de direitos de autor e dos que lhes são conexos

Art. 97. Para o exercício e defesa de seus direitos, podem os autores e titulares de direitos conexos associar-se sem intuito de lucro.

§ 1º É vedado pertencer a mais de uma associação para a gestão coletiva de direitos da mesma natureza.

§ 2º Pode o titular transferir-se, a qualquer momento, para outra associação, devendo comunicar o fato, por escrito, à associação de origem.

§ 3º As associações com sede no exterior far-se-ão representar, no País, por associações nacionais constituídas na forma prevista nesta Lei;

Art. 98. Com o ato de filiação, as associações tornam-se mandatárias de seus associados para a prática de todos os atos necessários à defesa judicial ou extrajudicial de seus direitos autorais, bem como para sua cobrança.

Parágrafo único. Os titulares de direitos autorais poderão praticar, pessoalmente, os atos referidos neste artigo, mediante comunicação prévia à associação a que estiverem filiados.

Art. 99. As associações manterão um único escritório central para a arrecadação e distribuição, em comum, dos direitos relativos à execução pública das obras musicais e literomusicais e de fonogramas, inclusive por meio da radiodifusão e transmissão por qualquer modalidade, e da exibição de obras audiovisuais.

§ 1º O escritório central organizado na forma prevista neste artigo não terá finalidade de lucro e será dirigido e administrado pelas associações que o integram.

§ 2º O escritório central e as associações a que se refere este título atuarão em juízo ou fora dele em seus próprios nomes como substitutos processuais dos titulares a eles vinculados.

§ 3º O recolhimento de quaisquer valores pelo escritório central somente se fará por depósito bancário.

§ 4º O escritório central poderá manter fiscais, aos quais é vedado receber do empresário numerário a qualquer título.

§ 5º A inobservância da norma do parágrafo anterior tornará o faltoso inabilitado à função fiscal, sem prejuízo das sanções civis e penais cabíveis.

Art. 100. O sindicato ou associação profissional que congregue não menos de um terço dos filiados de uma associação autoral poderá, uma vez por ano, após notificação, com oito dias de antecedência, fiscalizar, por intermédio de auditor, a exatidão das contas prestadas a seus representados.

As associações para gestão de direitos autorais e conexos têm uma longa e vigorosa história. Nasceram na França, em 1777, lutando bravamente pelos direitos autorais de intérpretes e executantes. A primeira sociedade, Bureau de Législation Dramatique, deu origem às mais diversas organizações de administração coletiva de direitos autorais, não só na França, mas em todo o mundo.

A arte não tem fronteiras. Os meios de comunicação multiplicam-se. Autores e usuários, evidentemente, não podem manter contato pessoal para negociar direitos autorais. Isto seria impraticável e até mesmo impossível. São milhares e milhares de obras e autores.

A OMPI reconheceu a necessidade de associações gestoras de direitos autorais. É algo consagrado em todo o mundo. Essas organizações abrangem, essencialmente, direitos conexos e direitos reprográficos, embora outros setores nelas se incluam. Esses direitos multiplicam-se, abrangendo os mais diferentes setores de atividade: escritores, artistas intérpretes, executantes, bailarinos, coreógrafos, músicos, compositores, cantores etc.

Além disso, o aspecto geográfico e quantitativo se faz presente: a música, por exemplo, é tocada em milhares e milhares de locais e em quantidades cujo controle pessoal é impraticável. Disto resulta que sem organizações para gerir esses direitos autorais, o controle e o recebimento das importâncias devidas seria impossível.

O espaço cibernético, os mil caminhos da infovia criam problemas para a gestão dos direitos autorais e dos direitos do editor. Como administrar o que se divulga pela Internet? A administração de tais direitos é importante porque hoje é possível comunicar qualquer obra a um universo praticamente ilimitado.

Em janeiro de 1998 realizou-se em Tóquio o "4º Simpósio Internacional de Copyright da Associação Internacional de Editores" e, entre suas resoluções, destacam-se aquelas relativas à criação de "sistemas viáveis de gerenciamento de *copyright*, não só implementando mudanças legais apropriadas como "apoiando sistemas de licenciamento efetivo". Outra resolução pede o reconhecimento internacional, regional e nacional, dos direitos "exclusivos dos editores sobre suas edições eletrônicas".

A gestão de direitos autorais na internet, tanto para autores como para editores, só será possível por meio de organizações de gestão coletiva que, assim, adquirem importância fundamental em face da revolução tecnológica. Não há outro caminho.

Isabel Spín Alba reconhece e enfatiza a importância da gestão coletiva dos direitos autorais quando diz:

> "Ao tratar da importância econômica do direito do autor temos manifestado que a forma mais eficaz para que os criadores intelectuais tornem efetiva sua participação na exploração econômica de suas obras é através do fortalecimento de suas entidades de gestão coletiva de direitos.

> "Tendo em conta a massificação do processo de comunicação de obras intelectuais, derivada da ampliação do número de usuários e da transposição de fronteiras, é praticamente impossível que um autor, ante tamanha dispersão territorial e temporal, controle a utilização de sua obra" (obra citada).

E mais adiante essa autora acentua:

> "Na proteção judicial dos direitos de autor, nota-se o peso da gestão coletiva. De fato, as entidades de gestão, uma vez que tenham legitimidade para fazer valer os direitos de seus associados em toda classe de procedimentos administrativos e judiciais, têm maior eficácia que o exercício individual dos mesmos, inclusive pelo próprio custo das ações judiciais".

No caso da reprografia, por exemplo, a solução que autores e editores encontraram foi, justamente, administrar e recolher os direitos autorais reprográficos, o que só se tornou possível através das entidades de gestão coletiva. Não poderia ser de outra forma. As cópias reprográficas alcançaram números impressionantes. Segundo levantamento do Kopinor, entidade de gestão coletiva da Noruega, o número de páginas copiadas no mundo atingiu 300 bilhões por ano. Administrar essa quantidade, espalhada por todos os recantos do globo, seria impossível para o autor individualmente. Hoje existem entidades que administram tais direitos em nada menos que 26 países do mundo.

A tendência que se firmou em todo o mundo, inclusive no Brasil, é gerir os direitos de autor através de organizações associativas. Trata-se de instituições privadas, sem fins lucrativos, mas com instrumentos de controle maior ou menor, o que varia de país para país. Esse controle se faz necessário pelo vulto dos interesses materiais em jogo.

No Brasil, a Lei nº 5.988/1973 tratou do assunto no art. 103 e seguintes. De acordo com a época – 1973, sob o regime militar – a lei tratou da organização de associações de titulares de direitos de autor de maneira minuciosa, deixando bem nítida a intervenção do Estado. A lei prescrevia tudo, da denominação à forma e conteúdo do estatuto, inclusive seus órgãos diretores. Além disso, determinava que as associações, para funcionar, necessitavam licença do então Conselho Nacional de Direito Autoral.

A Constituição pôs fim a essa dependência absurda e a nova lei de direitos autorais sepultou, definitivamente, qualquer ingerência do Estado nas organizações associativas. Mais ainda: a Constituição Federal conferiu às associações o direito de representar seus filiados, judicial e extrajudicialmente.

O art. 5º, XXVIII, *b*, tratando dos direitos de autor, atribui a estes ou às suas associações o direito de fiscalização sobre os resultados econômicos de suas obras. Diz, textualmente, que são assegurados nos termos da lei:

> "o direito de fiscalização do aproveitamento econômico das obras que criarem ou de que participarem aos criadores, aos intérpretes e às respectivas representações sindicais e associativas".

O título VI da Lei nº 9.610/1998, nos termos da Constituição Federal, estabelece as bases para a criação e funcionamento das associações dos titulares de direitos autorais e conexos.

A lei fala em "autores e titulares de direitos conexos". São, portanto, dois tipos de sócios: o autor e o titular dos direitos conexos.

O autor, pessoa física, reúne duas condições, que se fundem: a primeira como autor, sujeito de direitos patrimoniais e morais; a segunda como titular desses direitos. Já o inverso não é verdadeiro. Uma pessoa jurídica pode ser titular de direitos autorais, mas não será autora. O art. 11 da Lei é claro quando edita:

> *"Autor é a pessoa física criadora de obra literária, artística ou científica".*

E o § 1º desse artigo acrescenta:

> *"A proteção concedida ao autor poderá aplicar-se às pessoas jurídicas nos casos previstos nesta lei".*

Portanto, a proteção aos direitos de autor pode estender-se à pessoa jurídica, mas só "nos casos previstos nesta lei".

Ora, a lei, quando trata das associações, não se refere aos titulares de direito de autor, mas de direitos conexos.

Disso se conclui o seguinte: o autor pode constituir uma associação para exercer a defesa de seus direitos; mas a pessoa jurídica, eventualmente titular desses direitos, não poderia. Já quando se tratar de direitos conexos – em que se tem a figura do autor, do produtor, do empresário, pessoa física ou pessoa jurídica – podem associar-se tanto o autor como o titular dos direitos.

Evidentemente estamos diante de dois problemas: o texto da lei e a intenção do legislador, que é preciso levar em conta. Embora se entre no caráter subjetivo da lei, é preciso considerar qual foi a intenção do legislador. Afinal, o que ele pretendia com seu édito? Seria lógico e justo excluir do direito de associação os herdeiros ou cessionários de direitos autorais? Isto não parece razoável e nem seria cabível numa lei que pretende, justamente, proteger e preservar os direitos autorais.

Além da intenção do legislador, o interesse social deve ser levado em conta. Seria socialmente justo impedir que os titulares de direitos autorais, no caso pessoas jurídicas, herdeiros, sucessores e cessionários se associem para defender seus interesses?

Nesse sentido, a Lei de Introdução ao Código Civil prevê tal circunstância:

> "Na aplicação da lei, o juiz atenderá aos fins sociais a que ela se dirige e às exigências do bem comum".

É evidente que se pode, ainda, alegar a inconstitucionalidade desse dispositivo, pois a Constituição Federal no art. 5º, XVII, estabelece que

> "é plena a liberdade de associação para fins lícitos, vedada a de caráter paramilitar".

Entretanto, mesmo nesse caso, embora seja livre o direito de organizar qualquer associação, as associações têm finalidades específicas, fixadas pela lei. É privilégio dos autores musicais, por exemplo, organizar uma associação arrecadadora de seus direitos de execução. Um grupo de cidadãos alheios ao setor não poderia invocar a Constituição para criar um órgão com a mesma finalidade. Isso não teria sentido e não encontraria amparo legal.

Portanto, segundo o art. 97, as associações serão integradas por autores e, quando se tratar de direitos conexos, também pelos titulares desses direitos. Essa limitação aos titulares de direitos autorais, que fere a realidade, se não for corrigida pelo legislador, certamente encontrará correção nas decisões dos tribunais.

Como a prática tem demonstrado, no setor artístico, por diferentes razões há sempre várias associações. É vedado pertencer a mais de uma, o que tem sentido prático. Trata-se de um problema administrativo. A finalidade da associação é arrecadar e distribuir direitos autorais. Essa distribuição é feita, obviamente, entre seus sócios. Ora, se o autor pertencesse a várias associações, a distribuição de direitos autorais sofreria deformações e até se inviabilizaria.

Mas o associado pode transferir-se para outra associação e, também, como decorrência do preceito constitucional, pode constituir outra associação que, a seu juízo, melhor defenda seus direitos.

Pelo § 3º desse artigo, as entidades arrecadadoras com sede no exterior "far-se-ão representar, no País, por associações nacionais constituídas na forma prevista nesta lei".

As associações representam e são mandatárias de seus associados. Para isto basta o simples ato de filiação. Não é necessário nenhum instrumento especial de procuração. As associações estão aptas a praticar todos os atos judiciais e extrajudiciais na defesa dos direitos autorais de seus associados, podendo efetuar, em juízo ou fora dele, a cobrança de seus direitos autorais. É claro que os associados podem praticar, eles próprios, tais atos, pois a lei assim o permite.

O art. 99 repete, em linhas gerais, o art. 115 da lei anterior, segundo o qual "as associações manterão um único escritório central para arrecadação e distribuição, em comum, dos direitos relativos à execução pública das obras musicais e literomusicais e de fonogramas".

O legislador manteve o sistema centralizado de arrecadação. As associações específicas poderiam praticar os atos de recolher e distribuir direitos autorais, não fossem elas tantas e tão variadas, o que tornaria a ação arrecadadora disforme e mesmo caótica. A centralização, como a experiência tem demonstrado em vários setores, não é a melhor forma de gerir qualquer atividade num país tão vasto e economicamente tão diverso como é o Brasil. Mas, no caso, ela se impõe. A lei estabeleceu um ponto de equilíbrio: permite a multiplicidade de associações, mas centraliza a gestão financeira.

Pelo art. 99, esse escritório central destina-se, exclusivamente, à arrecadação dos direitos "relativos à execução pública das obras musicais e literomusicais e de fonogramas, inclusive por meio de radiodifusão e transmissão por qualquer modalidade e de exibição de obras audiovisuais".

Esse artigo deixa claro o seguinte:

1. Sua finalidade é arrecadar direitos exclusivamente sobre execução pública de obras musicais e literomusicais e de fonogramas.

Não entra no rol dos objetivos desse escritório a arrecadação de direitos sobre outras formas de criação, sejam elas quais forem. A sua ação está limitada ao que a lei edita. No caso, por exemplo, de direitos sobre cópias de textos protegidos, as associações de autores podem recolher e distribuir diretamente a remuneração sobre tais direitos.

2. A arrecadação centralizada refere-se à exibição pública de obras musicais, literomusicais e fonogramas por qualquer modalidade, no que se inclui rádio, televisão e cinema.

O Escritório Central, organização sem fins lucrativos, será dirigido e administrado pelas associações que dele fazem parte.

O exercício desse direito é importante. A sociedade civil brasileira não tem tradição organizativa. Não exerce seus direitos. Submete-se e torna-se dependente do Estado, pai e patrão. Esse comportamento é levado às organizações que não raro ficam entregues a burocratas, muitas vezes estranhos à categoria que representam. Os resultados sempre são funestos. A solução para o problema reside, justamente, na atuação participativa dos sócios em suas organizações. Este fato determina, inclusive, a tendência do legislador para prescrever comportamentos e atitudes que, normalmente, não deveriam entrar no elenco de disposições legais. É o caso, por exemplo, dos §§ 3º, 4º e 5º do art. 99 que se referem a depósito bancário das arrecadações, à manutenção de fiscais, à proibição do fiscal de receber do "empresário numerário a qualquer título(...)". Enfim, problemas administrativos que mais caberiam no estatuto da associação do que no texto legal.

O art. 100, que encerra esse título, confere aos sindicatos e associações profissionais o direito de auditar as contas das entidades de gestão de direitos autorais. Mas, sindicato deverá contar em seus quadros com não menos de um terço dos filiados da associação que pretenda fiscalizar, o que representa um número elevado e, até mesmo, de difícil quantificação. A começar por essa exigência, pode-se afirmar que embora a intenção seja conceder a uma entidade o direito de fiscalizar outra, sua aplicação prática é duvidosa. Além disso, a auditoria só poderá ser feita uma vez por ano.

Melhor seria conceder, simplesmente, a qualquer interessado, o direito de examinar as contas da entidade a que pertença, sem maiores delongas ou burocracia. Fiscalizar, examinar por meio de auditor ou especialista e exigir prestação de contas é um direito inerente a qualquer associado, ou mesmo organização que tenha legitimidade para tal. Faz parte da lisura e da transparência que devem nortear a vida de qualquer órgão associativo.

Título VIII

Das sanções às violações dos direitos autorais

Capítulo I

Disposição preliminar

Art. 101. As sanções civis de que trata este Capítulo aplicam-se sem prejuízo das penas cabíveis.

Art. 102. O titular cuja obra seja fraudulentamente reproduzida, divulgada ou de qualquer forma utilizada, poderá requerer a apreensão dos exemplares reproduzidos ou a suspensão da divulgação, sem prejuízo da indenização cabível.

Art. 103. Quem editar obra literária, artística ou científica, sem autorização do titular, perderá para este os exemplares que se apreenderem e pagar-lhe-á o preço dos que tiver vendido.

Parágrafo único. Não se conhecendo o número de exemplares que constituem a edição fraudulenta, pagará o transgressor o valor de três mil exemplares, além dos apreendidos.

Art. 104. Quem vender, expuser à venda, ocultar, adquirir, distribuir, tiver em depósito ou utilizar obra ou fonograma reproduzidos com fraude, com a finalidade de vender, obter ganho, vantagem, proveito, lucro direto ou indireto, para si ou para outrem, será solidariamente responsável com o contrafator, nos termos dos artigos precedentes, respondendo como contrafatores o importador e o distribuidor em caso de reprodução no exterior.

Art. 105. A transmissão e a retransmissão, por qualquer meio ou processo, e a comunicação ao público de obras artísticas, literárias ou científicas, de interpretações e de fonogramas, realizadas mediante violação aos direitos de seus titulares, deverão ser imediatamente suspensas ou interrompidas pela autoridade judicial competente, sem prejuízo da multa diária pelo descumprimento e das demais indenizações cabíveis, independentemente das sanções aplicáveis; caso se comprove que o infrator é reincidente na violação aos direitos dos titulares de direitos de autor e conexos, o valor da multa poderá ser aumentado até o dobro.

Este capítulo trata das sanções civis. O art. 101 diz que as sanções aplicam-se sem prejuízo das penas cabíveis. A lei anterior referia-se a sanções penais, o que é correto. Entre as várias correções que a lei está a reclamar esta é, sem dúvida, uma delas.

O legislador, inspirando-se na lei anterior, tipificou alguns delitos e atribuiu sanções. O problema da lesão aos direitos do autor, entretanto, vai mais longe, pois atinge o patrimônio do titular, causando-lhe danos materiais e morais.

O conceito de obra reproduzida fraudulentamente, de que trata o art. 102, é abrangente. Refere-se aos atos praticados contra os legítimos interesses do autor, inclusive edições piratas, reprografia e plágio; enfim, as fraudes que prejudicam autores, editores e produtores.

Esse artigo confere ao titular da obra o direito de requerer, cautelarmente, a "apreensão dos exemplares reproduzidos ou a suspensão da divulgação, sem prejuízo da indenização cabível".

Três questões devem, aqui, ser identificadas:

1. a nova lei refere-se ao titular do direito e não mais ao autor, o que é mais amplo, pois o conceito de titular tem abrangência maior. A lei anterior conferia esse direito explicitamente ao autor, o que limitava a ação. Agora o titular do direito pode agir diretamente, seja ele ou não o autor da obra contrafeita, o que inclui editores e produtores;
2. a apreensão da obra é medida cautelar; portanto ela faz parte de algo maior, pois será feita sem prejuízo da "indenização cabível";
3. essa indenização, por sua vez, refere-se a danos materiais e morais.

A obra de criação, levada a uma base, passa a ser considerada um bem móvel, conforme edita o art. 3º da lei. Esse bem envolve direitos morais específicos relacionados com a obra, tais como paternidade, integridade etc.

Mas há, além disso, o dano moral, do ponto de vista civil, considerado e que pode atingir o autor, ao lado da lesão patrimonial. A lesão moral não se circunscreve apenas aos direitos do autor. Trata-se de algo mais amplo: é um princípio que decorre do art. 5º, V, da Constituição Federal que diz:

> "é assegurado o direito de resposta, proporcional ao agravo, além da indenização por dano material, moral ou à imagem".

Os tribunais brasileiros vêm reconhecendo o dano moral como lesão indenizável, como um atentado ético que fere o próprio "eu", a alma da vítima e, não raro, o que ela tem de mais precioso que é sua dignidade e respeito no meio em que vive.

A 1ª Câmara Civil do Tribunal de Justiça do Rio de Janeiro exemplificou esse conceito de forma clara e lapidar:

> "Dano moral, lição de Aguiar Dias: o dano moral é o efeito não patrimonial da lesão de direito e não a própria lesão abstratamente considerada. Lição de Savatier: dano moral é todo sofrimento humano que não é causado por uma perda pecuniária. Lição de Pontes de Miranda: nos danos morais a

esfera ética da pessoa é que é ofendida; o dano não patrimonial é o que, só atingindo o devedor como ser humano, não lhe atinge o patrimônio" (*apud* Rel. Carlos Alberto Menezes Direito – j. 19-11-1991 – *RDP* 185/198).

Fabricio Zamprogna Matielo diz:

"Iniciou-se, por assim dizer, a afirmação da teoria da responsabilidade civil por danos morais puros, em julgamentos que afastaram a idéia da necessidade de repercussão objetiva no patrimônio físico da vítima. Modernamente, basta a ingerência injusta sobre direitos subjetivos alheios para que se admita a recomposição do dano moral originado, ainda que difícil a prova do dano, mas desde que induvidosa a agressão e a sua autoria. Isso porque a reação das vítimas varia consoante a sensibilidade própria, o maior ou menor grau de preparo intelectual e outras circunstâncias variadas, e a negação da indenização pecuniária em relação a uma conduta potencialmente nociva poderia preservar o infrator e punir o lesado".

E prossegue esse autor:

"Tem entre nós hoje, portanto, duas finalidades a reparação dos danos morais:

1ª) indenizar pecuniariamente o ofendido, alcançando-lhe a oportunidade de obter meios de amenizar a dor experimentada em função da agressão moral, em um misto de compensação e satisfação;

2ª) punir o causador do dano moral, inibindo novos episódios lesivos, nefastos ao convívio social". (Matielo, *Dano Moral. Dano Material* – 2. ed., Sagra Luzzatto, 1995, p. 55)

A edição fraudulenta encerra, pois, lesão material e moral.

O art. 103 diz que quem "editar obra literária, artística ou científica, sem autorização do titular, perderá para este os exemplares que se apreenderem e pagar-lhe-á o preço dos que tiver vendido".

Caso o número de exemplares não seja conhecido, o transgressor pagará o valor de 3 mil exemplares, "além dos apreendidos". Evidentemente, trata-se do preço de capa do livro, o preço pelo qual ele é comercializado. Esse sempre foi, e é, entre nós, o parâmetro para o negócio do livro no mercado.

Tal apreensão será a "indenização cabível" a que se refere o art. 102? Não nos parece, pelo menos à luz da melhor doutrina. Se assim fora, o legislador, no art. 102, não falaria em "indenização cabível", mas simplesmente na apreensão referida no artigo seguinte. A satisfação do ofendido, neste caso, seria parcial. Há outros danos em jogo.

Clóvis Bevilaqua definiu com muita precisão técnica a natureza dos danos causados. O dano emergente, ou *damnum emergens*, na lapidar definição do mestre: "é o que efetivamente se perdeu". E danos cessantes, ou *lucrum cessans*, "é aquele que, razoavelmente, deixou-se de lucrar; é a diminuição potencial do patrimônio".

Uma edição pirata, por exemplo, causa um dano imediato ao titular do direito de autor. Alguém está ganhando a custa do trabalho de outrem que, efetivamente, está perdendo.

Mas, além desse prejuízo, há "a diminuição potencial do patrimônio", pois autor e editor deixam de lucrar com vendas futuras que poderiam se realizar ao longo do tempo. Desgasta-se o produto e desgasta-se o mercado. No comércio editorial raramente as vendas são imediatas. Elas se fazem pouco a pouco, ao longo do tempo.

A perda potencial é maior do que a própria edição fraudulenta. Portanto, transcende os exemplares apreendidos, os quais, inclusive, podem ser poucos, especialmente com a tecnologia atual que permite edições limitadas.

Ao lado do aspecto material, há o dano moral, que avulta. O autor é lançado ao mercado contra sua vontade, em condições que desconhece e que, pela natureza da própria obra, às vezes até plagiada, pode ser negativa para sua imagem. Um livro mal impresso, às vezes com erros graves ou até de leitura difícil, causará ao autor prejuízos morais que reclamam reparo nos dois sentidos a que se refere Fabrício Zamprogna Matielo: indenizar o ofendido e punir o causador do dano moral.

"A violação a direitos autorais, diz Carlos Alberto Bittar, acarreta sancionamentos em diferentes planos do Direito, em que avulta a perspectiva de reparação dos danos sofridos pelo lesado, tanto de ordem moral como de ordem patrimonial, os primeiros referentes a lesão de componentes pessoais do relacionamento autor-obra, os segundos a de cunho pecuniário"

No que tange aos critérios para indenização, Bittar diz que

"a doutrina universal é tranquila a respeito, entendendo espraiar-se o sancionamento por todos os efeitos danosos da ação lesiva e propondo, para determinadas ações, critérios próprios. Assim, compreendem-se, no cálculo da indenização, verbas correspondentes à satisfação dos danos morais e as dos danos patrimoniais, considerando-se independente, nos dois campos, cada direito exclusivo violado" (Bittar, Contornos do direito do autor – Revista dos Tribunais, 1992, p. 201-202)

Conclui-se, pois, que tanto o dano moral como o dano material são indenizáveis, embora a quantificação dependa de cada caso.

Deve-se considerar, ainda, que o ilícito em relação ao direito autoral não se limita apenas à edição de obra literária ou científica, mas envolve todos os elementos criativos: música, teatro, cinema, televisão, obras de artes plásticas e, enfim, tudo aquilo que a lei protege, como se vê, aliás, do art. 105 da nova lei.

O art. 104 estabelece a corresponsabilidade de quem expõe, vende, oculta, adquire ou distribui obra ou fonograma reproduzidos com fraude.

É interessante notar que a lei atual é mais rigorosa, pois inclui, no quadro dos responsáveis pelo delito, o adquirente do produto fraudulento, o qual passa à condição de cúmplice. Trata-se de providência justíssima, pois sem o comprador do objeto fraudado não haveria êxito na ação delituosa do vendedor.

É solidariamente responsável com o contrafator quem "vender, expuser à venda, ocultar, adquirir, distribuir, tiver em deposito ou utilizar obra ou fonograma reproduzidos com fraude".

O art. 105 é bastante amplo e abrangente. Ele se refere à transmissão ou retransmissão de obras protegidas através de qualquer meio ou processo, o que inclui o espaço cibernético. Essas transmissões deverão ser "imediatamente suspensas ou interrompidas pela autoridade judicial competente".

Segundo esse artigo, a suspensão ou interrupção deverá ser feita "sem prejuízo da multa diária pelo descumprimento e das demais indenizações cabíveis". O legislador procura dar os instrumentos legais necessários para que se ponha fim à lesão, suspendendo-se a comunicação da obra ao público, seja qual for o meio utilizado, aí incluindo-se a Internet e as fontes de acesso remoto via computador.

Trata-se, obviamente, de medida cautelar a ser tomada de plano independente do curso da ação, inclusive com o estabelecimento de multa diária. O legislador não fixou o *quantum* seria essa multa, mas esta deverá, evidentemente, ser estipulada pelo juiz, de tal forma que iniba o contrafator a prosseguir em seu ato delituoso.

A lei, a seguir, trata do destino a ser dado ao material ilícito e aos próprios equipamentos utilizados na prática do crime autoral.

Art. 106. A sentença condenatória poderá determinar a destruição de todos os exemplares ilícitos, bem como as matrizes, moldes, negativos e demais elementos utilizados para praticar o ilícito civil, assim como a perda de máquinas, equipamentos e insumos destinados a tal fim ou, servindo eles unicamente para o fim ilícito, sua destruição.

Art. 107. Independentemente da perda dos equipamentos utilizados, responderá por perdas e danos, nunca inferiores ao valor que resultaria da aplicação do disposto no Art. 103 e seu parágrafo único, quem:

I – alterar, suprimir, modificar ou inutilizar, de qualquer maneira, dispositivos técnicos introduzidos nos exemplares das obras e produções protegidas para evitar ou restringir sua cópia;

II – alterar, suprimir ou inutilizar, de qualquer maneira, os sinais codificados destinados a restringir a comunicação ao público de obras, produções ou emissões protegidas ou a evitar a sua cópia;

III – suprimir ou alterar, sem autorização, qualquer informação sobre a gestão de direitos;

IV – distribuir, importar para distribuição, emitir, comunicar ou puser à disposição do público, sem autorização, obras, interpretações ou execuções, exemplares de interpretações fixadas em fonogramas e emissões, sabendo que a informação sobre a gestão de direitos, sinais codificados e dispositivos técnicos foram suprimidos ou alterados sem autorização.

O art. 106 faculta ao juiz, na sentença, determinar a destruição dos exemplares ilícitos, suas matrizes, moldes ou negativos. Se o equipamento servir exclusivamente ao fim ilícito, poderá o juiz determinar sua apreensão e destruição.

Embora tenha provocado algumas discussões e, inclusive, a alegação de inconstitucionalidade, esse artigo encontra abrigo legal e moral na boa prática das medidas tendentes e impedir o crime e sua repetição. Destruir o instrumento do crime é medida que se enquadra perfeitamente no seu combate.

No momento em que um direito é violado, destrói-se o equilíbrio social. A lesão não atinge apenas o indivíduo, o titular do direito, mas todo o organismo social que deve ser uno, harmônico. O ideal da sociedade é o cumprimento da lei. E o papel da justiça, quando invocada, é exatamente este: restabelecer a harmonia no organismo social para que ele possa viver e prosperar.

Desta forma, eliminar o instrumento da prática ilícita é uma medida para restabelecer o equilíbrio social rompido pela violação da lei.

Os princípios éticos ordenam a vida social, a partir dos três preceitos fundamentais estabelecidos no velho e sábio direito romano: viver honestamente, não lesar os outros e dar a cada um o que é seu. Na medida em que se repara a lesão sofrida, o equilíbrio social é restabelecido e implantam-se os princípios éticos que devem conduzir e nortear toda comunidade que queira viver e sobreviver como tal.

A pena repara o dano causado e inibe novos delitos, o que justifica plenamente a destruição dos instrumentos utilizados para fins ilícitos. Deixá-los nas mãos do criminoso é facilitar-lhe a reincidência.

O art. 107, a seguir, contempla situações novas, advindas da revolução tecnológica.

A solução para os problemas criados pela máquina está na própria máquina. Ela fornece, na medida do avanço tecnológico, os instrumentos de controle. É perfeitamente possível controlar e limitar a comunicação das obras de arte e ciência pela Internet, através das vias cibernéticas. Há instrumentos para isto.

A nova lei de direitos autorais, nesse artigo, considera crime "alterar, suprimir, modificar ou inutilizar, de qualquer maneira, dispositivos técnicos introduzidos nos exemplares das obras e produções protegidas para evitar ou restringir sua cópia". O mesmo acontece com sinais codificados que se destinam a controlar e quantificar a comunicação de obras protegidas.

Computadores e suas redes que formam a Internet, satélites, provedores, produtores de multimídia, utilizam-se de instrumentos de alta tecnologia através dos quais é possível controlar e dimensionar qualquer comunicação, inclusive estabelecendo códigos de acesso. Impedir ou violar esse controle, seus códigos e sistemas, é crime em todo o mundo. A legislação brasileira incorpora-se aos novos conceitos impostos pela revolução tecnológica.

Além da perda dos equipamentos, os infratores responderão por perdas e danos.

É vedado suprimir informações sobre a gestão de direitos, nisto incluindo-se dados técnicos sobre a obra e sua fonte de origem, bem como distribuir ou, de qualquer forma, colocar à disposição do público obras ou interpretações fixadas em fonogramas "sabendo que a informação sobre a gestão de direitos, sinais codificados e dispositivos técnicos foram suprimidos ou alterados sem autorização".

Os meios de comunicação ampliaram-se. Mas essa amplitude não pode justificar ou servir como elemento para violar o direito de autor. O espaço cibernético, por exemplo, não é um caminho livre e desocupado à disposição de todos e para tudo. Ele passa por portas bem delimitadas e perfeitamente controláveis. Ninguém acessa a Internet a não ser através de um provedor, que é devidamente pago. O pequeno preço pago e a quantidade de material posto à disposição do usuário podem induzir a ideia de que seu uso é livre e ilimitado. Não é assim. A lei deixa bem claro que os dispositivos de controle e codificação são invioláveis e protegidos. Não podem ser suprimidos e quem "distribuir, importar para distribuição, emitir, comunicar ou puser à disposição do público, sem autorização, obras, interpretações ou execuções, exemplares de interpretações fixadas em fonogramas e emissões, sabendo que a informação sobre a gestão de direitos, sinais codificados e dispositivos técnicos foram suprimidos ou alterados sem autorização", estará violando a lei.

Neste ponto, o legislador agiu com bastante clareza e de forma a não deixar qualquer dúvida, especialmente em face dos novos meios de comunicação.

Art. 108. Quem, na utilização, por qualquer modalidade, de obra intelectual, deixar de indicar ou de anunciar, como tal, o nome, pseudônimo ou sinal convencional do autor e do intérprete, além de responder por danos morais, está obrigado a divulgar-lhes a identidade da seguinte forma:

I – tratando-se de empresa de radiodifusão, no mesmo horário em que tiver ocorrido a infração, por três dias consecutivos;

II – tratando-se de publicação gráfica ou fonográfica, mediante inclusão de errata nos exemplares ainda não distribuídos, sem prejuízo de comunicação, com destaque, por três vezes consecutivas em jornal de grande circulação, dos domicílios do autor, do intérprete e do editor ou produtor;

III – tratando-se de outra forma de utilização, por intermédio da imprensa, na forma a que se refere o inciso anterior.

Art. 109. A execução pública feita em desacordo com os arts. 68, 97, 98 e 99 desta Lei sujeitará os responsáveis a multa de vinte vezes o valor que deveria ser originariamente pago.

Art. 110. Pela violação de direitos autorais nos espetáculos e audições públicas, realizados nos locais ou estabelecimentos a que alude o art. 68, seus proprietários, diretores, gerentes, empresários e arrendatários respondem solidariamente com os organizadores dos espetáculos.

O art. 108 preserva a identificação do autor e do intérprete, o que é importante para o exercício de seus direitos. O infrator responderá por danos morais. O dano moral é indenizável, segundo preceito constitucional e sistemática dos nossos tribunais.

A identificação do autor faz parte da razão de ser do criador que tem o direito de apresentar-se ao mundo como julgar conveniente ou, até mesmo, esconder ou proteger sua identidade. Isto inclui-se, taxativamente, no elenco de seus direitos morais, devidamente especificados no art. 24 da Lei nº 9.610/1998, seus itens e parágrafos. O autor pode, a qualquer tempo, reivindicar a paternidade, a autoria de sua obra. É um direito – direito inalienável – "ter seu nome, pseudônimo ou sinal convencional indicado ou anunciado como sendo o do autor, na utilização de sua obra", conforme edita o art. 24, item II, da Lei nº 9.610/1998.

Quem omitir essa autoria, além de responder pelos danos morais que causar, fica obrigado a divulgar a identidade do autor de forma absolutamente clara, conforme indica esse art. 108. As empresas de radiodifusão deverão fazê-lo durante três dias consecutivos, no mesmo horário em que a infração foi cometida.

A correção do delito evidentemente não pressupõe a sua continuidade, o que, infelizmente, é muito comum, obrigando o autor a tomar reiteradas providências.

Nesse caso, a ação judicial se impõe, visando ao ressarcimento dos prejuízos morais e à determinação para que cesse a violação, inclusive com a cominação de multa diária.

O mesmo deve ocorrer com a divulgação por outros meios: inclusão de errata nos exemplares ainda não distribuídos e a comunicação pela imprensa do nome do autor, de modo a não deixar qualquer dúvida. Isso deve ser feito com destaque em jornais de grande circulação nos domicílios do autor, do intérprete, do editor ou do produtor.

No caso de execução pública em desacordo com a lei – arts. 68, 97, 98 e 99 – os responsáveis deverão pagar multa equivalente a vinte vezes o valor que deveria ser pago. É multa elevada e que objetiva, claramente, inibir o infrator.

Esses artigos referem-se, ainda, à autorização do autor ou titular dos direitos e ao papel das associações gestoras de seus direitos, inclusive o escritório central de arrecadação. São os instrumentos de controle dos direitos autorais que devem ser respeitados. A exibição feita em desacordo com esses artigos provoca a multa significativa de vinte vezes o valor do direito a ser pago.

O art. 68, em seus parágrafos, estabelece o que se considera representação pública, execução e locais de frequência coletiva, sem deixar, a esse respeito, qualquer sombra de dúvida.

Quando houver violação de direitos autorais em caso de exibição pública, a responsabilidade não se circunscreve apenas aos organizadores do espetáculo. Conforme edita o art. 110, respondem solidariamente pela violação dos direitos autorais os proprietários, diretores, gerentes, empresários e arrendatários dos locais onde se realizar o espetáculo. Materializa-se a responsabilidade, apesar da multiplicidade dos participantes no evento.

Nesse caso, a invocação de contratos ou acertos de qualquer natureza, ou mesmo a insolvência dos organizadores – como é muito comum – perdem valor e eficácia, pois o autor, ou a associação a que ele pertença, pode responsabilizar qualquer dos elementos envolvidos no ato, já que eles respondem solidariamente com os organizadores do espetáculo.

Capítulo II
Da prescrição da ação

Art. 111. Prescreve em cinco anos a ação civil por ofensa a direitos autorais, contado o prazo da data da ciência da infração.

Este artigo foi vetado. Dois foram os vetos presidenciais a esta lei. O primeiro referia-se a uma ampliação dos direitos dos produtores fonográficos, que eram, praticamente, equiparados aos autores – art. 93, item IV. Um absurdo!

A justificativa do veto foi convincente, correspondendo à doutrina e aos tratados e convenções internacionais firmados pelo Brasil a respeito de fonogramas e seus produtores.

Já o veto ao art. 111 não encontra o mesmo amparo e representa, inclusive, um retrocesso à evolução dos conceitos sobre a natureza do direito autoral.

Nas razões do veto, o Presidente da República expõe:

> *"O dispositivo modifica o art. 178, § 10, do Código Civil, já alterado anteriormente pelo art. 131 da Lei nº 5.988/1973. A perda do direito de ação por ofensas a direitos de autor, por decurso de prazo, está melhor disciplinada na legislação vigente. O prazo prescricional de cinco anos deve ser contado*

da data em que se deu a violação, não da data do conhecimento da infração, como previsto na norma projetada".

Ocorre que, em primeiro lugar, o artigo do Código Civil invocado nas razões do veto foi revogado pela Lei nº 5.988/1973.

Com efeito, o Código Civil estabelecia, em seu art. 178, § 10, VII, o prazo de cinco anos para a prescrição da "ação civil por ofensa a direitos de autor; contado do prazo da data da contrafação".

O art. 131 da Lei nº 5.988/1973 estabelecia o mesmo prazo por "ofensas a direitos patrimoniais do autor ou conexos, contado o prazo da data em que se deu a violação".

Já a Lei nº 9.610/1998 estabelecia o mesmo prazo, mas contado da "data da ciência da infração", ou seja, a partir do momento em que o ofendido tomava conhecimento da lesão, favorecendo o autor que, obviamente, só pode agir tendo conhecimento do fato delituoso.

A Lei nº 5.988/1973 revogou os dispositivos do Código Civil referentes a direitos autorais, entre eles o relativo à prescrição.

Revogada uma lei, tácita ou expressamente, ela perde sua validade. Desaparece do corpo legal. A lei velha não se restabelece se uma nova for, por sua vez, revogada. Aliás, foi para dirimir essa dúvida que a Lei de Introdução ao Código Civil, em seu art. 2º, § 3º, instituiu o seguinte:

"Salvo disposição em contrário, a lei revogada não se restaura por ter a lei revogadora perdido a vigência".

A Lei nº 5.988/1973 perdeu eficácia. Mas nem por isso se restaura o dispositivo do Código Civil que ela revogou.

Portanto, o dispositivo do Código Civil sobre o prazo prescricional para ações de direito autoral deixou de existir exatamente no momento em que a Lei nº 5.988/1973 entrou em vigor.

Com o veto presidencial ao prazo fixado na Lei nº 9.610/1998, qual será, agora, o prazo prescricional? Seria necessário recorrer ao art. 178 do Código Civil, onde se lê, no item IX, que prescreve em cinco anos "a ofensa ou dano causados ao direito de propriedade; contado o prazo da data em que se deu a mesma ofensa ou dano".

Neste caso, o direito autoral teria de se bipartir, observando-se, aqui, apenas seu aspecto patrimonial.

O direito de autor, entretanto, é mais do que isto, ele é, realmente, *sui generis*. Os seus dois aspectos, o patrimonial e moral, são, no dizer do inesquecível Carlos Alberto Bittar, "incindíveis".

Aliás, esse é o pensamento dos grandes mestres, a partir de Clóvis Bevilaqua, para quem o direito de autor reúne o interesse econômico e a personalidade do artista, evidentemente numa mesma pessoa e, sobretudo, numa mesma ação, num mesmo titular – numa palavra: num mesmo direito.

Bittar afirma categoricamente: "Direito de Autor, em consequência, é direito especial, sujeito a disciplinação própria, apartada das codificações frente a princípios e a regras consagradas, universalmente, em sua esquematização estrutural".

Não é outro o pensamento dos maiores autoralistas nacionais e estrangeiros: direito próprio, com lugar próprio, espaço próprio. Não fora assim, por que uma lei especial para discipliná-lo?

O direito de autor encerra um caráter patrimonial. Ele está no comércio, insere-se no patrimônio do cidadão criador da obra de arte e é objeto de negócios jurídicos. É, sem dúvida, uma propriedade. Mas, ao lado disso, tem uma peculiaridade que o torna especial: ele inclui – e nisso reside seu maior valor – um bem que é tangível na base em que se fixou, mas que é, ao mesmo tempo único e transcendental, reunindo a expressão imortal do artista num todo inseparável.

Daí a sua qualidade *sui generis*. Trata-se de uma forma especial de direito que vem avançando doutrinariamente para constituir-se num todo autônomo, numa nova categoria que as legislações e os tratados internacionais contemplam.

O que se pretende, agora, é um retrocesso: cinde-se o direito autoral para dividi-lo, no aspecto prescricional, em duas partes, o que não encontra mais amparo na doutrina.

O direito autoral é uno. Por sua natureza, é um todo, pois reúne em si o aspecto patrimonial, real; e o aspecto pessoal, moral, o que é atributo indivisível da obra de arte. Podemos considerar o prazo prescricional com base no item IX do art. 178 do Código Civil. Mas será uma solução precária que demandará interpretações eventualmente conflituosas. O fato real, os interesses gerados pela vida, não podem ser introduzidos na lei de qualquer maneira e da forma mais conveniente a interesses momentâneos. O processo é, justamente, inverso: a lei é que deve, com base nos fatos da vida, disciplinar as relações sociais na previsão de conflitos e dar a quem tem o direito, armas para recorrer à proteção legal. Forçar uma situação e alargar os limites da lei equivale, na realidade, à sua própria violação.

A Lei nº 9.610/1998, nesse aspecto, apresenta lacuna que o legislador deve corrigir, recusando o veto presidencial ou, ainda, estabelecendo melhor forma de abordar o problema, conferindo prazo prescricional razoável para que os lesados possam invocar a proteção jurídica do Estado, sem ferir ou violar o espaço que o direito autoral já conquistou no ordenamento jurídico pátrio.

A situação atual, além de discutível, leva a considerar o prazo prescricional pelo seu aspecto material, enfocando apenas o direito de propriedade nos termos do item IX do art. 178 do Código Civil (agora art. 206 do novo Código Civil).

Título IX

Disposições finais e transitórias

Art. 112. Se uma obra, em consequência de ter expirado o prazo de proteção que lhe era anteriormente reconhecido pelo § 2º do art. 42 da Lei nº 5.988, de 14 de dezembro de 1973, caiu em domínio público, não terá o prazo de proteção dos direitos patrimoniais ampliado por força do art. 41 desta Lei.

Art. 113. Os fonogramas, os livros e as obras audiovisuais sujeitar-se-ão a selos ou sinais de identificação sob responsabilidade do produtor, distribuidor ou importador, sem ônus para o consumidor, com o fim de atestar o cumprimento das normas vigentes".

O art. 112 inspirou-se, certamente, nos problemas criados na União Europeia.

Os países que integram essa comunidade econômica resolveram unificar os prazos de duração dos direitos autorais *post mortem*. E, ao fazê-lo, em muitos casos – como em Portugal – os prazos sofreram aumento considerável.

As obras de Fernando Pessoa, que estavam em domínio público, repentinamente voltaram ao patrimônio de seus herdeiros, o que gerou consequências para negócios editoriais em todo o mundo. Nesse caso, o domínio público foi revogado.

Agiu acertadamente o legislador brasileiro, garantindo situações em vigência e direitos em pleno exercício. Desta forma, o aumento do prazo para que uma obra entre em domínio público não afetará aquelas obras que já se encontram nestas condições.

O art. 113, a seguir, encerra uma incongruência inexplicável. Ele pretende, nada mais nada menos, obrigar editores, produtores e mesmo importadores a apor um selo identificador nas obras – fonogramas, livros e obras audiovisuais.

Em primeiro lugar, a Convenção de Berna, da qual o Brasil é signatário, declara taxativamente que a publicação de uma obra não depende de qualquer registro ou licença. É algo que cheira a ditadura e repugna a consciência jurídica universal.

Diz o art. 5º, item 2, da Convenção de Berna, que "o gozo e o exercício destes direitos não estarão subordinados a nenhuma formalidade".

E a própria Lei nº 9.610/1998 afirma, em seu art. 18, que "a proteção aos direitos de que trata esta Lei independe de registro".

O cumprimento das normas legais vigentes independe de uma declaração ou selo aposto às obras de arte protegidas. Esse artigo, finalmente, remete o problema a uma regulamentação governamental, o que fere a Constituição, a Convenção de Berna e a própria Lei nº 9.610/1998 na sua letra e no seu espírito, pois confere ao Estado o poder absurdo e inaceitável de disciplinar a circulação de obras de arte.

Fadado ao não-cumprimento, esse artigo é uma anomalia que só encontra explicação no eterno desejo – que os poderosos do dia nunca abandonam – de estabelecer controles sobre os produtos do espírito criador.

III
Legislação

Lei nº 9.609, de 19 de fevereiro de 1998

Dispõe sobre a proteção da propriedade intelectual de programa de computador, sua comercialização no País, e dá outras providências.

▶ Publicada no *DOU* de 20-2-1998.

Disposições preliminares

Art. 1º Programa de computador é a expressão de um conjunto organizado de instruções em linguagem natural ou codificada, contida em suporte físico de qualquer natureza, de emprego necessário em máquinas automáticas de tratamento da informação, dispositivos, instrumentos ou equipamentos periféricos, baseados em técnica digital ou análoga, para fazê-los funcionar de modo e para fins determinados.

Capítulo II
Da proteção aos direitos de autor e do registro

Art. 2º O regime de proteção à propriedade intelectual de programa de computador é o conferido às obras literárias pela legislação de direitos autorais e conexos vigentes no País, observado o disposto nesta Lei.

§ 1º Não se aplicam ao programa de computador as disposições relativas aos direitos morais, ressalvado, a qualquer tempo, o direito do autor de reivindicar a paternidade do programa de computador e o direito do autor de opor-se a alterações não-autorizadas, quando estas impliquem deformação, mutilação ou outra modificação do programa de computador, que prejudiquem a sua honra ou a sua reputação.

§ 2º Fica assegurada a tutela dos direitos relativos a programa de computador pelo prazo de cinquenta anos, contados a partir de 1º de janeiro do ano subsequente ao da sua publicação ou, na ausência desta, da sua criação.

§ 3º A proteção aos direitos de que trata esta Lei independe de registro.

§ 4º Os direitos atribuídos por esta Lei ficam assegurados aos estrangeiros domiciliados no exterior, desde que o país de origem do programa conceda, aos brasileiros e estrangeiros domiciliados no Brasil, direitos equivalentes.

§ 5º Inclui-se dentre os direitos assegurados por esta Lei e pela legislação de direitos autorais e conexos vigentes no País aquele direito exclusivo de autorizar ou proibir o aluguel comercial, não sendo esse direito exaurível pela venda, licença ou outra forma de transferência da cópia do programa.

§ 6º O disposto no parágrafo anterior não se aplica aos casos em que o programa em si não seja objeto essencial do aluguel.

Art. 3º Os programas de computador poderão, a critério do titular, ser registrados em órgão ou entidade a ser designado por ato do Poder Executivo, por iniciativa do Ministério responsável pela política de ciência e tecnologia.

§ 1º O pedido de registro estabelecido neste artigo deverá conter, pelo menos, as seguintes informações:

I – os dados referentes ao autor do programa de computador e ao titular, se distinto do autor, sejam pessoas físicas ou jurídicas;

II – a identificação e descrição funcional do programa de computador; e

III – os trechos do programa e outros dados que se considerar suficientes para identificá-lo e caracterizar sua originalidade, ressalvando-se os direitos de terceiros e a responsabilidade do Governo.

§ 2º As informações referidas no inciso III do parágrafo anterior são de caráter sigiloso, não podendo ser reveladas, salvo por ordem judicial ou a requerimento do próprio titular.

Art. 4º Salvo estipulação em contrário, pertencerão exclusivamente ao empregador, contratante de serviços ou órgão público, os direitos relativos ao programa de computador, desenvolvido e elaborado durante a vigência de contrato ou de vínculo estatutário, expressamente destinado à pesquisa e desenvolvimento, ou em que a atividade do empregado, contratado de serviço ou servidor seja prevista, ou ainda, que decorra da própria natureza dos encargos concernentes a esses vínculos.

§ 1º Ressalvado ajuste em contrário, a compensação do trabalho ou serviço prestado limitar-se-á à remuneração ou ao salário convencionado.

§ 2º Pertencerão, com exclusividade, ao empregado, contratado de serviço ou servidor os direitos concernentes a programa de computador gerado sem relação com o contrato de trabalho, prestação de serviços ou vínculo estatutário, e sem a utilização de recursos, informações tecnológicas, segredos industriais e de negócios, materiais, instalações ou equipamentos do empregador, da empresa ou entidade com a qual o empregador mantenha contrato de prestação de serviços ou assemelhados, do contratante de serviços ou órgão público.

§ 3º O tratamento previsto neste artigo será aplicado nos casos em que o programa de computador for desenvolvido por bolsistas, estagiários e assemelhados.

Art. 5º Os direitos sobre as derivações autorizadas pelo titular dos direitos de programa de computador, inclusive sua exploração econômica, pertencerão à pessoa autorizada que as fizer, salvo estipulação contratual em contrário.

Art. 6º Não constituem ofensa aos direitos do titular de programa de computador:

I – a reprodução, em um só exemplar, de cópia legitimamente adquirida, desde que se destine à cópia da salvaguarda ou armazenamento eletrônico, hipótese em que o exemplar original servirá de salvaguarda;

II – a citação parcial do programa, para fins didáticos, desde que identificados o programa e o titular dos direitos respectivos;

III – a ocorrência de semelhança de programa a outro, preexistente, quando se der por força das características funcionais de sua aplicação, da observância de preceitos normativos e técnicos, ou de limitação de forma alternativa para a sua expressão;

IV – a integração de um programa, mantendo-se suas características essenciais, a um sistema aplicativo ou operacional, tecnicamente indispensável às necessidades do usuário, desde que para o uso exclusivo de quem a promoveu.

Capítulo III
Das garantias aos usuários de programa de computador

Art. 7º O contrato de licença de uso de programa de computador, o documento fiscal correspondente, os suportes físicos do programa ou as respectivas embalagens deverão consignar, de forma facilmente legível pelo usuário, o prazo de validade técnica da versão comercializada.

Art. 8º Aquele que comercializar programa de computador, quer seja titular dos direitos do programa, quer seja titular do direitos de comercialização, fica obrigado, no território nacional, durante o prazo de validade técnica da respectiva versão, a assegurar aos respectivos usuários a prestação de serviços técnicos complementares relativos ao adequado funcionamento do programa, consideradas as suas especificações.

Parágrafo único. A obrigação persistirá no caso de retirada de circulação comercial do programa de computador durante o prazo de validade, salvo justa indenização de eventuais prejuízos causados a terceiros.

Capítulo IV

Dos contratos de licença de uso, de comercialização e de transferência de tecnologia

Art. 9º O uso de programa de computador no País será objeto de contrato de licença.

Parágrafo único. Na hipótese de eventual inexistência do contrato referido no *caput* deste artigo, o documento fiscal relativo à aquisição ou licenciamento de cópia servirá para comprovação da regularidade do seu uso.

Art. 10. Os atos e contratos de licença de direitos de comercialização referentes a programas de computador de origem externa deverão fixar, quanto aos tributos e encargos exigíveis, a responsabilidade pelos respectivos pagamentos e estabelecerão a remuneração do titular dos direitos de programa de computador residente ou domiciliado no exterior.

§ 1º Serão nulas as cláusulas que:

I – limitem a produção, a distribuição ou a comercialização, em violação às disposições normativas em vigor;

II – eximam qualquer dos contratantes das responsabilidades por eventuais ações de terceiros, decorrentes de vícios, defeitos ou violação de direitos de autor.

§ 2º O remetente do correspondente valor em moeda estrangeira, em pagamento da remuneração de que se trata, conservará em seu poder, pelo prazo de cinco anos, todos os documentos necessários à comprovação da licitude das remessas e da sua conformidade ao *caput* deste artigo.

Art. 11. Nos casos de transferência de tecnologia de programa de computador, o Instituto Nacional da Propriedade Industrial fará o registro dos respectivos contratos, para que produzam efeitos em relação a terceiros.

Parágrafo único. Para o registro de que trata este artigo, é obrigatória a entrega, por parte do fornecedor ao receptor de tecnologia, da documentação completa, em especial do código-fonte comentado, memorial descritivo, especificações funcionais internas, diagramas, fluxogramas e outros dados técnicos necessários à absorção da tecnologia.

Capítulo V
Das infrações e das penalidades

Art. 12. Violar direitos de autor de programa de computador:

Pena – Detenção de seis meses a dois anos ou multa.

§ 1º Se a violação consistir na reprodução, por qualquer meio, de programa de computador, no todo ou em parte, para fins de comércio, sem autorização expressa do autor ou de quem o represente:

Pena – Reclusão de um a quatro anos e multa.

§ 2º Na mesma pena do parágrafo anterior incorre quem vende, expõe à venda, introduz no País, adquire, oculta ou tem em depósito, para fins de comércio, original ou cópia de programa de computador, produzido com violação de direito autoral.

§ 3º Nos crimes previstos neste artigo, somente se procede mediante queixa, salvo:

    I – quando praticados em prejuízo de entidade de direito público, autarquia, empresa pública, sociedade de economia mista ou fundação instituída pelo poder público;

II – quando, em decorrência de ato delituoso, resultar sonegação fiscal, perda de arrecadação tributária ou prática de quaisquer dos crimes contra a ordem tributária ou contra as relações de consumo.

§ 4º No caso do inciso II do parágrafo anterior, a exigibilidade do tributo, ou contribuição social e qualquer acessório, processar-se-á independentemente de representação.

Art. 13. A ação penal e as diligências preliminares de busca e apreensão, nos casos de violação de direito de autor de programa de computador, serão precedidas de vistoria, podendo o juiz ordenar a apreensão das cópias produzidas ou comercializadas com violação de direito de autor, suas versões e derivações, em poder do infrator ou de quem as esteja expondo, mantendo em depósito, reproduzindo ou comercializando.

Art. 14. Independentemente da ação penal, o prejudicado poderá intentar ação para proibir ao infrator a prática do ato incriminado, com cominação de pena pecuniária para o caso de transgressão do preceito.

§ 1º A ação de abstenção de prática de ato poderá ser cumulada com a de perdas e danos pelos prejuízos decorrentes da infração.

§ 2º Independentemente de ação cautelar preparatória, o juiz poderá conceder medida liminar proibindo ao infrator a prática do ato incriminado, nos termos deste artigo.

§ 3º Nos procedimentos cíveis, as medidas cautelares de busca e apreensão observarão o disposto no artigo anterior.

§ 4º Na hipótese de serem apresentadas, em juízo, para a defesa dos interesses de qualquer das partes, informações que se caracterizem como confidenciais, deverá o juiz determinar que o processo prossiga em segredo de justiça, vedado o uso de tais informações também à outra parte para outras finalidades.

§ 5º Será responsabilizado por perdas e danos aquele que requerer e promover as medidas previstas neste e nos artigos 12 e 13, agindo de má-fé ou por espírito de emulação, capricho ou erro grosseiro, nos termos dos artigos 16, 17 e 18 do Código de Processo Civil.

Capítulo VI
Disposições finais

Art. 15. Esta Lei entra em vigor na data de sua publicação.

Art. 16. Fica revogada a Lei nº 7.646, de 18 de dezembro de 1987.

Brasília, 19 de fevereiro de 1998,

177º da Independência e

110º da República.

Fernando Henrique Cardoso

Lei nº 9.610, de 19 de fevereiro de 1998

Altera, atualiza e consolida a legislação sobre direitos autorais e dá outras providências.

▶ Publicada no *DOU* de 20-2-1998.

Título I
Disposições preliminares

Art. 1º Esta Lei regula os direitos autorais, entendendo-se sob esta denominação os direitos de autor e os que lhes são conexos.

Art. 2º Os estrangeiros domiciliados no exterior gozarão da proteção assegurada nos acordos, convenções e tratados em vigor no Brasil.

Parágrafo único. Aplica-se o disposto nesta Lei aos nacionais ou pessoas domiciliadas em país que assegure aos brasileiros ou pessoas domiciliadas no Brasil a reciprocidade na proteção aos direitos autorais ou equivalentes.

Art. 3º Os direitos autorais reputam-se, para os efeitos legais, bens móveis.

Art. 4º Interpretam-se restritivamente os negócios jurídicos sobre os direitos autorais.

Art. 5º Para os efeitos desta Lei, considera-se:

I – publicação – o oferecimento de obra literária, artística ou científica ao conhecimento do público, com o consentimento do autor, ou de qualquer outro titular de direito de autor, por qualquer forma ou processo;

II – transmissão ou emissão – a difusão de sons ou de sons e imagens, por meio de ondas radioelétricas; sinais de satélite; fio, cabo ou outro condutor, meios óticos ou qualquer outro processo eletromagnético;

III – retransmissão – a emissão simultânea da transmissão de uma empresa por outra;

IV – distribuição – a colocação à disposição do público do original ou cópia de obras literárias, artísticas ou científicas, interpretações ou execuções fixadas e fonogramas, mediante a venda, locação ou qualquer outra forma de transferência de propriedade ou posse;

V – comunicação ao público – ato mediante o qual a obra é colocada ao alcance do público, por qualquer meio ou procedimento e que não consista na distribuição de exemplares;

VI – reprodução – a cópia de um ou vários exemplares de uma obra literária, artística ou científica ou de um fonograma, de qualquer forma tangível, incluindo qualquer armazenamento permanente ou temporário por -meios eletrônicos ou qualquer outro meio de fixação que venha a ser desenvolvido;

VII – contrafação – a reprodução não autorizada;

VIII – obra:

a) em co-autoria – quando é criada em comum, por dois ou mais autores;

b) anônima – quando não se indica o nome do autor, por sua vontade ou por ser desconhecido;

c) pseudônima – quando o autor se oculta sob nome suposto;

d) inédita – a que não haja sido objeto de publicação;

e) póstuma – a que se publique após a morte do autor;

f) originária – a criação primígena;

g) derivada – a que, constituindo criação intelectual nova, resulta da transformação de obra originária;

h) coletiva – a criada por iniciativa, organização e responsabilidade de uma pessoa física ou jurídica, que a publica sob seu nome ou marca e que é constituída pela participação de diferentes autores, cujas contribuições se fundem numa criação autônoma;

i) audiovisual – a que resulta da fixação de imagens com ou sem som, que tenha a finalidade de criar, por meio de sua reprodução, a impressão de movimento, independentemente dos processos de sua captação, do suporte usado inicial ou posteriormente para fixá-lo, bem como dos meios utilizados para sua veiculação;

IX – fonograma – toda fixação de sons de uma execução ou interpretação ou de outros sons, ou de uma representação de sons que não seja uma fixação incluída em uma obra audiovisual;

X – editor – a pessoa física ou jurídica à qual se atribui o direito exclusivo de reprodução da obra e o dever de divulgá-la, nos limites previstos no contrato de edição;

XI – produtor – a pessoa física ou jurídica que toma a iniciativa e tem a responsabilidade econômica da primeira fixação do fonograma ou da obra audiovisual, qualquer que seja a natureza do suporte utilizado;

XII – radiodifusão – a transmissão sem fio, inclusive por satélites, de sons ou imagens e sons ou das representações desses, para recepção ao público e a transmissão de sinais codificados, quando os meios de decodificação sejam oferecidos ao público pelo organismo de radiodifusão ou com seu consentimento;

XIII – artistas intérpretes ou executantes – todos os atores, cantores, músicos, bailarinos ou outras pessoas que representem um papel, cantem, recitem, declamem, interpretem ou executem em qualquer forma obras literárias ou artísticas ou expressões do folclore.

Art. 6º Não serão de domínio da União, dos Estados, do Distrito Federal ou dos Municípios as obras por eles simplesmente subvencionadas.

Título II

Das obras intelectuais

Capítulo I

Das obras protegidas

Art. 7º São obras intelectuais protegidas as criações do espírito, expressas por qualquer meio ou fixadas em qualquer suporte, tangível ou intangível, conhecido ou que se invente no futuro, tais como:

I – os textos de obras literárias, artísticas ou científicas;

II – as conferências, alocuções, sermões e outras obras da mesma natureza;

III – as obras dramáticas e dramático-musicais;

IV – as obras coreográficas e pantomímicas, cuja execução cênica se fixe por escrito ou por outra qualquer forma;

V – as composições musicais, tenham ou não letra;

VI – as obras audiovisuais, sonorizadas ou não, inclusive as cinematográficas;

VII – as obras fotográficas e as produzidas por qualquer processo análogo ao da fotografia;

VIII – as obras de desenho, pintura, gravura, escultura, litografia e arte cinética;

IX – as ilustrações, cartas geográficas e outras obras da mesma natureza;

X – os projetos, esboços e obras plásticas concernentes à geografia, engenharia, topografia, arquitetura, paisagismo, cenografia e ciência;

XI – as adaptações, traduções e outras transformações de obras originais, apresentadas como criação intelectual nova;

XII – os programas de computador;

XIII – as coletâneas ou compilações, antologias, enciclopédias, dicionários, bases de dados e outras obras, que, por sua seleção, organização ou disposição de seu conteúdo, constituam uma criação intelectual.

§ 1º Os programas de computador são objeto de legislação específica, observadas as disposições desta Lei que lhes sejam aplicáveis.

§ 2º A proteção concedida no inciso XIII não abarca os dados ou materiais em si mesmos e se entende sem prejuízo de quaisquer direitos autorais que subsistam a respeito dos dados ou materiais contidos nas obras.

§ 3º No domínio das ciências, a proteção recairá sobre a forma literária ou artística, não abrangendo o seu conteúdo científico ou técnico, sem prejuízo dos direitos que protegem os demais campos da propriedade imaterial.

Art. 8º Não são objeto de proteção como direitos autorais de que trata esta Lei:

I – as ideias, procedimentos normativos, sistemas, métodos, projetos ou conceitos matemáticos como tais;

II – os esquemas, planos ou regras para realizar atos mentais, jogos ou negócios;

III – os formulários em branco para serem preenchidos por qualquer tipo de informação, científica ou não, e suas instruções;

IV – os textos de tratados ou convenções, leis, decretos, regulamentos, decisões judiciais e demais atos oficiais;

V – as informações de uso comum tais como calendários, agendas, cadastros ou legendas;

VI – os nomes e títulos isolados;

VII – o aproveitamento industrial ou comercial das idéias contidas nas obras.

Art. 9º À cópia de obra de arte plástica feita pelo próprio autor é assegurada a mesma proteção de que goza o original.

Art. 10. A proteção à obra intelectual abrange ou seu título, se original e inconfundível como o de obra do mesmo gênero, divulgada anteriormente por outro autor.

Parágrafo único. O título de publicações periódicas, inclusive jornais, é protegido até um ano após a saída do seu último número, salvo se forem anuais, caso em que esse prazo se elevará a dois anos.

Capítulo II
Da autoria das obras intelectuais

Art. 11. Autor é a pessoa física criadora de obra literária, artística ou científica.

Parágrafo único. A proteção concedida ao autor poderá aplicar-se às pessoas jurídicas nos casos previstos nesta Lei.

Art. 12. Para se identificar como autor, poderá o criador da obra literária, artística ou científica usar de seu nome civil, completo ou abreviado até por suas iniciais, de pseudônimo ou qualquer outro sinal convencional.

Art. 13. Considera-se autor da obra intelectual, não havendo prova em contrário, aquele que, por uma das modalidades de identificação referidas no artigo anterior, tiver, em conformidade com o uso, indicada ou anunciada essa qualidade na sua utilização.

Art. 14. É titular de direitos de autor quem adapta, traduz, arranja ou orquestra obra caída no domínio público, não podendo opor-se a outra adaptação, arranjo, orquestração ou tradução, salvo se for cópia da sua.

Art. 15. A co-autoria da obra é atribuída àqueles em cujo nome, pseudônimo ou sinal convencional for utilizada.

§ 1º Não se considera co-autor quem simplesmente auxiliou o autor na produção da obra literária, artística ou científica, revendo-a, atualizando-a, bem como fiscalizando ou dirigindo sua edição ou apresentação por qualquer meio.

§ 2º Ao co-autor, cuja contribuição possa ser utilizada separadamente, são asseguradas todas as faculdades inerentes à sua criação como obra individual, vedada, porém, a utilização que possa acarretar prejuízo à exploração da obra comum.

Art. 16. São co-autores da obra audiovisual o autor do assunto ou argumento literário, musical ou lítero-musical e o diretor.

Parágrafo único. Consideram-se co-autores de desenhos animados os que criam os desenhos utilizados na obra audiovisual.

Art. 17. É assegurada a proteção às participações individuais em obras coletivas.

§ 1º Qualquer dos participantes, no exercício de seus direitos morais, poderá proibir que se indique ou anuncie seu nome na obra coletiva, sem prejuízo do direito de haver a remuneração contratada.

§ 2º Cabe ao organizador a titularidade dos direitos patrimoniais sobre o conjunto da obra coletiva.

§ 3º O contrato com o organizador especificará a contribuição do participante, o prazo para entrega ou realização, a remuneração e demais condições para sua execução.

Capítulo III
Do registro das obras intelectuais

Art. 18. A proteção aos direitos de que trata esta Lei independe de registro.

Art. 19. É facultado ao autor registrar a sua obra no órgão público definido no *caput* e no § 1º do artigo 17 da Lei nº 5.988, de 14 de dezembro de 1973.

Art. 20. Para os serviços de registro previstos nesta Lei será cobrada retribuição, cujo valor e processo de recolhimento serão estabelecidos por ato do titular do órgão da administração pública federal a que estiver vinculado o registro das obras intelectuais.

Art. 21. Os serviços de registro de que trata esta Lei serão organizados conforme preceitua o § 2º do artigo 17 da Lei nº 5.988, de 14 de dezembro de 1973.

Título III

Dos direitos do autor

Capítulo I

Disposições preliminares

Art. 22. Pertencem ao autor os direitos morais e patrimoniais sobre a obra que criou.

Art. 23. Os co-autores da obra intelectual exercerão, de comum acordo, os seus direitos, salvo convenção em contrário.

Capítulo II

Dos direitos morais do autor

Art. 24. São direitos morais do autor:

I – o de reivindicar, a qualquer tempo, a autoria da obra;

II – o de ter seu nome, pseudônimo ou sinal convencional indicado ou anunciado, como sendo o do autor, na utilização de sua obra;

III – o de conservar a obra inédita;

IV – o de assegurar a integridade da obra, opondo-se a quaisquer modificações ou à prática de atos que, de qualquer forma, possam prejudicá-la ou atingi-lo, como autor, em sua reputação ou honra;

V – o de modificar a obra, antes ou depois de utilizada;

VI – o de retirar de circulação a obra ou de suspender qualquer forma de utilização já autorizada, quando a circulação ou utilização implicarem afronta à sua reputação e imagem;

VII – o de ter acesso a exemplar único e raro da obra, quando se encontre legitimamente em poder de outrem, para o fim de, por meio de processo fotográfico ou assemelhado, ou audiovisual, preservar sua memória, de forma que cause o menor inconveniente possível a seu detentor, que, em todo caso, será indenizado de qualquer dano ou prejuízo que lhe seja causado.

§ 1º Por morte do autor, transmitem-se a seus sucessores os direitos a que se referem os incisos I a IV.

§ 2º Compete ao Estado a defesa da integridade e autoria da obra caída em domínio público.

§ 3º Nos casos dos incisos V e VI, ressalvam-se as prévias indenizações a terceiros, quando couberem.

Art. 25. Cabe exclusivamente ao diretor o exercício dos direitos morais sobre a obra audiovisual.

Art. 26. O autor poderá repudiar a autoria de projeto arquitetônico alterado sem o seu consentimento durante a execução ou após a conclusão da construção.

Parágrafo único. O proprietário da construção responde pelos danos que causar ao autor sempre que, após o repúdio, der como sendo daquele a autoria do projeto repudiado.

Art. 27. Os direitos morais do autor são inalienáveis e irrenunciáveis.

Capítulo III

Dos direitos patrimoniais do autor e de sua duração

Art. 28. Cabe ao autor o direito exclusivo de utilizar, fruir e dispor da obra literária, artística ou científica.

Art. 29. Depende de autorização prévia e expressa do autor a utilização da obra, por quaisquer modalidades, tais como:

I – a reprodução parcial ou integral;

II – a edição;

III – a adaptação, o arranjo musical e quaisquer outras transformações;

IV – a tradução para qualquer idioma;

V – a inclusão em fonograma ou produção audiovisual;

VI – a distribuição, quando não intrínseca ao contrato firmado pelo autor com terceiros para uso ou exploração da obra;

VII – a distribuição para oferta de obras ou produções mediante cabo, fibra ótica, satélite, ondas ou qualquer outro sistema que permita ao usuário realizar a seleção da obra ou produção para percebê-la em um tempo e lugar previamente determinados por quem formula a demanda, e nos casos em que o acesso às obras ou produções se faça por qualquer sistema que importe em pagamento pelo usuário;

VIII – a utilização, direta ou indireta, da obra literária, artística ou científica, mediante:

a) representação, recitação ou declamação;

b) execução musical;

c) emprego de alto-falante ou de sistemas análogos;

d) radiodifusão sonora ou televisiva;

e) captação de transmissão de radiodifusão em locais de frequência coletiva;
f) sonorização ambiental;
g) a exibição audiovisual, cinematográfica ou por processo assemelhado;
h) emprego de satélites artificiais;
i) emprego de sistemas óticos, fios telefônicos ou não, cabos de qualquer tipo e meios de comunicação similares que venham a ser adotados;
j) exposição de obras de artes plásticas e figurativas;

IX – a inclusão em base de dados, o armazenamento em computador, a microfilmagem e as demais formas de arquivamento do gênero;

X – quaisquer outras modalidades de utilização existentes ou que venham a ser inventadas.

Art. 30. No exercício do direito de reprodução, o titular dos direitos autorais poderá colocar à disposição do público a obra, na forma, local e pelo tempo que desejar, a título oneroso ou gratuito.

§ 1º O direito de exclusividade de reprodução não será aplicável quando ela for temporária e apenas tiver o propósito de tornar a obra, fonograma ou interpretação perceptível em meio eletrônico ou quando for de natureza transitória e incidental, desde que ocorra no curso do uso devidamente autorizado da obra, pelo titular.

§ 2º Em qualquer modalidade de reprodução, a quantidade de exemplares será informada e controlada, cabendo a quem reproduzir a obra a responsabilidade de manter os registros que permitam, ao autor, a fiscalização do aproveitamento econômico da exploração.

Art. 31. As diversas modalidades de utilização de obras literárias, artísticas ou científicas ou de fonogramas são independentes entre si, e a autorização concedida pelo autor, ou pelo produtor, respectivamente, não se estende a quaisquer das demais.

Art. 32. Quando uma obra feita em regime de co-autoria não for divisível, nenhum dos co-autores, sob pena de responder por perdas e danos, poderá, sem consentimento dos demais, publicá-la ou autorizar-lhe a publicação, salvo na coleção de suas obras completas.

§ 1º Havendo divergência, os co-autores decidirão por maioria.

§ 2º Ao co-autor dissidente é assegurado o direito de não contribuir para as despesas de publicação, renunciando a sua parte nos lucros, e o de vedar que se inscreva seu nome na obra.

§ 3º Cada co-autor pode, individualmente, sem aquiescência dos outros, registrar a obra e defender os próprios direitos contra terceiros.

Art. 33. Ninguém pode reproduzir obra que não pertença ao domínio público, a pretexto de anotá-la, comentá-la ou melhorá-la, sem permissão do autor.

Parágrafo único. Os comentários ou anotações poderão ser publicados separadamente.

Art. 34. As cartas missivas, cuja publicação está condicionada à permissão do autor, poderão ser juntadas como documento de prova em processos administrativos e judiciais.

Art. 35. Quando o autor, em virtude de revisão, tiver dado à obra versão definitiva, não poderão seus sucessores reproduzir versões anteriores.

Art. 36. O direito de utilização econômica dos escritos publicados pela imprensa, diária ou periódica, com exceção dos assinados ou que apresentem sinal de reserva, pertence ao editor, salvo convenção em contrário.

Parágrafo único. A autorização para utilização econômica de artigos assinados, para publicação em diários e periódicos, não produz efeito além do prazo da periodicidade acrescido de vinte dias, a contar de sua publicação, findo o qual recobra o autor o seu direito.

Art. 37. A aquisição do original de uma obra, ou de exemplar, não confere ao adquirente qualquer dos direitos patrimoniais do autor, salvo convenção em contrário, entre as partes e os casos previstos nesta Lei.

Art. 38. O autor tem o direito, irrenunciável e inalienável, de perceber, no mínimo, cinco por cento sobre o aumento do preço eventual-mente verificável em cada revenda de obra de arte ou manuscrito, sendo originais, que houver alienado.

Parágrafo único. Caso o autor não perceba o seu direito de sequência no ato da revenda, o vendedor é considerado depositário da quantia a ele devida, salvo se a operação for realizada por leiloeiro, quando será este o depositário.

Art. 39. Os direitos patrimoniais do autor, excetuados os rendimentos resultantes de sua exploração, não se comunicam, salvo pacto antenupcial em contrário.

Art. 40. Tratando-se de obra anônima ou pseudônima, caberá a quem publicá-la o exercício dos direitos patrimoniais do autor.

Parágrafo único. O autor que se der a conhecer assumirá o exercício dos direitos patrimoniais, ressalvados os direitos adquiridos por terceiros.

Art. 41. Os direitos patrimoniais do autor perduram por setenta anos contados de 1º de janeiro do ano subsequente ao de seu falecimento, obedecida a ordem sucessória da lei civil.

Parágrafo único. Aplica-se às obras póstumas o prazo de proteção a que alude o caput deste artigo.

Art. 42. Quando a obra literária, artística ou científica realizada em co-autoria for indivisível, o prazo previsto no artigo anterior será contado da morte do último dos co-autores sobreviventes.

Parágrafo único. Acrescer-se-ão aos dos sobreviventes os direitos do co-autor que falecer sem sucessores.

Art. 43. Será de setenta anos o prazo de proteção aos direitos patrimoniais sobre as obras anônimas ou pseudônimas, contado de 1º de janeiro do ano imediatamente posterior ao da primeira publicação.

Parágrafo único. Aplicar-se-á o disposto no artigo 41 e seu parágrafo único, sempre que o autor se der a conhecer antes do termo do prazo previsto no *caput* deste artigo.

Art. 44. O prazo de proteção aos direitos patrimoniais sobre obras audiovisuais e fotográficas será de setenta anos, a contar de 1º de janeiro do ano subsequente ao de sua divulgação.

Art. 45. Além das obras em relação às quais decorreu o prazo de proteção aos direitos patrimoniais, pertencem ao domínio público:

I – as de autores falecidos que não tenham deixado sucessores;

II – as de autor desconhecido, ressalvada a proteção legal aos conhecimentos étnicos e tradicionais.

Capítulo IV
Das limitações aos direitos autorais

Art. 46. Não constitui ofensa aos direitos autorais:

I – a reprodução;

a) na imprensa diária ou periódica, de notícia ou de artigo informativo, publicado em diários ou periódicos, com a menção do nome do autor, se assinados, e da publicação de onde foram transcritos;

b) em diários ou periódicos, de discursos pronunciados em reuniões públicas de qualquer natureza;

c) de retratos, ou de outra forma de representação da imagem, feitos sob encomenda, quando realizada pelo proprietário do objeto encomendado, não havendo a oposição da pessoa neles representada ou de seus herdeiros;

d) de obras literárias, artísticas ou científicas, para uso exclusivo de deficientes visuais, sempre que a reprodução, sem fins comerciais, seja feita mediante o sistema Braille ou outro procedimento em qualquer suporte para esses destinatários;

II – a reprodução, em um só exemplar, de pequenos trechos, para uso privado do copista, desde que feita por este, sem intuito de lucro;

III – a citação em livros, jornais, revistas ou qualquer outro meio de comunicação, de passagens de qualquer obra, para fins de estudo, crítica ou polêmica, na medida justificada para o fim a atingir, indicando-se o nome do autor e a origem da obra;

IV – o apanhado de lições em estabelecimentos de ensino por aqueles a quem elas se dirigem, vedada sua publicação, integral ou parcial, sem autorização prévia e expressa de quem as ministrou;

V – a utilização de obras literárias, artísticas ou científicas, fonogramas e transmissão de rádio e televisão em estabelecimentos comerciais, exclusivamente para demonstração à clientela, desde que esses estabelecimentos comercializem os suportes ou equipamentos que permitam a sua utilização;

VI – a representação teatral e a execução musical, quando realizadas no recesso familiar ou, para fins exclusivamente didáticos, nos estabelecimentos de ensino, não havendo em qualquer caso intuito de lucro;

VII – a utilização de obras literárias, artísticas ou científicas para produzir prova judiciária ou administrativa;

VIII – a reprodução, em quaisquer obras, de pequenos trechos de obras preexistentes, de qualquer natureza, ou de obra integral, quando de artes plásticas, sempre que a reprodução em si não seja o objetivo principal da obra nova e que não prejudique a exploração normal da obra reproduzida nem cause um prejuízo injustificado aos legítimos interesses dos autores.

Art. 47. São livres as paráfrases e paródias que não forem verdadeiras reproduções da obra originária nem lhe implicarem descrédito.

Art. 48. As obras situadas permanentemente em logradouros públicos podem ser representadas livremente, por meio de pinturas, desenhos, fotografias e procedimentos audiovisuais.

Capítulo V
Da transferência dos direitos de autor

Art. 49. Os direitos de autor poderão ser total ou parcialmente transferidos a terceiros, por ele ou por seus sucessores, a título universal ou singular, pessoalmente ou por meio de representantes com poderes especiais, por meio de licenciamento, concessão, cessão ou por outros meios admitidos em Direito, obedecidas as seguintes limitações:

I – a transmissão total compreende todos os direitos de autor, salvo os de natureza moral e os expressamente excluídos por lei;

II – somente se admitirá transmissão total e definitiva dos direitos mediante estipulação contratual escrita;

III – na hipótese de não haver estipulação contratual escrita, o prazo máximo será de cinco anos;

IV – a cessão será válida unicamente para o país em que se firmou o contrato, salvo estipulação em contrário;

V – a cessão só se operará por modalidades de utilização já existentes à data do contrato;

VI – não havendo especificações quanto à modalidade de utilização, o contrato será interpretado restritivamente, entendendo-se como limitada apenas a uma que seja aquela indispensável ao cumprimento da finalidade do contrato.

Art. 50. A cessão total ou parcial dos direitos de autor, que se fará sempre por escrito, presume-se onerosa.

§ 1º Poderá a cessão ser averbada à margem do registro a que se refere o artigo 19 desta Lei, ou, não estando a obra registrada, poderá o instrumento ser registrado em Cartório de Títulos e Documentos.

§ 2º Constarão do instrumento de cessão como elementos essenciais seu objeto e as condições de exercício do direito quanto a tempo, lugar e preço.

Art. 51. A cessão dos direitos de autor sobre obras futuras abrangerá, no máximo, o período de cinco anos.

Parágrafo único. O prazo será reduzido a cinco anos sempre que indeterminado ou superior, diminuindo-se, na devida proporção, o preço estipulado.

Art. 52. A omissão do nome do autor, ou de co-autor, na divulgação da obra não presume o anonimato ou a cessão de seus direitos.

Título IV
Da utilização de obras intelectuais e dos fonogramas
Capítulo I
Da edição

Art. 53. Mediante contrato de edição, o editor, obrigando-se a reproduzir e a divulgar a obra literária, artística ou científica, fica autorizado, em caráter de exclusividade, a publicá-la e a explorá-la pelo prazo e nas condições pactuadas com o autor.

Parágrafo único. Em cada exemplar da obra o editor mencionará:

I – o título da obra e seu autor;

II – no caso de tradução, o título original e o nome do tradutor;

III – o ano de publicação;

IV – o seu nome ou marca que o identifique.

Art. 54. Pelo mesmo contrato pode o autor obrigar-se à feitura de obra literária, artística ou científica em cuja publicação e divulgação se empenha o editor.

Art. 55. Em caso de falecimento ou de impedimento do autor para concluir a obra, o editor poderá:

I – considerar resolvido o contrato, mesmo que tenha sido entregue parte considerável da obra;

II – editar a obra, sendo autônoma, mediante pagamento proporcional do preço;

III – mandar que outro a termine, desde que consintam os sucessores e seja o fato indicado na edição.

Parágrafo único. É vedada a publicação parcial, se o autor manifestou a vontade de só publicá-la por inteiro ou se assim o decidirem seus sucessores.

Art. 56. Entende-se que o contrato versa apenas sobre uma edição, se não houver cláusula expressa em contrário.

Parágrafo único. No silêncio do contrato, considera-se que cada edição se constitui de três mil exemplares.

Art. 57. O preço da retribuição será arbitrado, com base nos usos e costumes, sempre que no contrato não a tiver estipulado expressamente o autor.

Art. 58. Se os originais forem entregues em desacordo com o ajustado e o editor não os recusar nos trinta dias seguintes ao do recebimento, ter-se-ão por aceitas as alterações introduzidas pelo autor.

Art. 59. Quaisquer que sejam as condições do contrato, o editor é obrigado a facultar ao autor o exame da escrituração na parte que lhe corresponde, bem como a informá-lo sobre o estado da edição.

Art. 60. Ao editor compete fixar o preço da venda, sem, todavia, poder elevá-lo a ponto de embaraçar a circulação da obra.

Art. 61. O editor será obrigado a prestar contas mensais ao autor sempre que a retribuição deste estiver condicionada à venda da obra, salvo se prazo diferente houver sido convencionado.

Art. 62. A obra deverá ser editada em dois anos de celebração do contrato, salvo prazo diverso estipulado em convenção.

Parágrafo único. Não havendo edição da obra no prazo legal ou contratual, poderá ser rescindido o contrato, respondendo o editor por danos causados.

Art. 63. Enquanto não se esgotarem as edições a que tiver direito o editor, não poderá o autor dispor de sua obra, cabendo ao editor o ônus da prova.

§ 1º Na vigência do contrato de edição, assiste ao editor o direito de exigir que se retire de circulação edição da mesma obra feita por outrem.

§ 2º Considera-se esgotada a edição quando restarem em estoque, em poder do editor, exemplares em número inferior a dez por cento do total da edição.

Art. 64. Somente decorrido um ano de lançamento da edição, o editor poderá vender, como saldo, os exemplares restantes, desde que o autor seja notificado de que, no prazo de trinta dias, terá prioridade na aquisição dos referidos exemplares pelo preço de saldo.

Art. 65. Esgotada a edição, e o editor, com direito a outra, não a publica, poderá o autor notificá-lo a que o faça em certo prazo, sob pena de perder aquele direito, além de responder por danos.

Art. 66. O autor tem o direito de fazer, nas edições sucessivas de suas obras, as emendas e alterações que bem lhe aprouver.

Parágrafo único. O editor poderá opor-se às alterações que lhe prejudiquem os interesses, ofendam sua reputação ou aumentem sua responsabilidade.

Art. 67. Se, em virtude de sua natureza, for imprescindível a atualização da obra em novas edições, o editor, negando-se o autor a fazê-la, dela poderá encarregar outrem, mencionando o fato na edição.

Capítulo II

Da comunicação ao público

Art. 68. Sem prévia e expressa autorização do autor ou titular, não poderão ser utilizadas obras teatrais, composições musicais ou lítero-musicais e fonogramas, em representações e execuções públicas.

§ 1º Considera-se representação pública a utilização de obras teatrais no gênero drama, tragédia, comédia, ópera, opereta, balé, pantomimas e assemelhadas, musicadas ou não, mediante a participação de artistas, remunerados ou não, em locais de frequência coletiva ou pela radiodifusão, transmissão e exibição cinematográfica.

§ 2º Considera-se execução pública a utilização de composições musicais ou lítero-musicais, mediante a participação de artistas, remunerados ou não, ou a utilização de fonogramas e obras audiovisuais, em locais de frequência coletiva, por quaisquer processos, inclusive a radiodifusão ou transmissão por qualquer modalidade, e a exibição cinematográfica.

§ 3º Consideram-se locais de frequência coletiva os teatros, cinemas, salões de baile ou concertos, boates, bares, clubes ou associações de qualquer natureza, lojas, estabelecimentos comerciais e industriais, estádios, circos, feiras, restaurantes, hotéis, motéis, clínicas, hospitais, órgãos públicos da administração direta ou indireta, fundacionais e estatais, meios de transporte de passageiros terrestre, marítimo, fluvial ou aéreo, ou onde quer que se representem, executem ou transmitam obras literárias, artísticas ou científicas.

§ 4º Previamente à realização da execução pública, o empresário deverá apresentar ao escritório central, previsto no artigo 99, a comprovação dos recolhimentos relativos aos direitos autorais.

§ 5º Quando a remuneração depender da frequência do público, poderá o empresário, por convênio com o escritório central, pagar o preço após a realização da execução pública.

§ 6º O empresário entregará ao escritório central, imediatamente após a execução pública ou transmissão, relação completa das obras e fonogramas utilizados, indicando os nomes dos respectivos autores, artistas e produtores.

§ 7º As empresas cinematográficas e de radiodifusão manterão à imediata disposição dos interessados, cópia autêntica dos contratos, ajustes ou acordos, individuais ou coletivos, autorizando e disciplinando a remuneração por execução pública das obras musicais e fonogramas contidas em seus programas ou obras audiovisuais.

Art. 69. O autor, observados os usos locais, notificará o empresário do prazo para a representação ou execução, salvo prévia estipulação convencional.

Art. 70. Ao autor assiste o direito de opor-se à representação ou execução que não seja suficientemente ensaiada, bem como fiscalizá-la, tendo, para isso, livre acesso durante as representações ou execuções, no local onde se realizam.

Art. 71. O autor da obra não pode alterar lhe a substância, sem acordo com o empresário que a fez representar.

Art. 72. O empresário, sem licença do autor, não pode entregar a obra a pessoa estranha à representação ou à execução.

Art. 73. Os principais intérpretes e os diretores de orquestras ou coro, escolhidos de comum acordo pelo autor e pelo produtor, não podem ser substituídos por ordem deste, sem que aquele consinta.

Art. 74. O autor da obra teatral, ao autorizar a sua tradução ou adaptação, poderá fixar prazo para utilização dela em representações públicas.

Parágrafo único. Após o decurso do prazo a que se refere este artigo, não poderá opor-se o tradutor ou adaptador à utilização de outra tradução ou adaptação autorizada, salvo se for cópia da sua.

Art. 75. Autorizada a representação de obra teatral feita em co-autoria, não poderá qualquer dos co-autores revogar a autorização dada, provocando a suspensão da temporada contratualmente ajustada.

Art. 76. É impenhorável a parte do produto dos espetáculos reservada ao autor e aos artistas.

Capítulo III

Da utilização da obra de arte plástica

Art. 77. Salvo convenção em contrário, o autor de obra de arte plástica, ao alienar o objeto em que ela se materializa, transmite o direito de expô-la, mas não transmite ao adquirente o direito de reproduzi-la.

Art. 78. A autorização para reproduzir obra de arte plástica, por qualquer processo, deve se fazer por escrito e se presume onerosa.

Capítulo IV

Da utilização da obra fotográfica

Art. 79. O autor de obra fotográfica tem direito a reproduzi-la e colocá-la à venda, observadas as restrições à exposição, reprodução e venda de retratos, e sem prejuízo dos direitos de autor sobre a obra fotografada, se de artes plásticas protegidas.

§ 1º A fotografia, quando utilizada por terceiros, indicará de forma legível o nome do seu autor.

§ 2º É vedada a reprodução de obra fotográfica que não esteja em absoluta consonância com o original, salvo prévia autorização do autor.

Capítulo V
Da utilização de fonograma

Art. 80. Ao publicar o fonograma, o produtor mencionará em cada exemplar:

I – o título da obra incluída e seu autor;

II – o nome ou pseudônimo do intérprete;

III – o ano de publicação;

IV – o seu nome ou marca que o identifique.

Capítulo VI
Da utilização da obra audiovisual

Art. 81. A autorização do autor e do intérprete de obra literária, artística ou científica para produção audiovisual implica, salvo disposição em contrário, consentimento para sua utilização econômica.

§ 1º A exclusividade da autorização depende de cláusula expressa e cessa dez anos após a celebração do contrato.

§ 2º Em cada cópia da obra audiovisual, mencionará o produtor:

I – o título da obra audiovisual;

II – os nomes ou pseudônimos do diretor e dos demais co-autores;

III – o título da obra adaptada e seu autor, se for o caso;

IV – os artistas intérpretes;

V – o ano de publicação;

VI – o seu nome ou marca que o identifique.

Art. 82. O contrato de produção audiovisual deve estabelecer:

I – a remuneração devida pelo produtor aos co-autores da obra e aos artistas intérpretes e executantes, bem como o tempo, lugar e forma de pagamento;

II – o prazo de conclusão da obra;

III – a responsabilidade do produtor para com os co-autores, artistas intérpretes ou executantes, no caso de co-produção.

Art. 83. O participante da produção da obra audiovisual que interromper, temporária ou definitivamente, sua atuação, não poderá opor-se a que esta seja utilizada na obra nem a que terceiro o substitua, resguardados os direitos que adquiriu quanto à parte já executada.

Art. 84. Caso a remuneração dos co-autores da obra audiovisual dependa dos rendimentos de sua utilização econômica, o produtor lhes prestará contas semestralmente, se outro prazo não houver sido pactuado.

Art. 85. Não havendo disposição em contrário, poderão os co-autores da obra audiovisual utilizar-se, em gênero diverso, da parte que constitua sua contribuição pessoal.

Parágrafo único. Se o produtor não concluir a obra audiovisual no prazo ajustado ou não iniciar sua exploração dentro de dois anos, a contar de sua conclusão, a utilização a que se refere este artigo será livre.

Art. 86. Os direitos autorais de execução musical relativos a obras musicais, lítero-musicais e fonogramas incluídos em obras audiovisuais serão devidos aos seus titulares pelos responsáveis dos locais ou estabelecimentos a que alude o § 3º do artigo 68 desta Lei, que as exibirem, ou pelas emissoras de televisão que as transmitirem.

Capítulo VII
Da utilização de bases de dados

Art. 87. O titular do direito patrimonial sobre uma base de dados terá o direito exclusivo, a respeito da forma de expressão da estrutura da referida base, de autorizar ou proibir:

I – sua reprodução total ou parcial, por qualquer meio ou processo;

II – sua tradução, adaptação, reordenação ou qualquer outra modificação;

III – a distribuição do original ou cópias da base de dados ou a sua comunicação ao público;

IV – a reprodução, distribuição ou comunicação ao público dos resultados das operações mencionadas no inciso II deste artigo.

Capítulo VIII
Da utilização da obra coletiva

Art. 88. Ao publicar a obra coletiva, o organizador mencionará em cada exemplar:

I – o título da obra;

II – a relação de todos os participantes, em ordem alfabética, se outra não houver sido convencionada;

III – o ano de publicação;

IV – o seu nome ou marca que o identifique.

Parágrafo único. Para valer-se do disposto no § 1º do artigo 17, deverá o participante notificar o organizador, por escrito, até a entrega de sua participação.

Título V
Dos direitos conexos

Capítulo I
Disposições preliminares

Art. 89. As normas relativas aos direitos de autor aplicam-se, no que couber, aos direitos dos artistas intérpretes ou executantes, dos produtores fonográficos e das empresas de radiodifusão.

Parágrafo único. A proteção desta Lei aos direitos previstos neste artigo deixa intactas e não afeta as garantias asseguradas aos autores das obras literárias, artísticas ou científicas.

Capítulo II
Dos direitos dos artistas intérpretes ou executantes

Art. 90. Tem o artista intérprete ou executante o direito exclusivo de, a título oneroso ou gratuito, autorizar ou proibir:

I – a fixação de suas interpretações ou execuções;

II – a reprodução, a execução pública e a locação das suas interpretações ou execuções fixadas;

III – a radiodifusão das suas interpretações ou execuções, fixadas ou não;

IV – a colocação à disposição do público de suas interpretações ou execuções, de maneira que qualquer pessoa a elas possa ter acesso, no tempo e no lugar que individualmente escolherem;

V – qualquer outra modalidade de utilização de suas interpretações ou execuções.

§ 1º Quando na interpretação ou na execução participarem vários artistas, seus direitos serão exercidos pelo diretor do conjunto.

§ 2º A proteção aos artistas intérpretes ou executantes estende-se à reprodução da voz e imagem, quando associadas às suas atuações.

Art. 91. As empresas de radiodifusão poderão realizar fixações de interpretação ou execução de artistas que as tenham permitido para utilização em determinado número de emissões, facultada sua conservação em arquivo público.

Parágrafo único. A reutilização subsequente da fixação, no País ou no exterior, somente será lícita mediante autorização escrita dos titulares de bens intelectuais incluídos no programa, devida uma remuneração adicional aos titulares para cada nova utilização.

Art. 92. Aos intérpretes cabem os direitos morais de integridade e paternidade de suas interpretações, inclusive depois da cessão dos direitos patrimoniais, sem prejuízo da redução, compactação, edição ou dublagem da obra de que tenham participado, sob a responsabilidade do produtor, que não poderá desfigurar a interpretação do artista.

Parágrafo único. O falecimento de qualquer participante de obra audiovisual, concluída ou não, não obsta sua exibição e aproveitamento econômico, nem exige autorização adicional, sendo a remuneração prevista para o falecido, no termos do contrato e da lei, efetuada a favor do espólio ou dos sucessores.

Capítulo III
Dos direitos dos produtores fonográficos

Art. 93. O produtor de fonogramas tem o direito exclusivo de, a título oneroso ou gratuito, autorizar-lhes ou proibir-lhes:

I – a reprodução direta ou indireta, total ou parcial;

II – a distribuição por meio da venda ou locação de exemplares da reprodução;

III – a comunicação ao público por meio da execução pública, inclusive pela radiodifusão;

IV – *Vetado*;

V – quaisquer outras modalidades de utilização, existentes ou que venham a ser inventadas.

Art. 94. Cabe ao produtor fonográfico perceber dos usuários a que se refere o artigo 68, e parágrafos, desta Lei os proventos pecuniários resultantes da execução pública dos fonogramas e reparti-los com os artistas, na forma convencionada entre ele ou suas associações.

Capítulo IV
Dos direitos das empresas de radiodifusão

Art. 95. Cabe às empresas de radiodifusão o direito exclusivo de autorizar ou proibir a retransmissão, fixação e reprodução de suas emissões, bem como a comunicação ao público, pela televisão, em locais de frequência coletiva, sem prejuízo dos direitos dos titulares de bens intelectuais incluídos na programação.

Capítulo V
Da duração dos direitos conexos

Art. 96. É de setenta anos o prazo de proteção aos direitos conexos, contados a partir de 1o de janeiro do ano subsequente à fixação, para os fonogramas; à transmissão, para as emissões das empresas de radiodifusão; e à execução e representação pública, para os demais casos.

Título VI
Das associações de titulares de direitos de autor e dos que lhes são conexos

Art. 97. Para o exercício e defesa de seus direitos, podem os autores e os titulares de direitos conexos associar-se sem intuito de lucro.

§ 1º É vedado pertencer a mais de uma associação para a gestão coletiva de direitos da mesma natureza.

§ 2º Pode o titular transferir-se, a qualquer momento, para outra associação, devendo comunicar o fato, por escrito, à associação de origem.

§ 3º As associações com sede no exterior far-se-ão representar, no País, por associações nacionais constituídas na forma prevista nesta Lei.

Art. 98. Com o ato de filiação, as associações tornam-se mandatárias de seus associados para a prática de todos os atos necessários à defesa judicial ou extrajudicial de seus direitos autorais, bem como para sua cobrança.

Parágrafo único. Os titulares de direitos autorais poderão praticar, pessoalmente, os atos referidos neste artigo, mediante comunicação prévia à associação a que estiverem filiados.

Art. 99. As associações manterão um único escritório central para a arrecadação e distribuição, em comum, dos direitos relativos à execução pública das obras musicais e lítero-musicais e de fonogramas, inclusive por meio da radiodifusão e transmissão por qualquer modalidade, e da exibição de obras audiovisuais.

§ 1º O escritório central organizado na forma prevista neste artigo não terá finalidade de lucro e será dirigido e administrado pelas associações que o integrem.

§ 2º O escritório central e as associações a que se refere este Título atuarão em juízo e fora dele em seus próprios nomes como substitutos processuais dos titulares a eles vinculados.

§ 3º O recolhimento de quaisquer valores pelo escritório central somente se fará por depósito bancário.

§ 4º O escritório central poderá manter fiscais, aos quais é vedado receber do empresário numerário a qualquer título.

§ 5º A inobservância da norma do parágrafo anterior tornará o faltoso inabilitado à função de fiscal, sem prejuízo das sanções civis e penais cabíveis.

Art. 100. O sindicato ou associação profissional que congregue não menos de um terço dos filiados de uma associação autoral poderá, uma vez por ano, após notificação, com oito dias de antecedência, fiscalizar, por intermédio de auditor, a exatidão das contas prestadas a seus representados.

Título VII

Das sanções às violações dos direitos autorais

Capítulo I

Disposição preliminar

Art. 101. As sanções civis de que trata este Capítulo aplicam-se sem prejuízo das penas cabíveis.

Capítulo II
Das sanções civis

Art. 102. O titular cuja obra seja fraudulentamente reproduzida, divulgada ou de qualquer forma utilizada, poderá requerer a apreensão dos exemplares reproduzidos ou a suspensão da divulgação, sem prejuízo da indenização cabível.

Art. 103. Quem editar obra literária, artística ou científica, sem autorização do titular, perderá para este os exemplares que se apreenderem e pagar-lhe-á o preço dos que tiver vendido.

Parágrafo único. Não se conhecendo o número de exemplares que constituem a edição fraudulenta, pagará o transgressor o valor de três mil exemplares, além dos apreendidos.

Art. 104. Quem vender, expuser a venda, ocultar, adquirir, distribuir, tiver em depósito ou utilizar obra ou fonograma reproduzidos com fraude, com a finalidade de vender, obter ganho, vantagem, proveito, lucro direto ou indireto, para si ou para outrem, será solidariamente responsável com o contra-fator, nos termos dos artigos precedentes, respondendo como contrafatores o importador e o distribuidor em caso de reprodução no exterior.

Art. 105. A transmissão e a retransmissão, por qualquer meio ou processo, e a comunicação ao público de obras artísticas, literárias e científicas, de interpretações e de fonogramas, realizadas mediante violação aos direitos de seus titulares, deverão ser imediatamente suspensas ou interrompidas pela autoridade judicial competente, sem prejuízo da multa diária pelo descumprimento e das demais indenizações cabíveis, independentemente das sanções penais aplicáveis; caso se comprove que o infrator é reincidente na violação aos direitos dos titulares de direitos de autor e conexos, o valor da multa poderá ser aumentado até o dobro.

Art. 106. A sentença condenatória poderá determinar a destruição de todos os exemplares ilícitos, bem como as matrizes, moldes, negativos e demais elementos utilizados para praticar o ilícito civil, assim como a perda de máquinas, equipamentos e insumos destinados a tal fim ou, servindo eles unicamente para o fim ilícito, sua destruição.

Art. 107. Independentemente da perda dos equipamentos utilizados, responderá por perdas e danos, nunca inferiores ao valor que resultaria da aplicação do disposto no artigo 103 e seu parágrafo único, quem:

I – alterar, suprimir, modificar ou inutilizar, de qualquer maneira, dispositivos técnicos introduzidos nos exemplares das obras e produções protegidas para evitar ou restringir sua cópia;

II – alterar, suprimir ou inutilizar, de qualquer maneira, os sinais codificados destinados a restringir a comunicação ao público de obras, produções ou emissões protegidas ou a evitar a sua cópia;

III – suprimir ou alterar, sem autorização, qualquer informação sobre a gestão de direitos;

IV – distribuir, importar para distribuição, emitir, comunicar ou puser à disposição do público, sem autorização, obras, interpretações ou execuções, exemplares de interpretações fixadas em fonogramas e emissões, sabendo que a informação sobre a gestão de direitos, sinais codificados e dispositivos técnicos foram suprimidos ou alterados sem autorização.

Art. 108. Quem, na utilização, por qualquer modalidade, de obra intelectual, deixar de indicar ou de anunciar, como tal, o nome, pseudônimo ou sinal convencional do autor e do intérprete, além de responder por danos morais, está obrigado a divulgar-lhes a identidade da seguinte forma:

I – tratando-se de empresa de radiodifusão, no mesmo horário em que tiver ocorrido a infração, por três dias consecutivos;

II – tratando-se de publicação gráfica ou fonográfica, mediante inclusão de errata nos exemplares ainda não distribuídos, sem prejuízo de comunicação, com destaque, por três vezes consecutivas em jornal de grande circulação, dos domicílios do autor, do intérprete e do editor ou produtor;

III – tratando-se de outra forma de utilização, por intermédio da imprensa, na forma a que se refere o inciso anterior.

Art. 109. A execução pública feita em desacordo com os artigos 68, 97, 98 e 99 desta Lei sujeitará os responsáveis a multa de vinte vezes o valor que deveria ser originariamente pago.

Art. 110. Pela violação de direitos autorais nos espetáculos e audições públicas, realizados nos locais ou estabelecimentos a que alude o artigo 68, seus proprietários, diretores, gerentes, empresários e arrendatários respondem solidariamente com os organizadores dos espetáculos.

Capítulo III
Da prescrição da ação

Art. 111. *Vetado*.

Título VIII
Disposições finais e transitórias

Art. 112. Se uma obra, em consequência de ter expirado o prazo de proteção que lhe era anteriormente reconhecido pelo § 2º do artigo 42 da Lei nº 5.988, de 14 de dezembro de 1973, caiu no domínio público, não terá o prazo de proteção dos direitos patrimoniais ampliado por força do artigo 41 desta Lei.

Art. 113. Os fonogramas, os livros e as obras audiovisuais sujeitar-se-ão a selos ou sinais de identificação sob a responsabilidade do produtor, distribuidor ou importador, sem ônus para o consumidor, com o fim de atestar o cumprimento das normas legais vigentes, conforme dispuser o regulamento.

Art. 114. Esta Lei entra em vigor cento e vinte dias após sua publicação.

Art. 115. Ficam revogados os artigos 649 a 673 e 1.346 a 1.362 do Código Civil e as Leis n°s 4.944, de 6 de abril de 1966; 5.988, de 14 de dezembro de 1973, excetuando-se o artigo 17 e seus §§ 1º e 2º; 6.800, de 25 de junho de 1980; 7.123, de 12 de setembro de 1983; 9.045, de 18 de maio de 1995, e demais disposições em contrário, mantidos em vigor as Leis n°s 6.533, de 24 de maio de 1978, e 6.615, de 16 de dezembro de 1978.

Brasília, 19 de fevereiro de 1998;

177º da Independência e
110º da República.

Fernando Henrique Cardoso

Lei nº 10.753, de 30 de outubro de 2003

Institui a Política Nacional do Livro.

▶ Publicada no *DOU* de 31-10-2003, Edição extra.

O Presidente da República

Faço saber que o Congresso Nacional decreta e eu sanciono a seguinte Lei:

Capítulo I
Da política nacional do livro
Diretrizes gerais

Art. 1º Esta Lei institui a Política Nacional do Livro, mediante as seguintes diretrizes:

I – assegurar ao cidadão o pleno exercício do direito de acesso e uso do livro;

II – o livro é o meio principal e insubstituível da difusão da cultura e transmissão do conhecimento, do fomento à pesquisa social e científica, da conservação do patrimônio nacional, da transformação e aperfeiçoamento social e da melhoria da qualidade de vida;

III – fomentar e apoiar a produção, a edição, a difusão, a distribuição e a comercialização do livro;

IV – estimular a produção intelectual dos escritores e autores brasileiros, tanto de obras científicas como culturais;

V – promover e incentivar o hábito da leitura;

VI – propiciar os meios para fazer do Brasil um grande centro editorial;

VII – competir no mercado internacional de livros, ampliando a exportação de livros nacionais;

VIII – apoiar a livre circulação do livro no País;

IX – capacitar a população para o uso do livro como fator fundamental para seu progresso econômico, político, social e promover a justa distribuição do saber e da renda;

X – instalar e ampliar no País livrarias, bibliotecas e pontos de venda de livro;

XI – propiciar aos autores, editores, distribuidores e livreiros as condições necessárias ao cumprimento do disposto nesta Lei;

XII – assegurar às pessoas com deficiência visual o acesso à leitura.

Capítulo II
Do livro

Art. 2º Considera-se livro, para efeitos desta Lei, a publicação de textos escritos em fichas ou folhas, não periódica, grampeada, colada ou costurada, em volume cartonado, encadernado ou em brochura, em capas avulsas, em qualquer formato e acabamento.

Parágrafo único. São equiparados a livro:

I – fascículos, publicações de qualquer natureza que representem parte de livro;

II – materiais avulsos relacionados com o livro, impressos em papel ou em material similar;

III – roteiros de leitura para controle e estudo de literatura ou de obras didáticas;

IV – álbuns para colorir, pintar, recortar ou armar;

V – atlas geográficos, históricos, anatômicos, mapas e cartogramas;

VI – textos derivados de livro ou originais, produzidos por editores, mediante contrato de edição celebrado com o autor, com a utilização de qualquer suporte;

VII – livros em meio digital, magnético e ótico, para uso exclusivo de pessoas com deficiência visual;

VIII – livros impressos no Sistema Braille.

Art. 3º É livro brasileiro o publicado por editora sediada no Brasil, em qualquer idioma, bem como o impresso ou fixado em qualquer suporte no exterior por editor sediado no Brasil.

Art. 4º É permitida a entrada no País de livros em língua estrangeira ou portuguesa, imunes de impostos nos termos do art. 150, inciso VI, alínea *d*, da Constituição, e, nos termos do regulamento, de tarifas alfandegárias prévias, sem prejuízo dos controles aduaneiros e de suas taxas.

► Artigo com a redação pela Lei nº 10.833, de 29-12-2003.

Capítulo III
Da editoração, distribuição e comercialização do livro

Art. 5º Para efeitos desta Lei, é considerado:

I – autor: a pessoa física criadora de livros;

II – editor: a pessoa física ou jurídica que adquire o direito de reprodução de livros, dando a eles tratamento adequado à leitura;

III – distribuidor: a pessoa jurídica que opera no ramo de compra e venda de livros por atacado;

IV – livreiro: a pessoa jurídica ou representante comercial autônomo que se dedica à venda de livros.

Art. 6º Na editoração do livro, é obrigatória a adoção do Número Internacional Padronizado, bem como a ficha de catalogação para publicação.

Parágrafo único. O número referido no *caput* deste artigo constará da quarta capa do livro impresso.

Art. 7º O Poder Executivo estabelecerá formas de financiamento para as editoras e para o sistema de distribuição de livro, por meio de criação de linhas de crédito específicas.

Parágrafo único. Cabe, ainda, ao Poder Executivo implementar programas anuais para manutenção e atualização do acervo de bibliotecas públicas, universitárias e escolares, incluídas obras em Sistema Braille.

Art. 8º As pessoas jurídicas que exerçam as atividades descritas nos incisos II a IV do art. 5º poderão constituir provisão para perda de estoques, calculada no último dia de cada período de apuração do imposto de renda e da contribuição social sobre o lucro líquido, correspondente a 1/3 (um terço) do valor do estoque existente naquela data, na forma que dispuser o regulamento, inclusive em relação ao tratamento contábil e fiscal a ser dispensado às reversões dessa provisão.

▶ *Caput* com a redação pela Lei nº 10.833, de 29-12-2003.

§ 1º Para a gestão do fundo levar-se-á em conta o saldo existente no último dia de cada exercício financeiro legal, na proporção do tempo de aquisição, observados os seguintes percentuais:

I – mais de um ano e menos de dois anos: trinta por cento do custo direto de produção;

II – mais de dois anos e menos de três anos: cinquenta por cento do custo direto de produção;

III – mais de três anos: cem por cento do custo direto de produção.

§ 2º Ao fim de cada exercício financeiro legal será feito o ajustamento da provisão dos respectivos estoques.

Art. 9º A provisão referida no art. 8º será dedutível para fins de determinação do lucro real e da base de cálculo da contribuição social sobre o lucro líquido.

▶ Artigo com a redação pela Lei nº 10.833, de 29-12-2003.

Art. 10. VETADO.

Art. 11. Os contratos firmados entre autores e editores de livros para cessão de direitos autorais para publicação deverão ser cadastrados na Fundação Biblioteca Nacional, no Escritório de Direitos Autorais.

Art. 12. É facultado ao Poder Executivo a fixação de normas para o atendimento ao disposto nos incisos VII e VIII do art. 2º desta Lei.

Capítulo IV
Da difusão do livro

Art. 13. Cabe ao Poder Executivo criar e executar projetos de acesso ao livro e incentivo à leitura, ampliar os já existentes e implementar, isoladamente ou em parcerias públicas ou privadas, as seguintes ações em âmbito nacional:

I – criar parcerias, públicas ou privadas, para o desenvolvimento de programas de incentivo à leitura, com a participação de entidades públicas e privadas;

II – estimular a criação e execução de projetos voltados para o estímulo e a consolidação do hábito de leitura, mediante:

a) revisão e ampliação do processo de alfabetização e leitura de textos de literatura nas escolas;

b) introdução da hora de leitura diária nas escolas;

c) exigência pelos sistemas de ensino, para efeito de autorização de escolas, de acervo mínimo de livros para as bibliotecas escolares;

III – instituir programas, em bases regulares, para a exportação e venda de livros brasileiros em feiras e eventos internacionais;

IV – estabelecer tarifa postal preferencial, reduzida, para o livro brasileiro;

V – criar cursos de capacitação do trabalho editorial, gráfico e livreiro em todo o território nacional.

Art. 14. É o Poder Executivo autorizado a promover o desenvolvimento de programas de ampliação do número de livrarias e pontos de venda no País, podendo ser ouvidas as Administrações Estaduais e Municipais competentes.

Art. 15. *Vetado.*

Capítulo V
Disposições gerais

Art. 16. A União, os Estados, o Distrito Federal e os Municípios consignarão, em seus respectivos orçamentos, verbas às bibliotecas para sua manutenção e aquisição de livros.

Art. 17. A inserção de rubrica orçamentária pelo Poder Executivo para financiamento da modernização e expansão do sistema bibliotecário e de programas de incentivo à leitura será feita por meio do Fundo Nacional de Cultura.

Art. 18. Com a finalidade de controlar os bens patrimoniais das bibliotecas públicas, o livro não é considerado material permanente.

Art. 19. Esta Lei entra em vigor na data de sua publicação.

Brasília, 30 de outubro de 2003;

182º da Independência e

115º da República.

Luiz Inácio Lula da Silva

Referências bibliográficas

ALBA, Isabel Spín. *Contrato de Edición Literaria*. Barcelona: Comares, 1994.

ASCENÇÃO, José de Oliveira. *Direito Autoral*. Rio de Janeiro: Forense, 1980

BARBOSA, Alvaro Antonio do Cabo Notaroberto. *Direito a Própria Imagem*. São Paulo: Saraiva, 1989.

BESSONE, Darcy. *Direitos Reais*. São Paulo: Saraiva, 1994.

_____. *Do Contrato – Teoria Geral*. Rio de Janeiro: Forense, 1984.

BITTAR, Carlos Alberto. *Contornos do Direito de Autor*. São Paulo: Revista dos Tribunais, 1992.

_____. *Direito de Autor*. São Paulo: Forense Universitária, 1994.

_____. *Tutela dos Direitos da Personalidade e dos Direitos Autorais nas Atividades Empresariais*. São Paulo: Revista dos Tribunais, 1983.

CHAVES, Antonio. *Criador na Obra Intelectual*. São Paulo: LTr, 1995.

LIPSZYC, Délia. *Derechos de Autor e Derechos Conexos*. São Paulo: Unesco, 1993.

MANSO, Eduardo Vieira. *Direito Autoral*. São Paulo: Bushatsky, 1980.

MARQUES, Claudia Lima. *Contratos no Código de Defesa do Consumidor*. São Paulo: Revista dos Tribunais, 1992.

MATIELO, Fabrício Zamprogna. *Dano Moral Dano Material*. Porto Alegre: Sagra Luzzatto, 1995.

MATTIA, Fábio Maria de. *Estudos de Direito do Autor*. São Paulo. Revista dos Tribunais, 1992.

SANTOS, Manuel Joaquim Pereira dos. *O Direito de Autor na Obra Jornalística Gráfica*. São Paulo: Revista dos Tribunais, 1981.

TEIXEIRA DOS SANTOS, Newton Paulo. *A fotografia e o Direito Autora*. São Paulo: Universitária de Direito, 1990.

Índice Alfabético-Remissivo

A

A *posteriori*, utilização, 44, 174,
Abuso econômico, contratos de edição e, 127
Ação
- arrecadadora, 190
- cautelar, 219
- penal, 219
- prescrição da, 204

Acordos, convenções e tratados, 36
- Adaptação,
  - bases de dados, 52
- de obras, 22, 66

Adicional, pagamento, 174
Aditivo contratual, ajustes na tiragem e, 134
Adquirente de produto fraudulento, 197
Agravo, 194
Alienação, 98, 118
Alocuções
- da obra, 52
  - direitos
  - do autor, 52

Aluguel de
- fotos, 155
- programa de computador, 213

Ano
- da publicação, 123, 129, 156, 157, 167, 168
  - de obra audiovisual, 157
  - de obra coletiva, 167
- do lançamento, definição de, 129, 139

Anônima, obra, 47, 101
Anonimato, autoria no, 47, 102, 122
Anotações, 64, 91
Antologias, 52
Apanhado de lições, 110, 115
Apátrida, direitos de autor, 36
Apostila, 113, 115
Apreensão
- da obra, 194
  - indenização cabível, 193,
- de exemplares em reprodução fraudulenta, 130, 192

Apresentação artística, 181
Apresentações públicas ao vivo, 174
Aproveitamento econômico, 175
- direito de fiscalização, 26, 187, 231

Aquisição
- de um exemplar, 142
- de um original, 148

Arena, direito de, 182
Armazenamento, 41, 45, 82, 87
Arquitetura, 64, 78, 80
Arquivamento, 87
Arquivos, 51, 166
Arranjo musical, 81
Arrecadação
- centralizada, exibição pública e, 191
- e distribuição, 190
- por associações, 191

Arte cinética, 52, 58
Artes plásticas, reprodução de, 116
Artigos assinados, 96
- prazo de periodicidade de, 95
Artista
- assalariado, situação do, 93, 95
- conceito de propriedade do, 16
- conceituação de, 15
- direitos morais, 17, 60, 67, 74, 75
- executante, 25, 42, 51, 169
- intérprete, 169
  - remuneração em obra fonográfica, 143
Associação
- transferência de, 183
- arrecadadora, 189
  - Associação Brasileira de Direitos Reprográficos, 185
Associação Literária Internacional, 21
Associação(ões)
- atos judiciais e extrajudiciais praticados por, 190
- com sede no exterior, 248
- de titulares de direitos de autor, 143, 183
  - bases para funcionamento de, 187
- direitos conexos e, 248
- escritório central e, 190
- para fins lícitos, liberdade de, 189
  - profissional, 185
- vedado pertencer a mais de uma, 183

Associados
- direitos dos, 186, 190
- transferência de, para outra associação, 190
Atentado aos direitos de autor, 113
Atos oficiais, 63, 225
Atualização da obra em novas edições, 137
- direitos do editor e, 185
Audiovisual, definição de obra, 42
Auditar gestão de direitos autorais, 191
Autenticidade da obra, 129
- responsabilidade do autor pelo, 129
Autonomia das partes, contrato de edição e, 126
Autor
- alterações da obra de, 60
- anônimo, revelação de, 102
- da obra
  - de arte fotografada 150
  - direitos sobre obra protegida, 67
  - direito à reprodução, 15
  - de arte plástica, transmissão do direito de expor, 86
  - intelectual, identificação de, 201
- definição de, 15
- desconhecido, 47
- direito(s) de
  - a informações, 201
  - a opor-se, 60
  - morais, 17

266

- nas representações, 145
- patrimoniais, 21, 38
- domínio público e, 51, 66, 69, 75
- falecimento ou impedimento do, 94, 131
- identificação de, 68, 202
- interesses legítimos do, 113
- modalidades de identificação do, 66
- omissão de nome do, 118, 122
- pessoa física, 42, 46, 50, 66
- proteção concedida ao, 66, 104, 188
- responsabilidades do, 73, 158

Autoria
- de obras intelectuais, 66
- de projeto repudiado, reparação de danos, 79

Autoridade judiciária, competências, 193, 198

Autorização

contrato de edição e, 85,
- de obra feita em coautoria, 41, 46, 69, 91, 102, 144, 160
- do artista, fonograma e, 172
- do autor, 59, 85, 87, 117, 134, 156, 180, 203
    - para comunicação ao público, 139
- do titular, 192, 195
- expressa do autor, 25, 158
- para reprodução de obra de arte plástica, 83
- prévia e expressa do autor, 81, 115, 125, 143, 158

- prévia, conceituação de, 90, 141

Averbação facultativa do contrato de cessão, 121

B

Balé, 140

Banco de
- dados, 53, 87, 154, 163
- fotos, 154

Base de dados, 59, 82, 163
- direito patrimonial, 163
- direitos do titular, 163
- distribuição de original ou cópias, 163
- uso comercial, 166
- utilização, 163

Bens móveis
- direitos autorais, 16, 36
- interpretação na Lei nº 9.610/1998, 29

Bolsistas e desenvolvimento de programas de computador, 215

Braille, reprodução de obras em, 112

Brasileiros domiciliados no exterior, direitos de autor de, 36

Busca e apreensão, violação de direitos autorais e, 142, 202

C

Capacidade das partes, contrato de edição e, 126

Captação de transmissão, 23
- Cartas
- geográficas, 52, 58

- missivas, 54, 92
  - Cartório de Titulas e Documentos, 118, 121
  - averbação do contrato de cessão e, 122
  - registro de cessão de direitos de autor, 119, 121, 208

Casamento, incomunicabilidade de direitos patrimoniais de autor e, 101
  - CD Rom, 53, 90, 158,

CDs, 87, 90, 176

Cedente, 119

Cedido, 119

Cenografia, 52, 58

Cessão, 38, 78, 95, 98, 100, 118, 121, 129, 155
  - averbação da, 121
  - contrato de, 19, 119, 122, 125, 154
    - elementos essenciais do, 118, 122
    - modalidades de, 121
    - obra feita sob encomenda e, 67, 107, 112, 130
    - omissão do nome do autor em, 118, 122
    - países de vigência e, 20
    - parâmetros legais do, 120
    - parcial, 118
    - total, 95, 118
  - de direitos de autor
    - sobre obras futuras, 119
    - total ou parcial dos, 119
  - de obras futuras, prazo legal de, 237
  - definitiva de direitos de autor, 120
  - direitos à paternidade e, 22, 60, 175
  - gratuidade da, 121
  - onerosa, 118, 121, 147

Cessionário, 119, 121, 188
  - direitos do, 120

Ciências, 64
  - proteção no domínio das, 59

Cinema, 29, 49, 58, 90, 151, 159, 191, 197

Circulação, retirada de, 217

Citação(ões), 22
  - direito de, 115
  - em livros, 110
  - fora do que a lei permite, 115

Coautor(es)
  - de obra
    - audiovisual, 70,
    - intelectual, direitos dos, 74
  - defesa de direitos próprios, 91
  - direitos e obrigações do, 161
  - dissidente, 91
  - utilização de seu trabalho, 70

Coautoria, 73,
  - atividades que não geram direitos, 71
  - atribuição de, 69
  - condições contratuais de, 161
  - obra em, 46, 73
  - prazo de proteção de obra em, 102
  - registro de obra em, 68, 121

Cobrança por associações, 183

Índice Alfabético-Remissivo

Código Civil, regras aplicáveis aos direitos autorais na sucessão, 106

Código de Defesa do Consumidor, 155

Colaboradores em obra coletiva, 70, 168

Coletâneas, 52, 59, 166

Coletivo, obra, 73, 168

Comédia, 56, 140,

Comentários, 64, 91, 97, 99
- abusos na reprodução de obra sob pretexto de, 92

Compatibilidade, bases de dados, 165

Compilações, 52, 59, 166

Composições musicais, 52, 140, 180

Compromissos patrimoniais, revelação de autor anônimo e, 102

Comprovação dos recolhimentos de direitos autorais, 141

Computadores, 49, 85, 87, 200
- programas de, 59
- proteção de programas de, 58, 165

Comunicação ao público, 45, 83, 139, 141
- conceituação legal de, 41
- fonogramas e, 175
- necessidade de autorização do autor para, 139
- obras de arte e, 193
- suspensão de, 193

Conceito da imprevisão, na cessão de direitos de autor, 120

Conclusão do obra

- audiovisual, prazo contratual para, 157, 160
- futura, condições para, 130

Conexos
- direitos, 51, 57, 168
- titular de direitos, 183

Conferências, 52, 55

Conhecimentos étnicos e tradicionais, 103, 108

Conservar a obra inédita, direito moral do autor de, 141

Constituição Federal, 29
- direitos e garantias do cidadão, 26, 168

Contrabandistas, 177

Contrafação, 43, 205
- conceituação legal da, 41, 45, 138

Contrato
- cláusula de remuneração nos, 135
- de cessão de direitos de autor, 19, 119, 122
- de compra ou aluguel da fotografia, 155
- de edição, 131
- autonomia das partes nos, 126
- obrigações nos, 131
- parâmetros nos, 126
- prazos para utilização da obra nos, 145
- requisitos da lei para, 126
- rescisão de, 131, 136, 239
- vontade das partes e, 127
- de elaboração de programa de computador, 60

269

- de licença para programa de computador, 165
- de produção de obra audiovisual, 156
- de transmissão de direitos de autor, 105
- organizador de obra coletiva, 70
- para edição de artigos em jornais, 97
- sem cláusula expressa quanto ao número de edições, 132
- sobre uma edição, 130
- tácito no Código Civil, 84, 125
- tempo de duração de, 131
- validade do, 124
- verbal, 125

Convenção
- de Berna, 20
- de Genebra, 176
- de Roma, 44, 170, 176

Convenções e tratados, exigências da nova lei, 37

Cópia(s)
- de livro, 41
- para estudo, 114
- de obra audiovisual, 158
- de obra de arte feita pelo próprio autor, 62
- de obra, conceito de, 45
- feita pelo copista, 114
- reprográficas, gestão coletiva de, 186
- sem fins lucrativos, 113

Co-produção, 157

Copyright, gerenciamento de, 185

Corresponsabilidade na obra reproduzida fraudulentamente, 192, 195, 196, 205

Corpus
- *mecanicum*, 38, 53, 99, 149, 177
- *misticum*, 177, 178

Criação(ões)
- artísticas, 57
- do espírito, proteção de, 51
- intelectual nova, 42, 52, 69

Crime(s)
- contra a propriedade intelectual, 24
- fraude em dispositivos de segurança, 201
- previstos, violação de direitos autorais e, 61

D

Dano(s),
- cessastes, 196
- emergente, 196
- materiais e morais decorrente de violação da intimidade das pessoas, 151
- indenização cabível, 150, 192
- violação de direitos autorais, 203
- moral(is)
- civilmente considerado, 205
- conceituação, 194
- omissão de nome do autor, 118, 132
- punição por, 195

puros, responsabilidade civil, 195

– reparações, 195
Data base, 163
Decisões judiciais, 62
Declamação, 81
Defesa
- da integridade, obra em domínio público e, 75
- dos interesses em juízo, 184
- judicial por associações, 183
Deficientes visuais, 110 e 111
Demanda, número de edições e, 134
Demonstração, de produtos, retransmissão de obra com o fim de, 116
Depositário, 96, 100
Depósito
- de obra fraudulenta, 25, 191
- bancário, recolhimento de valores pelo escritório central, 184
Derivações autorizados, direitos sobre, 215
Derivada, obra, 69
Desenhistas como coautores, 158
Desenhos, 32, 52, 111, 166
- animados, 70, 158
  - coautores, 70
Destruição
- de, equipamento utilizado em fins ilícitos, 198, 200
- de exemplares, ilícitos, 198
Diária, multa, 193, 198, 203
Dicionários, 52, 59, 70, 132, 166, 168
Diminuição potencial do patrimônio, 196

Direito(s)
- à honra, 150
- à imagem, 58, 150
- à intimidade, 150, 152
- à paternidade, 22, 60, 175
  - após a cessão, 175
- adquiridos, 101
- conexos; 168
  - associações, 188
  - duração, 81
  - fonograma e, 25
  - prazo de proteção aos, 103
  - titular de, 67, 108, 125, 129, 188
- conferido dos sucessores, prazo de proteção dos, 160
- constitucional(is), 40, 135, 150
  - à própria imagem, obra fotográfica e, 152
- de fiscalização, 26
- das sucessões, Código Civil e, 106
- de arena, 182
- de arrependimento
  - condições para o, 79
  - indenização dos prejuízos causados a terceiros, 79
- de artistas, 25
- de autor, 24, 37, 43, 66, 97, 100, 125, 128, 180, 206
  - abrangência da proteção aos, 21
  - afronto à reputação ou imagem e, 75
  - aplicabilidade das normas relativas aos, 153, 168

- artigos assinados e, 36
- assalariado, 93
- atentado aos, 113
- bases de dados e, 163
- caráter patrimonial dos, 206
- cessão dos, 118, 174
- como bens móveis, 29, 36
- comprovação de recolhimento dos, 140
- conexos, 169
- contrato de edição e, 84, 128, 138
- cópia reprográfica e, 114
- de dispor de sua obra para reprodução, 17, 81, 138, 142
- de obra audiovisual, 158
- devidos, pagamento de, 182
- dificuldades na aplicação da lei no Brasil, 26
- do fotógrafo, 150
- do tradutor, 85,
- em adaptações, de obra, 58
- fonogramas e, 122
- gestão coletiva de, 183
- indicação de nome ou pseudônimo, 68
- influências do pensamento romano no, 37
- interpretação restritiva ao, 40
- irrenunciáveis, 22, 75, 79
- legislação, 213
- Lei 5.988, 24, 26, 44, 45, 46, 48, 49, 50, 51, 53, 54, 56, 57, 67, 73, 74, 79, 80, 83, 89, 98, 104, 105, 106, 109, 112, 121, 125, 136, 145, 147, 148, 155, 182, 187, 204, 205, 207
- limitações ao, 109
- modificação de obra e, 78, 163
- morais, 74
- na Antiguidade, 37
- na Constituição Federal, 26
- não são objeto de, 63
- no Brasil, 23
- normas relativas a, 168
- obra fotográfica e, 149
- obras audiovisuais e, 80
- parâmetros legais na cessão de, 121
- patrimoniais, 81
- penas por violação de, 25, 192
- pessoa jurídica e, 66, 129, 188
- *post-mortem*, 105, 208
- prazo legal na transmissão de, 137
- prazos de vigência após a morte do autor, 22
- prerrogativas morais na cessão de, 120
- prescrição da ação por ofensa aos, 204
- propriedade dos, 97, 119
- proteção dos, 21, 58, 106, 126, 159,
- independe de registro, 60, 73
- reciprocidade entre nações, 36
- recolhimento de, 89, 162
- pelo empresário, 140
- reprodução de obra, 149

- resultados econômicos, fiscalização, 187
- sobre obra colocada fora de circulação por, 75
- sentença judicial, 75
- sobre originais alienados, 96, 99
- subvenção estatal, 51
- titular de, 41
- transferência dos, 117
- transmissão de direitos a seus sucessores, 106
- tratados internacionais, 20, 36, 62
- uso gratuito não exclui pagamento de, 182
- violação, 142, 202
- de citação, 115
- de comercialização de programa de computador, 78
- de edição, negociação entre editores, 99
- de executante, 25, 169
- de intérpretes, 25
- de regresso, 154
- de reprodução, 42, 88
- de resposta, 191
- de sequência, pagamento do, 96, 100
- de suíte, 22, 100
- de transmissão, empresas de radiodifusão e, 181
- de utilização econômica, 83, 95, 159
- do coautor
- que falecer sem sucessores, 102
- gestão de, 185
- do fotografado, 58, 150
- do fotógrafo, 150
- dos produtores, fonogramas em domínio público, 177
- dos titulares, 25, 183
- de programa de computador, 213
- exclusivo
- direito patrimonial de autor, 163
- do titular, bases de dados e, 163
- inalienável, 96, 202
- morais do autor, 74
- arrependimento, 79
- decorrentes do ato criador, 77
- essenciais, 77
- exclusão dos, 118
- extrapatrimoniais, 77
- imprescritibilidade de, 77
- inalienáveis, 22, 76, 79, 102, 108, 158
- inerentes ao autor, 192
- intérpretes, 25
- irrenunciáveis, 22, 77, 81, 102, 108, 158
- não podem ser objeto de contrato, 78
- obras audiovisuais e, 79
- obras cinematográficas, 158
- patrimoniais do autor, 81
- bases de dados e, 163

- cessão de direitos autorais e, 119
- coisa incorpóreo e, 83
- de quem publica, 101
- do organizador de obra coletiva, 70
- e prazo de proteção, 102
- de obra em domínio público, 79
- de obras audiovisuais, 80, 103, 108
- e prazo de vigência, 22
- incomunicabilidade no casamento, 101
- intérpretes, 169
- obra(s)
  - anônima, 101
  - audiovisuais, 51, 80, 190
  - coletiva, 167
  - fotográficos, 52, 57, 103, 107, 163
  - pseudônima, 101
- ordem sucessória na lei civil, 102
- que se der a conhecer, 48, 101
- sobre base de dados, 163
- subjetivos, 195
- tempo de duração dos, 107, 149
- temporalidade dos, 103
- vitalícios, herdeiros e, 107

Diretor(es)
- coautores em obra audiovisual e, 70
- de orquestras, substituição de, 144

Discursos pronunciados em reuniões públicas, 109
Disponibilidade da base de dados, 166
Disposições
- preliminares da nova lei de direitos autorais, 36
- transitórias, 112
Distribuição, 41
- conceituação legal de, 41
- do original ou cópias, bases de dados e, 164
- de fonogramas por meio de venda, 176
Divergência em obra de coautoria, 91
Divulgação de fotos sem autorização, 153
Divulgação de retratos, 110
Domínio público, 51, 79, 109
Droit de suite, 97, 100
Dublagem, 174

E

Edição(ões), 134
- atualizações de, 138, 140
- conceituação do termo, 123
- contratos para artigos em jornais, 97
- de obra(s)
  - descumprimento do prazo legal, 132
  - direitos
- do autor, 138, 140
- do editor, 137, 138, 140
- sem autorização, 196

- do titular, 192
    - direitos e obrigações do editor, 130
    - esgotada, 137
    - fraudulenta
- número de exemplares, 132, 133, 154, 192
- perda potencial, 196
- tiragem desconhecida, 196
    - não esgotadas, 137
    - número de exemplares da, 134,
    - pirata, dano imediato ao titular, 193
    - prazo para publicação da obra, 135
    - retirada de circulação, 217
    - venda de saldos, 138, 140

Editor,
- conceituação de, 42
- contrato de edição, 124
- definição de, 50
- obrigações do, 130
- pessoa
    - física, 50, 129
    - jurídica, 50, 129
- prazo para recusa de originais, 135
- prestação de contas ao autor, 137
- privilégios, 19, 49
- publicações na imprensa, 109

Editores, negociação de direitos de edição e, 100

Eficácia, contrato de direitos autorais e, 126

Emissoras
- de radiodifusão, 174
- de televisão, 161

Emprego de alto-falante, 82

Empresas
- cinematográficas, 141
- de radiodifusão, 141, 174, 182
- controles para remuneração de direitos autorais, 134, 185
- direitos conexos, 169
- direitos das, 181

Enciclopédias, 52, 70, 166, 169

Ensaios, direito do autor de acompanhar, 145

Esculturas, 64

Esgotada
- edição, 137
- obra (conceituação), 139

Espetáculo, gravação autorizada de, 174

Esquemas, 62

Estagiários desenvolvedores de programa de computador, 61

Estatuto de Rainha Ana, 19, 20, 49, 68, 103, 128

Estoque, 114, 137, 138, 139

Exame da escrituração por parte do autor, 131

Exclusividade
- concedida ao editor, 83, 123
- de comercialização, direitos do editor e, 104, 138, 160, 179
- na obra audiovisual, 156

Execução
- cênica, 52, 55

- musical, 81, 82, 84, 87, 110, 161, 162
- pública de obras, 170, 190
  - arrecadação de direitos de, 190
  - em desacordo com a lei, 203
  - remuneração, 141, 144

Executantes
- artistas, 25, 169, 171, 172
- direitos dos, 25, 169
- falecimento dos, 175

Exemplar único, acesso a, 75

Exemplares
- de uma edição, 41, 43, 123, 133
- ilícitos, destruição de, 198

Expressa autorização do autor, 139, 180, 181

Extrajudicial, defesa por associações, 183

F

Falecimento
- de autor, 84, 102, 105, 130, 175
  - situação do editor, 123
- de intérprete, 175
- de participante em obra audiovisual, 174
- do executante, 175
- em obra futura, 130

Filmes, 48, 87, 90, 160
- de operações cirúrgicas, 162

Fins didáticos, apresentação de recitais e teatro com, 116

Fonograma,
- conceituação, 42

- direito(s)
  - conexos, 170
  - prazo dos, 182
  - do produtor, 171
  - domínio público, 179
  - utilização, 141

Forma de pagamento
- contrato de direitos autorais, 153, 157
- direitos autorais, 47, 134,

Formulários em branco, 62

Fotografia(s), 57,
- compra do direito de uso, 155
- contrato de direitos autorais, 154
- divulgação sem autorização, 155
- imagem de pessoa fotografada, 58, 152, 155
- proteção de, 58
- utilização da, 155
  - por terceiros, 150

Fotos de pessoas públicas, divulgação de, 152

Fotos originais, divulgadas pela polícia, 152

Fraudulenta, reprodução, 192

Frequência
- coletiva, 82, 140, 181, 203
- do público, remuneração vinculada à, 141

G

Gestão
- coletiva de direitos de autor e conexos, 183

- entidades de, 186
- de direitos autorais, 185,
  - auditor, 185, 191
  - informações sobre, 201
  - na Internet, 185
  - por associações, 183

Glossário, direitos de autor e conexos, 170

Gratuidade, cessão de direitos autorais e, 121

Gravações
- condições para retransmissão de, 174
- de espetáculo autorizada, 186

Gravuras, 64

H

Herdeiros, diretos vitalícios dos, 105

Honra da pessoa fotografada, atentado contra a, 152

I

Ideias, 63

Identificação de autor
- de obra intelectual, 66
- modalidades de, 66

Igualdade de condições, contrato de edição em, 127

Ilustrações, 52

Imagem
- autorização para uso de, 153
- das pessoas, inviolabilidade da, 151
- preservação da própria, 163

- proteção, 173
  - à, do intérprete ou executante, 173
  - à, do artista, 173
  - utilização comercial da, 152, 163

Impedimento do autor, 94, 123, 130
- situação do editor no, 94, 123, 130

Impenhorabilidade, produto do espetáculo e, 145

Imprensa, direito de utilização econômica, 95

Imprescritíveis, direitos morais, 78

Imprevisão, conceito de, 120

Inalienáveis, direitos morais, 18, 76, 80, 102

Inclusão
- em bases de dados, 82
- em fonograma, 81

Indenização
- cabível, apreensão de obra fraudulenta e, 193, 194, 197
- decorrente da violação da intimidade, 150
- obra reproduzida fraudulentamente, 192
- pecuniária por danos morais, 78, 195
- por dano
  - à imagem, 137
  - material, 78, 150
  - moral, 78, 150

Inédita, obra, 75, 141

Informações de uso comum, 62

Infovia, 185

Infrações e penalidades, 61

277

- crimes relativos a *software*, 61
- programa de computador, 61

Instituto Nacional da Propriedade Industrial, registro de contratos (programa de computador), 218

Instrumento de cessão, 118, 121

Integridade, 60, 75, 77, 79, 117, 174, 194

- de obra em domínio público, 69, 79, 109

Interesse público, fotos de, divulgação sem autorização, 152

Internet, 29, 35, 87, 154, 173, 198, 200, 201

- gestão de direitos autorais na, 185
- transmissão via, 90, 111

Interpretação(ões)

- integridade e paternidade de, 174
- legal, princípios da, 36
- participação de vários artistas na, 175

Intérprete(s), 26, 157, 203

- artistas, 24
- direitos, 26, 169, 172
  - conexos dos, 168
  - morais dos, 174
  - patrimoniais dos, 160
- escolhidos de comum acordo, 144
- falecimento do, 176
- identificação do, 202

Intervenção do Estado, 124, 127, 187

Inviolabilidade da vida privada, 151

J

Jornais

- autorização para publicar matéria de, 96
- contratos para edição de artigos de, 96
- direito de utilização de matérias publicadas em, 96
- propriedade do autor (de matérias), 96

Justiça contratual, 128

L

Legislação específica, programas de computador e, 52, 59, 214

Legislação sobre direitos autorais, 221

Lei(s)

- cumprimento das, 60, 199
- de Direitos Autorais, 221
- de Marcas e Patentes, 59, 97
  - direito de uso, 97
- do Software, 213
- interpretação das,
- nº 9.609, 213
- nº 9.610, 221
- revogada, 74, 205

Leilões e manuscritos, 99

Limitações aos direitos autorais, 109

Litografia, 52, 58

Livros, 18

- conceito de, 29
- direito(s)

- conexos, 168
- limitado do comprador de, 99
- preço
  - de capa, 133
  - faturado, 136
- reprodução
  - ilegal, 112, 113
- prejuízos com a, 112
- permitida, 114

Locais de frequência coletiva, 82, 85, 140, 181, 203

Logradouros públicos, 111, 117

Lucram cessans, 196

M

Má-fé, 47

Mais-valia, direitos de autor, 98

Manifestação escrita, autorização prévia do autor, 141

Manifestações artísticas, proteção das, 21

Manuscritos originais, revendas de direitos de edição, 98, 99

Mapas, 58

Material ilícito, destino a ser dado a, 198

Matérias publicadas em jornais, prazo de utilização, 97

Medida liminar, 219

Medidas cautelares, 198
- apreensão de obra por, 194

Microfilmagem, 82, 87

Modalidades
- de utilização de obras, 88

- necessidade de autorizações especificas, 90

Multimídia, 159, 200

Multiplicidade de autores, obra coletiva e, 167

Música para fins didáticos, 116

N

Não remuneração, obras em domínio público e, 109

Nome(s)
- do autor, presunção de autoria, 69
- e títulos isolados, 62
- obra
  - audiovisual e, 157
  - coletivo e, 167
- ou marca
  - obra coletiva e, 73, 167
  - que identifique o editor, 123, 237
- ou pseudônimos, obra audiovisual e, 157

Nova edição, prazo
- do editor, 139
- para publicação, 139

Nova realidade tecnológica, bases de dados e, 163

Nova utilização da obra, 174
- remuneração adicional, 173

Novos meios de comunicação, 201

Nulidade de cláusulas, programas de computador e, 217

Número
- de edições, contrato de direitos autorais e, 130, 154

279

- inexistência de cláusula sobre, 132
- de exemplares
  - controle dos resultados econômicos, 133
  - edição fraudulenta, 192
  - fixação pelas partes, 134

O

Objeto, licitude do, no contrato de edição, 131
Obra(s)
- anônima, 47
- conceituação legal de, 53
- direitos patrimoniais de autor, 101
- prazo de proteção, 53
- aquisição de original, 95, 148
- artística, 17
- direitos patrimoniais, 21
- audiovisuais, 157
- adaptada, título e autor, 157
- coautores em, 73
- conceituação legal de, 41
- cópia de, 157
- direitos
  - autorais, 23, 33, 221
  - e obrigações dos participantes em, 161
  - morais do diretor, 80
  - patrimoniais, 81
- em regime de coautoria, 91
- exercício dos direitos morais, 80

- falecimento de participante de, 175
- prazo
  - de proteção de direitos patrimoniais, 103
  - para o produtor concluir, 161
- recolhimento dos direitos autorais, 140, 160
- reprodução de, 150
- título, 123, 156, 157, 167
- utilização por coautores, 160
- autoria de, 202
- autorização para utilização de, 95
- caídas em domínio público, 148
- científica, 21, 53, 62, 66, 69, 80, 82, 88 e 102
- direitos patrimoniais, 81
- cinematográfica, 158
  - detentores de direitos autorais, 158
  - direitos morais do diretor, 80
  - prazo de proteção de, direitos patrimoniais, 102
- coautoria de, 46, 70, 72
- coletivo(s), 73, 168
  - ano de publicação, 167
  - conceituação legal de, 73
  - definição de, 168
  - direitos
  - dos participantes, 168
  - individuais em, 168
  - patrimoniais, 169
  - nome ou marca, 167
  - participações individuais, 168

- proteção de direitos autorais, 168
- relação dos participantes, 167
- retirada de nome de participante, 168
- sob regime contratual, 158
- titularidade dos direitos patrimoniais, 168
- utilização, 169
- contratada sob encomenda, 130
- coreográficas, 52
- criada em coautoria, 41
- de arte, 17, 80
  - aspecto imaterial, 147
  - aspecto material, 196, 207
  - características especiais da propriedade de, 83
  - caráter da, 103
  - comunicação ao público de, 193
  - direito do autor de, 58
  - direitos de aquisição de, 95
  - disponibilidade ao público, 44
  - em logradouros públicos, 111
  - folclórica, 108
  - originais, participação nas vendas de, 98
  - plástica, 98
- direito de autor de, 147
  - transmissão do direito de expor, 147
- utilização de, 147
  - reprodução de, 64
  - revenda de direitos de edição, 147
- de criação e engenho, comunicação no casamento, 101
- de desenho, 58
- de estrangeiros, proteção de direitos autorais no Brasil, 23
- de folclore, 108
- definição do país de origem, 22
- derivada, 42
- destinadas a provas judiciais, 116
- direito
  - a adaptações e traduções, 52, 58
  - à paternidade, 22
  - divulgada fraudulentamente, suspensão de divulgação, 192
  - domínio público, 79, 105, 106, 109, 179
  - dramáticas, 22, 52, 55
  - em Braille, reprodução de, 112
  - em coautoria
    - conceituação legal, 41
    - prazo de proteção, 102
  - quando indivisíveis, 46, 73
  - revogação de autorização dada, 146
    - em domínio público
  - alteração de, 108
  - defesa da integridade de, 75
    - dentro de propriedades privadas, 149
    - formatação pessoal de, 109
    - não remuneração de, 79
  - esgotada, 138, 140
    - conceituação de, 137

281

- parâmetros para definição de, 139
- estipulação do preço pelo autor de, 118
- feitas sob encomenda, 67, 93, 122, 130
- fotográficas, 149
- direitos patrimoniais, 153
- proteção de, 150
- transferência dos direitos de autor, 148, 155
- utilização de, 150
- fraudulentamente reproduzida, 192, 195
- futura, feita sob encomenda, 94
- cessão de direitos de autor, 123
- inédita, 75, 141
- conceituação legal, 41
- conservação do, direito moral de autor, 146
- integridade da, 60, 75, 79, 108
- intelectual(is), 25
- autoria de, 66
- do registro de, 73
- proteção à, 62
- proteção do título de, 65
- protegida, 150
- registro de, 73
- utilização de, 201
- literária, 21
- direitos patrimoniais, 98
- modificações, 22, 75, 78, 81
- musicais, 56, 143, 161, 162, 184, 190
- não editada no prazo, penalidades, 132, 137
- não esgotada, disponibilidade de, 138
- oferecimento ao conhecimento do público, 43
- originária, 42, 69, 111, 117
- póstuma, 41, 47
- protegidas, 51
- pseudônimo, 22, 66, 68, 69, 75, 78, 102, 107, 156, 201
- prazo de proteção, 107
- publicada, conceito de, 22
- dado pela Convenção de Berna, 43
- reproduzida com fraude, 193
- retransmissão com o fim de demonstração de produtos, 116
- revenda, participação nos lucros, 99
- similar, retirada do mercado, 78
- sob encomenda, condições no impedimento do autor, 94
- subvencionadas, 43, 51
- teatrais, 139
  - em coautoria, autorização de, 146
  - prazo de utilização de obra traduzida, 144
  - prazo para utilização em apresentações públicas, 145

Obrigações
- patrimoniais, cessão de direitos autorais, 119
- recíprocos, contrato de edição, 133

Ofensa ao direito
- de exploração do autor, 116
- moral, 116
- patrimonial, 206

Omissão do nome de, autor ou coautor, 118

Ópera, 40, 119, 140

Operações cirúrgicas, exibição de filmes de, 163

Opereta, 140

Ordem sucessória, direitos de autor e, 102

Organização Mundial da Propriedade Intelectual, 170

Organizações associativas, gestão de direitos de cópias reprográficas por, 187

Organizador
- de obra coletiva, 70
  - especificações contratuais, 72
  - obrigações do, 168
  - titularidade dos direitos patrimoniais, 72
- figura do, 168

Originais
- entrega de, 135
- entregues em desacordo, 135
- prazo para recusa pelo editor, 135

Originalidade, 58, 63, 65, 96
- de obras musicais, 52

Originária, obra, 42, 69, 111,

P

Pacto antenupcial, 101

- direitos de autor, 101

Pagamento de direitos autorais, 47, 74, 134, 143, 154, 157

Paisagismo, 52, 58

Países
- de abrangência, nos contratos, 174
- subdesenvolvidos, tratamento especial para, 23

Pantomímicas, 52

Paráfrases, 111, 117

Parâmetros
- definição de obra esgotada, 138
- para cessão de direitos autorais, 121

Paródias, 111, 117

Participações individuais em obras coletivas, 26
- proteção a, 70, 73, 169

Paternidade da obra, 22
- direito à, após a cessão, 78
- reivindicação de, 78

Pedido de registro de programa de computador, 218

Penhora e rendimentos do espetáculo, 146

Perda dos equipamentos utilizados em reprodução ilícita, 199

Perdas e danos, violação de direitos autorais e, 138, 198

Permissão de reprodução de obra em domínio público, 149

Pessoa capaz, contrato de edição e, 124

Pessoa jurídica

- como titular de direitos autorais, 46, 66, 188
- proteção de direitos autorais de, 66

Pinturas, 111

Pirata, edição, 196

Pirataria, indústria fonográfica e, 177

Plágio, 45, 138,
- musical, 56

Póstumo, obra, 41, 47

Prazo(s)
- de cessão de direitos de autor sobre obras futuras, 122
- de conclusão de obra audiovisual, 157
- de proteção
  - expirado, 106, 207
- pseudônimas e, 103
- anônimas e, 103
- audiovisuais e, 103
- em coautoria e, quando indivisíveis, 107
- fotográficas e, 103
- póstumas e, 102
- pseudônimas, 103
- de utilização de obra teatral, 145
- legal para edição de obra, 131
- máximo de duração de transferência dos direitos
  - de autor, 118
- para edição de obra, 131
- para prescrição de ação, 205
- para publicação, direitos do autor e, 104
- para representação de obras, 145
- para retribuição do autor, 131

Preço
- contrato de direitos autorais e, 118
- da retribuição, 130
  - arbitramento do, 130
- de capa, edição de livros e, 132, 196
- de saldo, prioridade na aquisição a, 137
- de venda da obra, 132, 135
  - competência do editor, 132
- faturado, edição de livros e, 137

Preferência para adquirir saldo, 138

Prejuízos morais ao autor, obra fraudulenta e, 196, 203

Prescrição da ação, 205

Prestação de contas
- do editor, 136
- pelo produtor em obra audiovisual, 162

Produções audiovisuais, 169

Produto fraudulento, cumplicidade do adquirente de, 197

Produtor,
- atribuições de, 156
- conceituação legal de, 42
- fonográfico, 25, 156, 171
- direitos
- conexos do, 169
- exclusivos do, 176, 179, 180
- patrimoniais, 174

- recebimento de remuneração, 181
- responsabilidade do, 158, 174

Programa de computador, 52, 59
- alterações não autorizadas de, 60
- conceituação de, 60
- desenvolvido por
  - bolsistas, 215
  - estagiários, 61, 215
- direitos
  - morais de, 60
  - relativos a, 61
- elaborado sob vigência de contrato, 60
- garantia aos usuários de, 216
- gerado sem relação com contrato de trabalho, 215
- infrações e penalidades referentes a, 61
- legislação específica sobre, 213
- paternidade de, 60
- penalidades por violação de direito autoral, 61, 218
- registro de, 213
- remuneração do titular dos direitos de, 217
- semelhança com outros programas, 216
- suporte técnico obrigatório, 216
- transferência de tecnologia de, 217

Projeto(s), 64, 78, 79
- arquitetônico, 64
  - condições para alterações de, 81
- repúdio de, 79

Propriedade
- conceito de, 37
- da notícia, 96
- de direito autoral, 82
- intelectual, 21, 24, 59, 83, 180
- concepções jurídicas, 83, 180
- crimes contra a, 24
- direito de autor, 83
- obra em domínio público, 79
- tipo peculiar de, 82

Proteção
- ao título, exigência de originalidade, 65
- aos direitos de autor
  - de obra de criação artística, 53, 58, 63
  - de obra intelectual, 53
  - em obras póstumas, 107
  - fundamentos de, 60
  - registro e, 60
- legal, 53
  - fonogramas e, 56
- não são objeto de, 62
- obras póstumas, prazo de, 102

Prova judicial, 116
- obra destinada a, 116

Provedores, 85, 154, 173, 200

Pseudônima
- direitos de autor, 105
- obra, 41

Pública, execução, 141

Publicação(ões),

- conceituação legal de, 41
- gráfica ou fonográfica, danos morais por omissão do nome do autor, 202
- parcial, 123
- vedada, 123
- periódicas, proteção ao título de, 109

Q

Quantidade de exemplares, 88, 132

Radiodifusão, 42, 82
- conceituação legal de, 42
- direitos conexos e, 169
- emissoras de, 161
- proteção dos organismos de, 173
- sonora ou televisiva, 82, 84

R

Reciprocidade na proteção de direitos autorais, 36

Recitação, 81

Recolhimento de direitos autorais de obra audiovisual, 162
- pelo escritório central, 184
- por depósito bancário, 184

Recusa de originais, 131, 135

Registro, 68, 73
- contratos de programas de computadores, 59
- de obras intelectuais, 73
- proteção de direitos e, 213

Regulamentos, 62

Reimpressão, 132

Relação
- das obras entregues ao escritório central, 140
- de participantes em obra coletiva, 168

Relações do autor com a apresentação do espetáculo, 146

Relatório para remuneração de direitos autorais, 142, 164

Remuneração
- adicional, 174
- de obra em domínio público, 79, 109
- dependente da frequência do público, 141
- pactuada, 70
- vinculada à frequência do público, 141
- de obra audiovisual, 143

Rendimentos do espetáculo, penhora de, 146

Reparação por danos morais, 195

Reportagens, 97

Representação, 182
- da imagem, realizadas sob encomenda, 112
- pública, 140, 142

Reprodução,
- conceituação legal de, 45
- criminosa, destruição do, 198
- de obra(s)
  - casos especiais de, 113
  - conceito de, 43
  - contrato de edição e, 42, 123

- direitos de autor na Constituição Federal e, 26
- fotográfica em desacordo com o original, 150
- obras protegidas, manutenção de registros, 89
- de pequenos trechos, 110
- de programa de computador, sem autorização expressa do autor, 214
- de um só exemplar, 110
- direito de exclusividade de, 88
- e venda de retratos, 149
- fiscalização do aproveitamento econômico de, 26, 88
- fraudulenta, 130
  - fonogramas, 123
- ilegal de livros, prejuízos com a, 112
- limitações de direitos autorais na, 40
- meios de, 88
- modalidades de, 81
- obra caída em domínio público e, 179
- parcial ou total, 81
- permitida, 113

Reprografia
- comercial, 114
- gestão coletiva de direitos autorais, 186
- regulamentação do uso da, 89

Repúdio
- a projeto arquitetônico alterado
  - indevidamente, 80

- à própria obra, direito de autor, 79

Requisitos da lei, contrato de edição e, 124, 126

Responsabilidade do produtor de obra audiovisual, 157

Restrição de cópias, dispositivos para, 22, 89, 97

Retirada de circulação, 75, 120
- de edição de mesma obra feita por outrem, 137
- de programa de computador, antes do prazo, 217

Retransmissão, 41, 181, 193
- *a posteriori*, 44, 174
- autorização do artista para, 172
- conceito dado pela Convenção de Roma, 44
- conceituação legal de, 44
- de obras, por estabelecimentos comerciais; 182

Retratos
- divulgação de, 112
- falados, 152

Retribuição, condicionada à venda, 134

Revenda de obra, direito de autor na, 96, 99

S

Saldo, 137
- venda de obra como, pelo editor, 137

Sanções civis, 192
- obra reproduzido fraudulentamente e, 192

- violação de direitos autorais e, 192
Satélites, 42, 44, 50, 82, 84, 87, 90, 200, 223 e 231
Segredo de justiça, 219
Selo identificador nas obras, 68, 208
Sermões, 52, 55
Serviço
prestado, programa de computador e, 61
- de registro de obra intelectual, 74
Simpósio Internacional *Copyright*, 185
Sindicatos, 191
Sistema centralizado de arrecadação, 190
Sistemas óticos, 82, 86
Substituição de intérpretes e diretores de orquestra ou coro, 144
Sucessão
- direitos de autor e, 104
  - legítima
- ao cônjuge sobrevivente, 104, 106
- aos ascendentes, 106,
- aos colaterais, 106
- aos descendentes, 106
- aos Municípios, Distrito Federal e União, 106
Sucessores, 174
- direitos de coautor e, 174, 175
Sui generis, direito de autor na obra, 83, 206
Suspensão de transmissão, obra reproduzido com fraude e, 198

T

Tácito, contrato, 84, 96, 125
Teatro para fins didáticos, 116
Televisão, 48, 58, 86, 90, 110, 151, 154, 161, 162, 172, 181, 191, 197
Tempo de duração do uso de contrato de direitos autorais, 131
Temporalidade, direitos autorais e, 103
Textos
- de obras literárias, 54
- de tratados, 62
Titular
- de direitos autorais, 66, 67, 188
  - cessão de direitos e, 129
  - programa de computador e, 214
- dos direitos conexos, 169
Titularidade
- direitos de autor, 119
- dos direitos patrimoniais de obra coletiva, 70
Título
- da obra
  - audiovisual, 156
  - coletiva, 167
  - proteção ao, 66
- de jornais e revistas, 66
- original e o nome do tradutor, 122
Topografia, 52
Trabalho(s)
- coletivo, das responsabilidades de cada participante, 73

Tradução, 22, 58, 66, 81, 85, 123, 144, 166

Transcrições de notícias, 111

Transferência
- de direitos de autor, 117
    - condições legais, 117
    - obra fotográfica, 154
- de tecnologia, programa de computador e, 217

Transformações tecnológicas, vigência dos direitos
- de autor com os, 45

Transitórias, disposições, 207, 252

Transmissão, 41
- conceituação legal de, 41
- de bens, *mortis causa* e, 106
- de direitos de autor, 117
    - prazo legal de, 117
- de herança, 106
- de obra, meios de, 48

Tratado internacional, direitos autorais e, 20

Trilhas sonoras, 162

Tutela dos direitos relativos a programa de computador, 214

U

Uso gratuito, direitos autorais e, 182

Usos e costumes, arbitramento do preço da obra, 130

Utilização
- comercial da imagem, 151
- de obra(s),
- audiovisual, 156
- autorização prévia para, 81
- coletiva, 167
- de artes plásticas, 147
- econômica, 83
- fonograma e, 122
- literárias, 89, 110,

V

Validade de contrato de direitos autorais, 125
- licitude do objeto, 125

Vedada a reprodução da obra fotográfica, 150

Venda de obra
- como saldo, 138
- edição e, 138
- interpretações e, 174
- fotográfica, 149

Versão definitiva de obra, 92
- vedada a reprodução de versões anteriores, 92

Vida
- privada, 151
- inviolabilidade da, 151
- pública, 151

Violação de, 143
- direitos autorais, 142, 217
    - em caso de exibição pública, 202
    - responsabilidade solidária, 202
- programa de computador, 25

Vocação hereditária, ordem do, 106
Vontade das partes, 127
Voz

proteção a artistas intérpretes, 151, 169, 173
– proteção da, 26

Sobre o autor

O autor tem uma longa trajetória de atuação na vida sócio-cultural do Brasil, como jornalista, político, escritor e advogado. Exerceu funções públicas importantes e tem participado ativamente da vida política do país.

É formado em jornalismo e direito. Jornalista, atuou nos mais importantes órgãos da imprensa do Sul brasileiro. Advogado, destaca-se como autoralista respeitado internacionalmente, foi representante do Brasil no Comitê Latino-Americano da IFFRO, organização internacional de gestão de direitos reprográficos e órgão de assessoramento da ONU.

Como jurista, sua obra vem sendo marcada pela filosofia que adotou na prática do direito, segundo a qual a lei deve ser acessível e ao alcance de todos para que sua aplicação seja possível através de conceitos simples e objetivos, o que se retrata na forma com que, em seus livros, aborda difíceis problemas jurídicos. Defende com entusiasmo – e nesse sentido realiza verdadeira pregação nacional – a ideia de que não basta elaborar a lei, mas é necessário cumpri-la, a partir, e principalmente, do próprio governo cujos integrantes não podem se colocar acima das normas legais, mas devem ser os primeiros a cumpri-las.

Sua obra inclui ensaios políticos revolucionários, como *A Falência do Estado Moderno*, e romances que obtiveram larga repercussão, como *Ticonderoga* e *Direita, Esquerda Volver*, *Riso da Agonia* e *Recordações de um Olho Torto*.

Na área do Direito seus comentários à nova lei de direito autoral constituíram a primeira análise desse documento legal, o que é complementado pela obra que agora apresentamos e que constitui um apanhado objetivo das controvérsias e dúvidas surgidas em torno das Leis nos 9.609/1998 e 9.610/1998.

A obra de Plínio Cabral inscreve-se, pela sua objetividade e clareza, como contribuição importante à vida intelectual, política e jurídica do nosso país.

É um defensor intransigente e entusiasta da identidade cultural do Brasil.

Obras

Comunicação

Propaganda – Técnica da Comunicação Industrial e Comercial. São Paulo: Atlas.

Propaganda para Quem Paga a Conta. 2. ed. São Paulo: Summus.

Propaganda, Alquimia da Sociedade Industrial. São Paulo: Nacional.

Ficção

Histórias de Hoje – Contos. Porto Alegre: Horizonte.

A Guerra depois da Guerra – Novela. Porto Alegre: Globo.

Ticonderoga – Romance. São Paulo: Summus.

Umbra – Romance. São Paulo: Summus.

Fabulices – Contos. São Paulo: Summus.

Direita, Esquerda Volver – Romance. Rio de Janeiro: Nórdica.

Os Caçadores do Planeta Erevan – Novela Infanto-Juvenil. São Paulo: Nacional.

O Mistério dos Desaparecidos. 4. ed. – Novela Infanto-Juvenil. São Paulo: Atual.

O Riso da Agonia – Romance. 3. ed. São Paulo: Escrituras.

Recordações de um Olho Torto – Romance. São Paulo: Novo Século.

Ensaios

Política sem Cartola. Rio de Janeiro: Record.

A Falência do Estado Moderno. Rio de Janeiro: Nórdica.

Direito

Revolução Tecnológica e Direito Autoral. Porto Alegre: Sagra Luzzatto.

Direito Autoral, Dúvidas e Controvérsias. 3. ed. São Paulo: Rideel.

Questões Práticas de Direito. São Paulo: Rideel.

Usos e Costumes no Código Civil de 2002. Razões de uma Revolução. São Paulo: Rideel.